구상문학총서
제1권 自傳 詩文集

# 모과 옹두리에도 사연이

구상문학총서
제1권 自傳 詩文集

## 모과 옹두리에도 사연이

글쓴이 구상
펴낸이 이재철
만든이 정애주

편집 옥명호 정성수 한미영 이경희
제작·미술 홍순흥 권진숙 서재은
영업 오민택 성민수
관리 이남진 박승기
총무 정희자 차희순
콤회원관리 이순이 국효숙

펴낸날 2002. 9. 25. 초판 1쇄 인쇄
       2002. 10. 1. 초판 1쇄 발행
펴낸곳 주식회사 홍성사
       1977. 8. 1. 등록 / 제 1-499호
       121-885 서울시 마포구 합정동 377-9
       TEL.02)333-5161 FAX.02)333-5165
       http://www.hsbooks.com E-mail:hsbooks@hsbooks.com

ⓒ 구상, 2002

ISBN 89-365-0630-7
값 15,000원  ※잘못된 책은 바꿔드립니다.

구상

제1권 自傳 詩文集

모과 옹두리에도 사연이

일러두기

1 이 자전 시문집에 실린 글들은 저자가 직접 추리고 더러는 고쳐 썼다
2 원문에서 한자로만 표기된 글자는 한글과 병기하였고, 의미 소통에 문제가 없는 부분은 한글로 바꾸었다.
3 한글 맞춤법과 외래어 표기법에 맞지 않는 부분들은, 저자의 의도를 최대한 살리는 데 원칙을 두되 일부 수정을 거쳤다.

차례

책머리에 7

**모과 옹두리에도 사연이** 9

**구·불구(具·不具)의 변** 139

나의 금잔디 동산_ 사친부_ 아버지의 유훈과 형의 교훈_ 나의 대학 시절_ 나의 반생기_ 나의 기자 시절_ 구·불구의 변_ 고마운지고 반려인생_ 에토스적 시와 삶_ 나의 시의 좌표_ 펜 클럽 동경대회 통신_ 월남전선 기행_ 하와이 점묘록_ 망향부_ 8·15의 추억 몇 가지_ 나의 집 서묵_ 낙동강변 나의 시골집_ 현존에서부터 영원을_ 시집 《응향》 필화사건_ 시인 이호우의 구출_ 무등병 복무_ 《민주고발》 시절_ 〈대구매일〉 피습사건_ 레이더 사건

**인물록**
**내가 만난 기인 일사(逸士)** 303

공초 선생의 치세훈_ 공초 선생 약전_ 이중섭과의 만남_ 이중섭의 인품과 예술_ 아웃사이더 이기련_ 야인 김익진 선생과의 영혼놀이_ 깡패시인 박용주 형의 추억_ 청남 선생의 은고_ 마해송 선생의 인품_ 한 은수자의 죽음_ 무영 선생의 만년_ 김광균 형을 산에 묻고_ 조각가 차근호 이야기_ 걸레스님 중광

해설: 구상의 문학과 인간 373
저작 연보·일반 경력 388

책머리에


　이 시문집(詩文集)은 자전(自傳)이라는 관사(冠詞)대로 태질하는 시대 속에서 오직 자기를 잃지 않으려고 헤매고 몸부림치며 상처투성이가 되어 살아온 나의 실존적 삶의 현실적(역사적) 체험, 내면적(정신적) 편력과 추구를 지각(知覺)이 열리는 유년기로부터 이순(耳順) 중반에 이르는 1980년대까지를 〈현대시학〉지에 50회(90편) 연재하여 현대문학사에서 이를 간행한 것에다 그 뒤 나의 노경(老境)의 시 중 10편을 추가한 시들과 한편 여러 지면에 발표된 산문 속에서 나의 생활상을 발췌하여 엮은 《예술가의 삶》(혜화당)을 합본한 것이다. 그래서 이 시문집은 나의 생활사(生活史)인 동시에 정신사(精神史)요, 나아가서는 현대사의 한 단면이기도 하다.
　그리고 나는 이 시문집의 제목이 비유하듯 과일 망신시킨다는 모과처럼 부실한 시인이지만, 그러기에 오히려 삶이 심신 더불어 악전고투의 심연 속에 있었다 하겠고, 그 응어리진 사연이 하도 많아서 모과나무의 무성한 옹두리를 방불케 한다.
　이런 나에게 오직 천성적인 것이 있다면 앞에서도 말한 바 자기를 잃지 않으려는 에토스적인 면이 있어서, 이것이 나의 삶뿐만 아니라 시문에도 너무하다 싶으리 만큼 일관하고 있어, 이 시문 속에는 나의 삶의 독자성만이 아니라 독창성도 좋건 궂건 제시되어 있다 하겠다. 어찌되었거나 이제 한평생 외길로 살아온 삶을 총 정리하는 의미에서 《구상문학총서》를 간행하게 되었는데 제1권으로 이 시문집을 내놓게 되었다.

  그리고 이 총서는 나와 의형제인 이재철 목사 내외가 발행 및 편집인으로 되어 있는 홍성사가 상고(商賈)를 떠나 맡아 주고 그 정리를 나의 제자 장원상 시인이 수고를 하고 있는데, 그들의 충심과 충정은 형언할 바 없어 오직 축복의 합장을 하는 바이다.

관수재(觀水齋) 주인 적음

시
○
모과 옹두리에도 사연이

1
고삐 꿴
거품 뿜고
침 흘리는 소.

네 살, 나에게 비로소 있음이
예루살렘 여인네가 내민 수건에
피땀으로 인(印)쳐진 사형수(死刑囚)의
바로 그런 소 얼굴.

묵화(墨畵)의 산에 미끄럼대로 걸린
진노을 황톳길
앞 달구지에 얹혀
밧줄로 묶인 이조(李朝) 장롱을 싣고
뒤따르던 그 소 얼굴에서
나의 새 순은 움트며 흐느꼈다.

---

1
나는 네 살 때 북한 원산지구의 선교를 맡게 된 독일계 가톨릭 성 베네딕도 수도원의 교육 사업을 위촉받은 아버지를 따라 그 교외인 덕원이란 곳으로 가서 자란다. 이것이 바로 그 이사 때의 기억.

2
논밭 속에 둑을 지어 자갈을 깐
플랫폼을 내려서
양 옆구리에 채마밭을 낀
역 앞길을 나서면
국도(國道)가 가로지르고
과수원과 묘포(苗圃)를 끼고 가면
읍내 향교가 보이고
저 멀리 마식령(馬息嶺) 골짝
절이 보이고
철도 건널목을 넘으면
조, 수수밭이 널려 있고
밭 속의 산을 뚫은
신작로가 베폭처럼 깔려 있고

콩밭 옆 용소(龍沼)를 지나서
적전강(赤田江) 다리 위에 서면
사방, 들판이 한눈에 들어오는데
북으로는 우거진 수풀 속에
가톨릭 수도원(修道院) 종탑,
발치로는 찰싹이는 동해,
서쪽으론 성황당 고개가 보이는
어구(於口) 돌아서 뒷산 시제(時祭)터 아래
상여도가(喪輿都家)가 있는 마을
이태백(李太白)의 달 속 초가삼간에
신선(神仙)이 다 된 노부부가

아들 하나를
심산(深山)에 동삼(童蔘)같이 기르고 있었다.


3
외사촌 누나의 수틀이
눈에 익은 때문일까

나의 쬐그만 가슴이
그리움에 미여 바라보고 있었다.

강이 교리방(敎理房) 수녀의 흰 고깔 밑
보얀 얼굴을 크게 번지면서
북간도행(北間島行) 열차의 기적을 내며
흘러가고 있는 것을……

내가 해의 적막한
뒤통수를 본 것도
이때다.


4
소신학생(小神學生)이
정월 초하루 아침
백설(白雪) 차림의 황후폐하(皇后陛下) 사진을
신문서 도려 갖고

후들후들 변소로 들어섰다.

창세기(創世記)의 배암이 온몸을 조여
모독(冒瀆)의 정열을 고름 빼듯 한 후
3년 머물던 수도원(修道院)을 등졌다.

나는 주의자(主義者)가 되었다.


5
출발이 도망이었다.

밤의 현해탄을
다다미 한 장에서 뒤친다.

올빼미 눈이 번득이는 선실(船室)은
출구 없는 갱도(坑道),
발동소리가 심장을 난타한다.

역사의 쇠사슬을 찬 젊은이는
망토를 제끼며 일어나 앉아
이름 모를 짐승이 되어
치를 떤다.

---
4
나는 열다섯 살에 신부가 되기 위해 가톨릭 수도원에 들어갔다가 3년 만에 환속한다.

스승도 없는 갈릴래아!

암흑의 파도를 타고
'사의 찬미'가 들려온다.
머리 푼 '윤심덕'이
손짓한다.


6
울먹이도록 화창한 적도(敵都)의 봄.
미사 경본(經本)과
《빈보모노가다리》를
옆구리에 겹쳐 끼고
종일 향방 없이 헤맨다.

돌이키지 못할 역사로 흘러가는
아라가와를 하염없이 바라보다
기다센쥬 어느 목로판에 들어섰다.
요보닛고요들 틈에 끼어
도부로꾸를 들이켠다.

쾌지나 칭칭 나네.
누가 혀나, 누가 혀나

---
5
나는 열아홉 살 봄에 일본 동경으로 밀항을 한다.

그 등불 누가 혀나
캄캄한 이 어둠 속에
우리 등불 누가 혀나
쾌지나 칭칭 나네.

스무 살, 첫 입댄 술에
사람도 거리도 하늘도
반 고호의 〈별 있는 밤〉


7
그때
라 로쉬코우 공(公)과의 해후(邂逅)는
나의 안에 태풍을 몰아왔다.
선(善)한 열망의 꽃망울들은
삽시에 무참히도 스러지고
어둠으로 덮인 나의 내부엔
서로 물어뜯고 으르렁거리는
이면수(二面獸)의 탄생을 보았다.

6
- 미사 경본 : 가톨릭 제례용(祭禮用) 기도문집.
- 빈보모노가다리 : 《가난이야기》, 일본 사회주의 경제학자인 가와가미 하지무(河上 肇) 의 저서.
- 아라가와 : 荒川, 동경만(東京灣)으로 흐르는 강.
- 기다센쥬 : 北千住, 동경만변(東京灣邊)의 빈민촌.
- 요보닛고오 : 일본인들이 한국인 날품팔이들을 부르는 멸칭.
- 도부로꾸 : 일본 막걸리.

자기 증오의 밧줄이
각각(刻刻)으로 숨통을 조여오고
하늘의 침묵은 공포로 변했으며
모든 타자(他者)는 지옥이요
세상은 더할 바 없는 최악의 수렁……

하숙방 다다미에 누워
나는 신(神)의 장례식(葬禮式)을
날마다 지냈으며
깃쇼지(吉祥寺) 연못가에 앉아
짜라투스트라가 초인(超人)의 성(城)에 오르는
그 황홀을 꿈꿨다.


8
카페 '에트랑제'의
유미짱은
백계(白系) 러시안의 피 섞인
낭자(娘子).

처음에는 그녀에게

---
7
- 라 로쉬코우 : 프랑스의 모랄리스트(1613~1680).
- 하늘의 침묵 : 파스칼의 말.
- 타자는 지옥 : 사르트르의 말.
- 깃쇼지 : 동경 교외 공원 지명.

누이동생 되어주기를
졸랐지만 허탕.

어느 자정 가까이
보드카 몇 잔을 들이켜고
앵두 입술을 덮쳤을 때
그녀,
오빠! 이런 짓 못써요!

나의 사랑 행적(行跡)은
줄곧 저런 허구(虛構)와 현실의
불일치(不一致)!
그리고 측은의 결말.

30년이 지난 이즈음도
꿈의 도원(桃源)에서
유미짱과 번번이
안타까운 봉별(逢別).

나는 애정의 임포턴스!


9
두이노의 비가(悲歌)와 법화경(法華經)은
나의 무성한 가지에
범신(汎神)의 눈을 트게 하였다.

나의 성명(性命)은 아침의 풀이슬
이제까지 모습만으로 있던
만물만상(萬物萬象)이
안으로부터 빛을 낳고
또 나날이 죽어가고 있었다.

무상(無常)의 흐느낌이
찰랑거리던 어느 날
나의 안에는 노래의 샘이
솟기 시작하였다.

살이 잎새 되고
뼈가 줄기 되어
붉은 피로 꽃 한 떨기
피우는 그날까지
목숨이여!

나의 첫 시 첫 구절이다.


10
골고타의 모자(母子) 이름을
혀 닳도록 부르며
되부르며 숨져갔다.

이승과 저승이

고통의 쇠사슬로 이어지는
그런 죽음.

촛불을 켜고 연도(煉禱)가 울려퍼지는
시신(屍身) 앞에서
저의 삶 위에 빚어졌던
고통! 그것의 씨알이 정녕 무엇일까?
무참히도 몰라졌다.

그러나 나의 혈관 속에 이어진
바로 그 숙명(宿命)의 분류(奔流)!

단종(斷種)을 다그쳐 생각하며
흉하게 굳어진 아버지에게서
고개를 돌이켰을 때
곡이 터져 나왔다.


11
세기(世紀)의 희광이들이 미쳐나
동서(東西)에서 칼부림을 벌였다.

쑥맥 같은 얼굴의 꼭두각시가
현인신(現人神)으로 군림한 반도(半島)엔

10
나는 1940년 여름 아버지를 여읜다.

헤로데의 베들레헴 영아학살(嬰兒虐殺)처럼
새순들은 모조리 잘려가고
이삭 거둔 수수밭처럼 3천만이
온몸에 피를 흘리고 있었다.

밟아 죽이자 쨩고로!
때려 없애자 귀축미영(鬼畜米英)!

승첩(勝捷)의 기(旗) 행렬과 제등(提燈) 행진이
낮과 밤을 이어 들끓는 나날
나는 지구의 정수리를 찾아내어
깨버리고 싶은 울분을 되씹으면서도

어디선가 새 아침의 나팔소리가
울려오는 환청(幻聽)에 잠기곤 하였다.


**12**
한동안 나는 노장(老莊)과 소요(逍遙)하며
어문(語文)놀이를 즐겼다.

   벗어라 벗어라
   네가 벗어라

11
- 쨩고로 : 중국인에 대한 일본인의 멸칭.
- 귀축미영 : 미국인과 영국인에 대한 혹칭.

네가 벗지 않으면
내가 벗으마
속아라 속아라
네가 속아라
네가 속지 않으면
내가 속으마.

한편 나는 토속신(土俗神)들과도 사귀며
신명풀이에 미쳤다.

    띠띠고 신신고
    호랑이 꼬랑이
    개구리 대구리
    물레에 괴머리
    베틀에 쇠꼬리.


13
망두석(望頭石)이 되어 지냈건만
마침내 배겨날 수가 없다.

목숨을 부지하려는 일념과
펜을 잡는다는 매혹에
식민지(植民地) 어용신문(御用新聞)의 기자가 되어
용왕(龍王) 앞의 토끼처럼 쓸개는 떼어놓고
날마다 성전송(聖戰頌)과 공출독려문(供出督勵文)을 써댔다.

부역(附逆)과 친일(親日)이 또 따로 없으련만
이율배반(二律背反)의 그 탈을 이제껏 못 벗어
그날의 나를 울지 못한다.

크라망쓰! 에이 고약한 친구,
자네는 동류(同類)로서 모른 척 해 주게.


**14**
찬류사상(竄流思想)에 젖어서일까?
우리의 사랑은 처음부터
늙어 있었다.

잘츠부르크의 보석나무가
환영(幻影)임을 이미 알고 있었고
로미오와 줄리엣의 그 불꽃과
감미로움을 하찮게 여겼으며
서로가 오직 물고기에게
담수(淡水)이기를 바랐다.

사모관대(紗帽冠帶)와 족두리를 하고
그레고리안 합창이 울려퍼지는

---

13
- 성전송 : 태평양전쟁을 찬미하는 글.
- 공출독려문 : 일제 전시하 양곡 및 군용자재의 징발에 응하라는 홍보기사.
- 크라망쓰 : 알베르 카뮈의 소설 《전락(轉落)》의 주인공.

십자가 제단 앞에서
우리는 부동아라한(不動阿羅漢)이기를 다짐했다.

평정(平靜)한 사랑의 염원이
파문(波紋)을 거듭하기 40년!
이제 저 다짐은 후광(後光)을 지닌다.


15
포수에게 쫓기는
암사슴 모양
할딱할딱 흘러 조이는
나의 세월아.
망치질 두근대는
가슴속에는
꼬물꼬물 움직이는
새 생명 있어
간지러움도 두려운
낙태(落胎)의 안간힘.

---

14
- 찬류사상 : 가톨릭에서 현세를 귀향살이로 여기는 사상.
- 잘츠부르크의 보석 나무 : 스탕달의 연애론에서 비유된, 소금의 결정 작용으로 이뤄지는 보석의 환영(幻影).
- 그레고리안 : 로마 교황 그레고리오가 집대성한 가톨릭 성가집.
- 부동아라한 : 불교의 소승(小乘)에서 일컫는, 어떤 나쁜 인연을 만나더라도 물러서지 않는 경지(境地).

쑥대밭 같은 거리를
뛰치다가 쓰러지며
멀거니 우러르는
무덤처럼 아늑한
나의 사랑아.


**16**
망국(亡國)의 쓰라림과 그 설움을 맛보지 않고서
이날의 우리의 환희를 어찌 알리야?

꿈속에서만 쫓던 파랑새가
불시에 내 품에 날아든
그런 황홀…….

보는 사람마다 붙들고
함께 함성을 올린다.
만나는 사람마다 붙잡고
눈물을 흘린다.

어제까지의 그 암담(暗澹)은 어디로 가고
어제까지의 그 실의(失意)는 어디로 가고
다함 없는 사랑이 내 가슴에 흘러 넘친다.
삶의 용력(勇力)이 내 전신에 용솟음친다.

---
15
나의 시첩(詩帖) 속의 일제 막바지 시간이다.

풍선처럼 부풀어 마냥 날아다니는 꿈결 속에서
나는 역사의 신 앞에
비로소 한 번 감사의 합장을 한다.


17
바로 8월 16일,
그러니까 해방 이튿날.

한쪽 묘포(苗圃)에서는
꽃무늬의 화사한 몸뻬를 걸친
일본의 아낙네가
제 나라 패망소식도 모르는 듯
괭이로 김을 매고 있었고

한쪽 채마밭에서는
거미처럼 여위고 찌들은
중국 사내가
제 나라 승전(勝戰)소식도 못 들은 듯
인분(人糞)을 퍼다 거름을 내고 있었는데

이것은 내가 흥분에 들떠
맨발로 태극기 행렬에 앞장서서
실향(失鄕), 원산(元山) 시가를 누비다가

16
파랑새 : 벨기에의 작가 메테르링크의 동화극에 나오는 꿈의 새.

북녘 들판에서 목도한 풍경.


18
삽시에 8월의 파랑새는
판도라의 상자로 변한다.

우리 앞에 나타난 해방의 사자(使者)들이
세기(世紀)의 백정(白丁)들이 되어
우리 강토를 두 동강으로 가른다.

따발총과 '다와이' 소리로 뒤덮인 내 고장,
신출내기 '동무'들이 눈 뒤집혀 날뛰고
멍도 채 가시지 않은 우리의 사지(四肢)를
붉은 밧줄이 되묶어 가고 있었다.

나는 정체 모를 이 삶의 출발에서
저 나자렛의 사나이가 광야에서 당한
악마의 시험을 거듭 치뤄야 했고

18
- 판도라의 상자 : 그리스 신화에 나오는 재앙의 상자.
- 나자렛의 사나이 : 예수 그리스도.
- 일곱 가지 낙인 : 소위 시집 《응향(凝香)》 사건 때 나의 시에 대한 공산당 어용평론가의 혹평인데 '퇴폐주의적이고, 악마주의적이고, 부르주아적이고, 반인민적이고, 반역사적이고,… 등등'.
- '죽음의 섬'과 빠삐용 : 빠삐용은 앙리 샤리에르 탈옥수기의 주인공의 별명이요, '죽음의 섬'은 빠삐용을 비롯 도형수(徒刑囚)들이 갇혀 있던 섬의 별칭.

마침내 시(詩)에 일곱 가지 낙인(烙印)이 찍혀
칠순 노모와 신혼의 아내를 버리고
이 땅에다 이념(理念)이 만든 '죽음의 섬'을
빠삐용처럼 탈출한다.

38선 한 발 넘어
떠오르는 태양 앞에서
나는 오르페우스이기를 빌었다.


**19**
내가 내디딘 서울은
꿀꿀이죽처럼 질퍽하고
역했다.

모두가 미친 듯이 자유를
구가(謳歌)했지만
나는 거대한 기중기(起重機)에게 뒷덜미를
잡힌 느낌이었다.

자금성(紫禁城)으로 달리던 풋꿈이 깨지자
나는 우익지(右翼紙)의 기자가 되어
마치 스페인 내란 당시 프랑코 휘하(麾下)의
의용병(義勇兵)으로 자처(自處)했다.

그러나 나날이 빛을 잃어가는

자아(自我)의 인광(燐光)에 놀라서
때마다 실존(實存)의 바다에 목주(木舟)를 저어가
노(櫓)로 익사자(溺死者)를 찾듯
내 꿈의 시체(屍體)들을 건지며
진혼(鎮魂)의 노래를 불렀다.
그리고 나는 관(棺) 속에서 깨어나는
나자로의 부활을 그렸다.


**20**
역사의 격랑(激浪) 위에
시대의 폭우(暴雨)를 맞으며
한켠으로 기울어진 배.

차안(此岸)을 향한 뱃전에는
정치가를 비롯해 언론인,
교육자, 실업가, 예술가,
과학자, 철학가, 종교가 등
이 땅의 사공들이 모조리 나서
군중들에게 에워싸여 아우성이고

피안(彼岸)을 향한 뱃전에는
까까중 머리를 한 노시인(老詩人)이 혼자서

---

19
자금성 : 북경에 있는 청조(淸朝)의 궁성(宮城). 여기서는 내가 월남 직후 북경유학을 서
둘렀다가 중공군(中共軍)의 집권으로 단념하게 된 것을 표상하고 있음.

소년 소녀 몇을 거느리고
줄담배를 피우며 앉았는데

내가 다가가자 그는
"반갑고 기쁘고 고맙다"라는
축언(祝言)과 함께 악수를 하고
또 하곤 했다.


**21**
한 무리는 죽림(竹林)에다
둥우리를 치고,
음풍영월(吟風咏月)을 일삼으며
도사(道士) 흉내를 내고들 있었고

한 무리는 이리떼처럼
몰려들 다니면서
포악스레 세상을 짖어대며
혁명가(革命家)를 자처하고들 있었다.

나는 공초(空超)를 에라스무스로 모시고
저녁마다 〈무궁원(無窮園)〉에다 진을 치고서
치우(痴愚)의 신(神)들을 불러모아

---
20
"반갑고 기쁘고 고맙다" : 공초(空超) 오상순(吳相淳) 선생의 축복인사로 여기서는 그분과의 상봉을 가리킴.

대화(對話)의 향연(饗宴)을 벌였다.

저러한 나의 섣부른 연출이
동란중(動亂中), 순진한 여러 젊음들을
비명으로 몰고간 가책(苛責)을 지닌다.


**22**

"화자(花子)가 그러는데 지가 가꾸던 꽃이 시드는 것이 하도 안타까워 얼김에 손에 쥐었던 캄풀 한 대를 깨뜨려 부었더니 며칠은 도로 싱싱해지더래요."
　나의 팔에 칼슘을 놓던 아내는 웃으며 이야기를 하였다. 나도 그 당장은 하 신기하길래 따라 웃었다.

그 이튿날부터 나는 주사를 놓으려는 아내에게
—시들던 꽃도 주사 바람에 싱싱해지더라는데
하면서 팔을 쑥 내미는 것이었다.
그러나 주사가 끝나면 아내 몰래 나는
—며칠만 더 가더라는데
중얼거리며 쓰디쓴 웃음을 풍기는 것이다.

21
－에라스무스 : 16세기 초 프랑스 인문주의(人文主義)의 비조.
－무궁원 : 한국전쟁 전 서울 명동에 있던 술집.
－치우의 신 : 에라스무스의 저작으로 《치우의 신 예찬》이 있음.
－대화 : 역시 에라스무스의 저작으로 단막 희극(喜劇)의 집성(集成)임.
－비명의 젊음 : 이때 모였던 젊은이 중 시인 전봉래(全鳳來)는 피난지 부산에서 자살하고, 시인 윤복구(尹復九)와 영문학도 김을윤(金乙允)은 함께 납북당했음.

화자는 아내가 일하는 병원의 간호사. 나는 화자가 꽃에 칼슘을 뿌려보지 않고 캄풀을 부었음에 대한 또한 남모르는 안타까움이 있다.


23
응애
응애
응애

새 생명이
곰지락대며 내는
풋내 울음

순결한 심신(心身)의 수줍은 애무(愛撫)와
간절한 헌신(獻身)의 합환(合歡)과 그 결정(結晶)으로
우리 양주(兩主)가 지상(地上)에 새로 돋게 한
별.

갓 서른에 처음 어미가 된 아내는
대보름날 미소로 젖을 물리며
내 어렸을 적 또한 엄마에게서 듣던
옛 자장가를 읊조린다.

22
이 시는 내가 월남한 지 1년 만에 결핵에 걸려 뒤따라 넘어온 아내는 의사로, 나는 환자로 마산 교통요양원에 가 있을 때 쓴 것임.

병상(病床)에서 황국(黃菊)처럼 시들어 가던
나에게도
이 첫 아이의 출생은
소생(蘇生)의 흥건한 약수(藥水)였다.


**24**
하마와 곰이 으르렁거리는
그런 형국의 대륙 한 끝에
방아 찧는 토끼 모양 붙어 있는 반도(半島),
그 남쪽 반동강에다
UN이 탄생시키는 대한민국.
태극의 깃발이 게양되었다.

그날 우리의 신명을 돋운 것은
패랭이 고깔에 징과 북과 피리뿐이요
그날 멍든 우리 손에 쥔 것이라곤
호미와 삽과 괭이뿐이었다.

그러나 나는 빌면서 믿었다.

이 땅 역사의 길고 깊고 넓은 뿌리는
땅 밑을 흐르는 모든 강으로부터
그 삶의 영양을 빨아 올려서
걸음이 더디고 느리기는 하겠지만
틀림없이 줄기를 뻗고 잎새를 달아

이 세상에 희귀한 꽃을 피우리라고.

또 나는 빌면서 각오했다.

앞으로 닥칠 우리의 쓰라림은
소태보다도 쓸 것이며
때마다 좌절의 슬픔은
앞길을 보이지 않게 하겠지만
오히려 이러한 괴로움은
우리에게 사력(死力)을 다하게 할 것이라고

그리고 나는 빌면서 다짐했다.

이 나라 아픔이 나의 아픔이기를!


### 25
그때 이 땅 풍류도(風流道)의 재건을 선언하고 나선 이는 파성(巴城)이었다.

1949년 음력 시월 초사흘.
온 나라에서 당대(當代) 예술의 조사(祖師)들과 그 낭도(郎徒)들이 모여 든 진주(晋州)는 바로 신시(神市)를 이뤘다.

촉석루 뒷동산에서 화주(化主) 파성(巴城)이 백의(白衣) 차림으로 고천제(告天祭)를 지낸 후 성내(城內) 곳곳에서 가지가지 예술의 경연이 벌어졌고 그 저녁 남강에는 논개의 넋 같은 연등(燃燈)이 찬란하게 떴다.

한편 옥봉(玉峰)에서는 선객(仙客)들이 공초(空超)를 도주(道主)로 모시고 주연(酒宴)으로 밤을 지새우는데 그들의 흥에는 울화도 한데 엉켜 수라장이 되곤 했으나 이 자리는 그들의 쇠고랑을 찬 일상의 유일한 분화구였다.

나는 그 첫해부터 10년을 개근하며 무수한 실태(失態)를 미담(美談)같이 용서받은 낭도(郎徒)로서 그중 명기(名技) 순애의 머리댕기를 풀어 중절모에다 띠 대신 두르고 다닌 일과 의곡사(義谷寺) 부처님 앞에 사추리를 까고 오줌을 깔긴 무뢰(無賴)가 아직까지 노장(老長)들의 나에게 대한 기롱(譏弄)거리로 남아 있다.

이제 저 개천예술제(開天藝術祭) 초창(草創)의 풍류도는 삼국유사(三國遺事)의 이야기마냥 아득해지고 그 외도(外道)와 외양(外樣)만이 도처에서 무성(茂盛)하다면 이것은 한갓 나의 복고타령(復古打令)일까?

25
- 파성 : 시인 설창수(薛昌洙)의 아호.
- 옥봉 : 진주 옛 홍등가.
- 의곡사 : 진주 뒷산에 있는 절. 당시 서예가 오제봉(吳濟峯)이 주지였고, 개천예술제 초창기 외지 예술인들의 숙소가 되었음.

### 26

지금 생각하면
브래지어를 차고 여장(女裝)을 한 것보다
정보수(情報手)가 된 나의 꼴이 더 우습다.

내가 작성하는 모략선전문(謀略宣傳文)들을
순정(純情)의 혈서(血書) 쓰듯 했다.

그때 내가 가장 미워한 것은
감미로운 서정이요,
자연에의 흥취와 그 귀의였다.

나와 길이 어긋나지만
말로나 헤밍웨이를
사범(師範)으로 여겼다.

시와 그 진실이 일치하는 삶!

그리고 나는 총알 같은 운명을
희구(希求)하고 있었다.

---

26
- 정보수가 된 나 : 1949년 육군 정보국의 요청에 의하여 연합신문의 문화부장이던 나는 '문총(文總)'의 파견원으로 소위 HID의 촉탁이 된다.
- 나와 길이 어긋나지만 : 다 알다시피 말로와 헤밍웨이는 스페인 내란시 소위 '인민전선(人民戰線)'의 편이 되어 싸우지만, 나는 그 당시에도 가톨릭 교회가 시키는 대로 프랑코의 승리를 위하여 빌었고 해방 후에는 줄곧 반공전선에 앞장선다.

## 27

6·25, 그날의 경악과 절망을 맛본 사람은
지구의 종언(終焉)을 맞더라도 덜 당황해 하리라.

하루만에 패잔병의 모습으로 변한
국군과 함께 후퇴라는 것을 하며
수원에서 UN군 참전의 소식을 듣고서야
노아의 방주(方舟)를 탄 안도의 한숨을 내쉬었다.

대전에서 정보부대 정치반원으로 배속되어
공산당들 총살장에 입회를 하고 돌아오다
어느 구멍가게에서 소주를 마시는데
집행리였던 김 하사의 술회,

"해방 전 저는 일본 히로시마(廣島)에 살았는데
그때 어쩌다 행길에서 동포를 만나면
그렇게 반갑더니, 바로 그 동포를
제 손으로 글쎄, 쏴 죽이다니요……
그것도 무더기로 말입니다……
망할 놈의 주의(主義)…… 그 허깨비 같은
주의(主義)가 도대체 무엇이길래……
그놈의 주의(主義)가 원숩니다……"
하고 그는 "으흐흐……" 흐느꼈다.

나는 전란(戰亂)을 치르면서나, 30년이 된 오늘이나
저 김 하사의 표백(表白),

"망할 놈의 주의(主義)…… 그 허깨비 같은
주의(主義)가 도대체 무엇이길래……
그놈의 주의(主義)가 원숩니다……"

보다, 더 또렷한 6 · 25관을 모른다.


28
대전에서 금산을 돌아
영동(永同) 국도로 빠져나오다가
공산당 유격대의 기습을 받았다.

편승한 지프에서 황급히 내려
행길 논두렁에 몸을 움츠리고
한 번 쏘아본 일도 없는 M1 소총으로
적방(敵方)을 겨눴다.

이 때 내 눈앞에 꽃술이 마른 민들레 한 송이,
회오리바람에 나는 것을 보고

'이제 내 육신은 저처럼 흩어져서
내 생명의 씨는 어디로 날아가
새로운 꽃을 피울까?'
라는 생각과

'나는 오묘한 신비 속에 영원히 감싸여 있다'

라는 깨우침이

순식간 내 뇌리를 함께 스치며
모든 공포와 불안을 사라지게 하고
이름 모를 황홀 속에 나를 들게 하였다.


**29**
대구 사수부대의 일원으로 남는다.

쫓겨서 아무 동굴에나 기어든 짐승처럼
지척에까지 다가온 적의 포격소리를 들으며
등화관제(燈火管制)로 캄캄한 막사에 쭈그리고 앉았다.

이제 밤이 새면 이곳도 공산군이 들이덮쳐
좌도(左盜)의 천하가 될지 모를 판국,
내가 죽어가면서 할 수 있는 일이란
고작 병원수(兵員數)를 채우는 것뿐인가?

'원귀(冤鬼)가 되어야지, 피묻은 입에
칼을 문 귀신이 되어서
빨갱이들을 내 손으로 소탕해야지'

내가 복수심을 체험한 것은

---
29
좌도 : 십자가 위 그리스도의 왼쪽에 매달려 죽어가면서도 신령력(神靈力)을 부인한 강도.

평생중, 저 때다.


### 30
비몽사몽간(非夢似夢間)이랄까!
 난데없이 팔에다 '불(弗)'이라는 노란 완장을 단 녀석이 먼저 나를 가로타고 사지를 꽁꽁 묶기 시작하자 이번엔 '해방(解放)'이라는 붉은 완장을 단 녀석이 나타나 숫제 나의 목을 졸라매는 것이 아닌가.

 나는 숨져가며 허위적대면서도 녀석들의 정체를 알아맞히기에 기를 써 보았지만 노상 익숙히 보아온 얼굴들이건만 요놈들의 실체가 무엇인지, 나를 압살(壓殺)하는 이유가 무엇 때문인지 끝내 모르는 채 기절하고 말았다.

 순간! 이것이 아마 유명(幽明)을 가르는 순간인가 보다. 천공(天空)엔 성신강림(聖神降臨)의 불혀 같은 불덩이로 꽉 차 있고 나는 지구와 더불어 개미 쳇바퀴 돌 듯 마구 돌아가고 있었다.

 어지러워, 어지러워, 아이고 어지러워, 어머니, 아내, 또 누구를 부르고 소리치고 울어도 대답은커녕 그 얼굴들마저 영영 떠오르지 않아 안타깝고 답답함이 불가마 속인데,

 홀연, 내 호주머니의 묵주(默珠)가 매괴(玫瑰)의 꽃을 피워 아련히 떠오르는 바람에 '성모어머니 나를, 나를!' 하고 소리 안 나는 절규를 발한 다음 순간,

어느 영화의 한 장면에선가, 실락원(失樂園)의 그림에선가 본 그런 꽃동산 정자에서 나는 모시고이적삼 차림으로 방금 출옥한 사람처럼 흥분과 휴식을 즐기는데

쾅, 쾅!

포탄 터지는 소리에 눈을 뜨면 칸델라 불빛 막사 안 철의자에 앉은 그대로구나.


**31**

"옥(玉)이 야가 예, 선상님이 출장을 가신 새 뭐라카는지 아십니꺼?"

"?"

"공산군이 대구를 가만 놔뚜고 부산 앞바다로 몰리가서 대포를 마구 쏘았으모 싶으다, 그래 말합디더."

"?"

"그라문 우리 구 선상님이 퍼뜩 대구로 디돌아 오실끼라고예."

"뭐라고요? 나라가 망하는 건 어쩌구?"

"야가 선상님 보고 싶은께 나라야 망하든지 말든지 상관없는기라예."

전령(傳令)으로 부산엘 다녀와서 단골 술집엘 가니 채 마루에

---

- 성신강림 : 예수가 승천 후 그 제자들에게 불혀 모양의 성령(聖靈)이 내렸다고 함.
- 묵주 : 가톨릭의 염주.
- 매괴 : 장미의 중국식 이름임. 그래서 가톨릭에서는 묵주의 기도를 성모에게 바치는 장미의 꽃다발로 삼아 매괴경(玫瑰經)이라 부름.

올라서기도 전에 안주인이 터놓는 얘기였다. 당자 옥이는 얼굴이 홍당무가 되어 안주인의 입을 틀어막느라고 야단이고—

동정(童貞)으로 결혼하여 아내밖에 모르던 나는 그날 밤, 앞가슴에 찼던 성심패(聖心牌)마저 몰래 벗어 자리 밑에 넣어 놓고 천치 같은 소리를 지껄인 바로 그 기생을 품었다. 스스로도 놀랄 색정(色情)이었다.


## 32

9·28 서울 수복의 선발대원이 되어 9월 21일 미군 수송기를 탔다. 난생 처음 탄 비행기라 몸 마음이 함께 붕 떴었고 창으로 굽어 본 산하(山河)와 취락들은 너무나 하찮게 보여 혈전(血戰)을 잊게 했다.

잡초로 우거진 김포 벌판에 내려 우선 직행한 인천 거리는 아직도 포연(砲煙)이 도처에 자욱했다.

타다 남은 인쇄소를 빌려 입성(入城) 때 뿌릴 전단(傳單)을 만들고 밤 늦게 막사로 돌아오다 어느 골목길에서 만취한 흑인 병정 하나를 만났다. 그는 왼손가락으로 우물을 짓고 바른손 엄지로 절구 찧는 시늉을 해보이며 "웨어? 웨어?" 게걸대면서 내 옆을 따라붙었다.

---

31
성심패 : 가톨릭의 신자들은 흔히 예수의 가슴에 불꽃이 새겨진 메달을 목에 걸어 앞가슴에 찬다.

"아이 돈 노우"만을 연발해서 겨우 그를 떨쳤건만 나는 그때 그 깜둥이에게서 역정보다 이색인종(異色人種)에 대한 친근감을 처음 맛보았다. 그런 것을 전우애(戰友愛)라고나 하는 겔까?

**33**
오직 그 시 한 편을 위하여 잿더미가 된 서울도 화전민의 희열로 바라볼 수가 있었다.

오직 그 시 한 편 때문에 수복 후, 생사가 불명이던 가족들이 보름도 넘어 남방토인(南方土人)처럼 까맣게 타서 나타났을 때 "이제 우리의 고생은 다 끝났다. 고향에 돌아가 옛말 하며 살자구" 이 한마디로 서로가 족했다.

'1950년 9월 30일, UN군 사령관 더글러스 맥아더 장군은 김일성(金日成)에게 최후의 항복권고를 발하였고 이에 적이 불응하자 10월 1일 동해안지구의 국군 제3사단을 선봉으로 북진을 개시, 동 2일 전전선(全戰線)의 아군부대는 일제히 38선을 돌파하였다.
동부전선의 국군 제1군단 예하 3사단과 수도(首都)사단은 10월 10일 원산(元山)을 점령하고 동 28일 성진(城津)을 통과, 31일에는 길주(吉州)서 합수(合水)로 진격했으며 수도사단은 해공군(海空軍)의 지원을 받으면서 11월 25일 청진(淸津)에 돌입했다.

---

32 서울 수복 선발대 : 나는 9·28수복 당시 국방부 정훈국 선발대 보도대장으로 서울에 입성한다.

중부(中部)를 담당한 국군 제2군단 예하부대는 10월 21일 7사단이 순천(順川)으로 진격하고, 8사단은 동 17일 양덕(陽德)방면으로 분진(分進)하여 덕천(德川)에 진출, 6사단은 화천(華川)을 거쳐 양덕(陽德)으로 북상, 동 26일 동 사단 7연대는 17시 50분 초산(楚山)에 돌입, 압록강변 국경선에 도달하였다.

서부(西部)로 진격한 UN군 직할부대는 경의본선(京義本線)과 서해안으로 북상, 10월 19일 17시 국군 1사단을 선두로 평양(平壤)을 점령, 동 20일 숙천(肅川), 순천(順川) 사이에 낙하한 미 제11공정(空挺)사단 187연대 약 4,000명과 동 21일 낙하한 800명과 합세, 동 31일 선천(宣川)에 진출하였다.

한편 인천상륙전에 용명(勇名)을 떨친 미 제10군단은 10월 26일 원산에 상륙, 그 주력이 장진호(長津湖)로 진격, 갑산(甲山)을 거쳐 11월 21일 국경선 혜산진(惠山鎭)에 도달하였다.'

이상은 역사의 기록이 아니라 비록 중공군의 불법침입으로 무참히 지워졌지만 우리 자유민(自由民)들이 장미보다도 붉은 피로 이 땅에 써 놓았던 불멸의 시를 내가 여기 되새겨 놓은 것이다.


## 34

1·4 후퇴, 체인도 안 단 트럭이
오르다간 미끄러지고
오르다간 미끄러지는 고갯마루서
그 운전대 옆에 타고 앉아
차라리 조바심을 지우려고
멀리 내려다 본 골짝에

흰눈에 떨어진 검정 보자기처럼
보이던 그 밭.

가족들을 데리고 복귀하는 길
만발한 철쭉꽃에 싸여서
버짐 먹은 아이의 대가리처럼
부옇게 패어 있던 그 밭.

형무소에서 나와
시골집으로 가면서 기웃해 본
강냉이 이삭이 우수수 우수수
몰려 서 있던 그 밭.

김천, 대구 사이 신동(新洞) 고개 골짜기
나환자들의 피고름과 눈물이
얼룩져 있는 그 밭.

이국(異國) 병상(病床) 수술대 위에서
마지막 보이던 고토(故土).

그 산뙈기 밭!

이국 병상 : 나는 1965년 일본서 두 차례의 폐수술을 받았다.

35

제1경

행길 위에 머슴애들이 우 몰려가 수상한 차림의 여인 하나를 에워싼다. 돌팔매를 하는 놈, 소똥 말똥을 꿰매 달아 막대질을 하는 놈,

—양갈보 양갈보 양가—ㄹ보.

더럽혀진 모성(母性)을 향하여 이들은 저희의 율법(律法)으로 다스리려는 것이다.

—내가 늬들 에미란 말이냐? 양갈보면 어때? 어때!

거품까지 물어 발악하는 여인을 지나치던 미군 지프가 싣고 바람같이 흘러간다. 아우성소리만 남고.


제2경

짙게 양장한 여인이 지나간다. 꼬마들은 눈을 꿈벅꿈벅 한다. 한 녀석이 살살 뒤를 밟아 여인의 잔등에다

'일금 3천 원야'라는 꼬리표를 재치 있게 달아 붙인다.

—와하 와하하 와하하하.

자신들의 항거로서는 어쩔 수 없음을 깨달은 꼬마들이 자학을 겹친 모멸의 홍소(哄笑)를 터뜨린다.

여인은 신뒤축을 살펴보기도 하고 걸음새를 고쳐보기도 한다.

그러나 그녀가 사라지기까지

—와하 와하하 와하하하

는 그치지 않는다.


제3경

이러한 짓궂은 장난도 얼마 안 가 뜸하여지고 판자막(板子幕)

어두컴컴한 골목길에는 군데군데 꼬마들이 누구를 기다리고 서 있다.

흑백의 모주 병정들이 어른거릴 양이면 그 고사리 같은 손으로 억센 팔들을 잡아끄는 것이다.

―헬로! 오케? 마담, 나이스! 나이스, 오케?

지페 맛을 본 꼬마들은 이 참혹한 현실을 그들 나름으로 활용하게끔 되었다.


### 36
내 가슴 동토(凍土) 위에
시베리아 찬바람이 살을 에인다.

말라빠져 엉켜 뒹구는 잡초(雜草)의 밭
쓰레기 구덩이엔
입벌린 깡통, 밑나간 레이션 박스,
찢어진 성조지(星條紙), 목 떨어진 유리병,
또 한구석엔 총 맞은 삽살개 시체,
전차(戰車)의 이빨자국이 난 밭고랑엔
말라 뻐드러진 고양이의 잔해,

저기 비닐 온상(溫床) 같은 천막 앞
피묻은 바지가랑이가 걸린
철망 안을 오가며
양키 병정이 획획 휘파람을 불면
김치움 같은 땅 속에서

노랗고 빨갛고 파란
원색의 스카프를 걸친 계집애들이
청개구리들처럼 고개를 내민다.

하늘이 갑자기
입에 시꺼먼 거품을 물고
갈가마귀 떼들이 후다닥 날아
찌푸린 산을 넘는데

나의 잔등의 미칠 듯한 이 개선(疥癬)—
나의 가슴을 치밀어 오르는 이 구토—
어느 누구를 향한 것이냐?


### 37

　제 먹탕으로 깜장칠한 문어 한 마리를 무릎에 싸안고서 어르고 있는 광경이라면 모두 웃음보를 터치리라.
　그러나 앞자리의 마주 자리잡은 나의 표정은 굳어만 갔다.
　—정식아! 볶지 마아, 빠빠에게 가면 까까 많이 사 줄게.
　이건 또 너무나도 창백한 아낙네가 정식이라고 이름 붙인 검둥애에게 거의 애소에 가까운 달램이었다.
　자정도 넘은 밤차, 희미한 등불 아래 손들의 피곤한 시선은 결코 유쾌한 눈짓이 아니었고 칭얼만 대는 검둥애의 대가리와 울상이 된 그 엄마의 하이얀 이마 위 땀방울이 유난히 빛나고 있었다.

---

개선 : 옴.

나는 이 뒤틀어대는 흑백의 모자상(母子像)을 보다 못해 호주머니를 뒤져 전송나왔던 친구가 취기 반으로 사 주던 '해태캐러멜'을 꺼내 까서 녀석에게 넌지시 권해 본다.

아니나 다를까, 적중이었다. 녀석은 흑요석(黑曜石)보다도 더 짙은 눈을 껌벅이며 깜장 손으로 냉큼 잡아채어 입에 넣더니 제법 의젓해지지 않는가.

두 개, 세 개, 네 개, 이제는 아주 나의 무릎으로 슬슬 기어오르며 이것만은 차돌같이 흰 이빨을 드러내어 웃어 반기는 것이다.

여기에 이르면 안 논다는 재주 없다. 눈물이 글썽하여 연신 미안스러워 하는 아낙네에게서 녀석을 아주 받아 안고 동물원에 가서 원숭이 놀리는 그 꼬락서니가 되어 캐러멜과, 애새끼와 있는 재주를 다 피워 얼러댄다.

이러는 사이에 어처구니없는 풍경이 되어 버렸다. 뜻하지 않은 나의 구조를 넋없이 바라보던 아낙네가 신명의 고달픔이 차고 말았던지 사르르 잠들어 버리고 그렇게 날치던 애새끼 역시도 이제는 어지간히 흡족했던지 내 품에서 쌕쌕 코를 고는 것이 아닌가.

꼼짝없이 검둥이 애비 꼴이 된 나는 헤아릴 수 없는 심정 속에서 그 채로 눈을 감고 만다.

나의 머리에는 이 녀석의 출생의 비밀이 되었을 지폐 몇 장이 떠오른다.

이 검둥이의 애비가 쓰러져 숨졌을 우리의 어느 산비탈과 어쩌면 그가 살아 자랑스레 차고 갔을 훈장을 떠올려 본다.

저 아낙네의 지쳐 내던져진 얼굴에서 오늘의 우리를 느낀다.

숨결마저 고와진 이 무죄하고 어린 생명을 안고서 그와 인류의 덧없는 운명에 진저리친다.

차는 그대로 밤을 쏜살같이 뚫어 달리고 손들은 모두 지쳐 곤드라졌는데 이제는 그만 내가 흑백의 부자상(父子像)이 되어 이마에 땀방울을 짓는다.


### 38

시인은 어깨나 재듯이 친구 하나를 끌고 호기 있게 들어선다.

창녀는 반갑고도 사뭇 미안스러워 어쩔 바를 모른다.

방에 들어 흘깃하면 송(松)·학(鶴) 수틀 아래 합장한 아기 예수의 흰 석고상이 매달려 있다.

시인은 올 적마다 쓰디쓴 웃음을 풍기며

—이건 네 아이 얼굴인가?

퉁겨 묻고는

—너도 막달레나가 되려나?

혼자 중얼거린다.

진로(眞露) 한 병과 마른 오징어 한 마리가 상 위에 얹혀 들어온다.

겹친 술을 한두 잔 켜고 나서는 이제 남은 흥정을 붙여야 했다.

—이 친구 색시 하나 똑 딴 것으로 데려와!

—아주 마음 좋은 사모님으로 말이야!

—빨랑 빨랑, 졸려!

호통에 못 이겨 부스스 일어서 나간 창녀는 잠시 후 방문을 빼꼼이 열고는 눈짓으로 시인을 불러내 간다.

—저, 저어, 저 손님 다리 하나 없으시죠?

—그래, 왜 그래? 상이용사야!

—아마 딴 애들은 안 받을 거예요. 그래서 선생님 형편이라면 제가 모시죠.

―으음.

시인은 이 최상급의 선의(善意) 앞에 흠칫 놀라면서

―그래, 그래야 나도 새 장가 들지!

하고 얼버무려 버린다.

악의 껍질 같은 칠흑 어둠이 덮인 창굴(娼窟) 마당에다 시인은 오줌을 깔기면서 이 굴 속에도 비록 광채는 없으나 별과 시(詩)가 깃들어 있음을 따스하게 여긴다.


## 39

동란이 멈칫한 어느 전선 전초고지의 참호 안, 임무를 교대한 우리 사병들과 흑인 병사 서너 명이 막걸리판을 벌이고 있다.

어지간히 얼근들 해진 그들은 '드링크' '오케이' '땡큐' 등 반쪽 말을 범벅꿍해서 질탕인데 그 중 흑인 병정 하나가 우리 병사 하나를 껴안고 무엇이라고 연성 지껄이며 애타하니까 자기 옆 전우의 덜미를 붙잡아 돌리며,

사병 : 야, 학병. 너 이 깜둥이 새끼가 나보고 뭐라카는지 통역 좀 해봐라! 나보고 좋다카는 건 분명한디 말이다.

학병 : 그 자식도 취해서 그저 개소리, 쇠소리, 말소리 내는 거지! 뭐 별소리 있겠나?

하면서 흑인 병정을 향해

학병 : You say once more.

흑인 : You know, we differ each other in nationality, race, homeland, parents, and the skin and so forth. You know, we differ each other in many respects.

학병 : Go ahead.

흑인 : But we are at one because we are same private soildiers and we are destined to die on same day. We are same we are closest friends you know. We are number one friends. Sure true brothers.

학병 : You are right. I know what you mean.

하고 일어나서 손뼉을 치며

학병 : 야들아! 잠깐 조용해. 이 깜둥이 자식 굉장한 소리를 한단 말이다.

어느 사병 : 야 이 새끼야! 깜둥이야 뭐라든 상관없고 너 노래 할래? 춤출래?

학병 : 좀 가만히 들어봐! 이 자식이 하는 말이 '너나 나나 나라가 다르고, 민족이 다르고, 고향이 다르고, 부모가 다르고, 피부가 다르고, 또 모든 게 다 다른데 오직 같은 게 있으니 그것은 너나 나나 졸병이라는 것과 죽을 날짜가 똑같다' 이거다.

일동 중 : 옳소, 옳소. 그건 반공통일보다 더 옳소.

학병 : '……그러니 모두가 다 달라도 죽을 날짜가 똑같은 이렇게 가까운 사이가 또 어디 있겠느냐?' 이 말씀이다.

일동 중 : 그것 참 성경 말씀보다도 더 좋구나.

학병 : 그러면 우리는 죽음을 함께할 종신형제(終身兄弟)! 부모보다도 형제보다도 애인보다도 더 가까운 사이! 자아, 이 위대한 사실을 건배하자!

일동 중 : 너 그 연기 김동원(金東園)의 햄릿 울고 가겠다.

소리에 우리 병사들이 다 함께 웃고, 덩달아 흑인 병정들도 따라 웃고, 또다시 주석이 소란해졌는데 얼마 안 가 참호 안은 〈해피 버스데이 투 유〉의 합창이 울려퍼졌다.

*

아군이 포복하여 기어오르고 있다.
그 속에 흑인 병사들도 끼어 있다.
포탄과 탄환의 폭우 속을 뚫고
우리 사병 중 하나가 고지에 올라
수류탄을 던진다.
흑인 병정 하나도 뒤따라 올라
수류탄을 던진다.
작열 작열 폭발 폭발 백병전……
동이 트는 고지에
혼백처럼 태극기가 휘날린다.
적, 아군의 시체가 즐비하다.
흑인 병정 시체의 목에서 빠져 나온
군번패(軍番牌)가 아침 햇살에 유난히 번득인다.


40
옹기굴 속 같은 저 어둠 속에서도
스스로 타고 난 성정(性情)만으로
실존의 등불을 켜는 한 무리가 있었다.

난민(難民)들 틈에 적군이 잠입해 오자
무차별 포격을 강박(强迫)하는 미(美) 고문(顧問)에게
권총을 쏘고 군에서 쫓겨나
시장에서 배추장사를 하는 포대령(砲大領),

좋건 궂건 "죽일 놈"을 연발하고
"노래 한 마디 하겠습니다"고 벼르기만 해서
우리의 역정(逆情)과 암울을 달래 주는 노비행사(老飛行士),

푸줏간같이 잔혹한 그 세상살이 속에서도
성 프란체스코의 〈태양의 노래〉를 읊조리며
하느님 찬양에 취해 있는 야인(也人) 선생,

고대 희랍의 시인 아나크레온의
〈장진주(將進酒)〉를 밑천 삼아 매시득주(賣詩得酒)를 하는
말뚝 지팡이의 매기 선생,

그리고 움집 '고무줄 방'에서
연달아 줄담배를 피우며
"반갑고 고맙고 기쁘다"는 축언(祝言)으로
손을 맞아들이는 공초(空超) 선생,

나는 저들과 밤도 낮도 없이 어울려
대추나무집, 감나무집, 말대가리집

---

- 포대령 : 포병대령 고(故) 이기련(李錤鍊), 노비행사 : 공군대령 고 이계환(李繼煥).
- 야인 선생 : 가톨릭의 거사(居士) 고 김익진(金益鎭).
- 매기 선생 : 성악가 고 권태호(權泰浩), 그는 〈매기의 추억〉을 애창하였다.
- 고무줄 방 : 피난지 대구의 공초(空超) 선생의 기거처(寄居處)로 손이 적으면 적은 대로 많으면 많은 대로 수용한다고 해서 선생이 이렇게 불렀다.
- 대추나무집, 감나무집, 말대가리집 : 그 당시 피난 문화인들이 드나들던 술집.
- 자갈마당 : 당시 대구의 사창가(私娼街).

자갈마당을 떠돌아다니며
말술을 푸고 온갖 기행(奇行)을 연출했다.

하지만 그 질식할 시간 속에서
저들과의 시간만이 나의 숨통이요,
또한 유일의 자양(滋養)이었다.


**41**
조국아, 심청(沈淸)이마냥 불쌍하기만 한 너로구나.
시인이 너의 이름을 부를 양이면 목이 멘다.
저기 모두 세기(世紀)의 백정(白丁)들,
도마 위에 오른 고기 모양 너를 난도질하려는데
하늘은 왜 이다지도 무심만 하다더냐.

조국아, 거리엔 희망도 절망도 못하는
백성들이 나날이 환장해만 가고
너의 원수와 그 원수를 기르는 벗들은
너를 또다시 두 동강을 내려는데
너는 오직 생각하며 쓰러져 가는 갈대더냐.

원혼(冤魂)의 나라 조국아,
너를 이제까지 지켜 온 것은 비명(非命)뿐이었지,
여기 또다시 너의 마지막 맥박인 듯

---
41
이 시는 휴전협상 때 쓴 것임.

어리고 헐벗은 형제들만이 북(北)으로 발을 구르는데
먼저 간 넋을 풀어줄 노래 하나 없구나.


조국아! 심청이마냥 불쌍하기만 한
조국아!



**42**

㠀[　→ BRIDGE OF NO RETURN

旨旨旨旨口　　口旨旨旨旨旨旨旨旨旨旨旨旨旨
幟幟幟幟　　　幟幟幟幟幟幟幟幟幟幟幟幟幟
　　　　曼
　　軍　鸞　旗
　　　　卓
砲砲砲砲銃　　銃砲砲砲砲砲砲砲砲砲砲砲砲砲
門門門門口　　口門門門門門門門門門門門門門



**43**

'파스칼'의 갈대만이
흰머리와 흰 구레나룻을
바람에 휘날리고 있었다.
휴전선(休戰線)!




42
- 포문(砲門) 20은 나의 순전한 상상(想像)에 의한 휴전선의 사단배치수(師團配置數)임.
- BRIDGE OF NO RETURN : '돌아오지 않는 다리'.

## 44

푸주와 푸주가 줄을 이었다.
살덩이와 갈비가 선지피를 떨구며
쇠꼬챙이에 끼워져 걸려 있다.
불자동차 소리, 경적(警笛) 소리, 잇달아
구급차(救急車) 소리가 들린다.

캄캄한 옹기굴이다.
끝도 없는 터널이다.
치차(齒車)와 치차(齒車)가 맞부딪치는
금속성(金屬性) 굉음(轟音)이 가슴을 찢는다.

새 무덤들이 늘어선 공동묘지에
갈가마귀 떼가 새까맣게 덮여 있다.
검은 게거품을 문 하늘에
독수리가 원을 그리며 날고 있다.

썩은 초가지붕 마을 뒷산에
껍질이 벗겨져 해골이 된 소나무들,
버짐이 먹어 허옇게 타는 논,
비듬이 일 듯 먼지만 나는 밭,
어느 여위디 여윈 강기슭에
갓 나온 듯한 청개구리 한 마리
내딛을 곳을 몰라
심장만 불룩이고 있다.

**45**
삐걱거리는 판자 밑으로
연탄빛 도랑이 흐르는 소리를 들으며
나는 멀거니 누워 있었다.

'자유조국'이 환상이라면
전쟁은 무엇을 위하여 치렀단 말인가?
고향은 무엇 때문에 버렸단 말인가?
나의 물음이 절박할수록
그 대답은 멀어만 갔다.

─당신은 실연(失戀)을 했군요?
……
─부인이 도망을 갔나 봐?
……
─그것도 별루 좋아도 안 하면서, 벌써
 열이틀쨴데!
……

창녀의 물음에 대답할 바도 없어
나는 〈날개〉의 주인공이 된다.

45
- 〈날개〉 : 이상(李箱)의 소설.
- 땃벌떼, 백골단 : 부산 제1차 정치파동 때 날뛰던 정치깡패 집단.
- 나는 제1차 정치파동 때 〈민주고발(民主告發)〉이란 사회시평(社會時評)을 신문에 연재하여 당국으로부터 핍박을 받아 대구 달성공원 아래 하상(河上) 판자 창굴(娼窟)에 피신하는 소동을 벌였다.

거리에는 '땃벌떼'와 '백골단'(白骨團)이 난무(亂舞)하고
나의 피난 집에는 기관원이란 자가
권총을 발사하며 달려들곤 하였다.


**46**
바다
파도만이 넘실거리는 바다
갈매기가 한 마리 일렁이는 파도에
깃을 적시며
가없는 하늘에 활을 그으며
짝과 새끼들이 사는
직녀성(織女星)처럼 먼 나라를 찾아
끼끼끽
끼끼끽
날아다닌다.

가도 가도 아득한 하늘과 바다
깃을 드리울 섬 하나 없고
쉬어갈 나뭇가지 하나 보이지 않는
가도 가도 아득한 하늘과 바다

마침내 갈매기는 허공을 치솟다가
끼끼끽
끼끼끽
끼끼끽

애절한 울음소리를 내면서
입 벌린 무덤 같은 바다에 스러진다.

                *


프로펠러 소리가 울려온다.
비행기 객석 어느 사내의 무릎 위엔
흰 보자기로 싼 상자 하나가 놓여 있다.
차를 나르던 스튜어디스가
―그거 선반에 얹어 드릴까요?
―아니 괜찮소.
―골동품인가요? 아주 귀중한……
―그저 좀 뭣한 것이어서……
사내가 우물쭈물 말꼬리를 흐리자
그녀는 탁자를 빼내 커피를 따라준다.
사내는 차를 마시며 창밖을 내다도 보고
가끔 그 보자기 상자에 눈을 떨구기도 한다.

                *


하늘도 바다도 아닌 갈맷빛 허공 속
끼끼끽
끼끼끽
끼끼끽
끼끼끽
갈매기의 환영(幻影)이 난다.

떨어진다.
또 난다.

    *

일본 하네다 공항 커피숍
사내는 상복(喪服)한 한 여인네와 마주앉는다.
―뭐 별로 형식도 없을 터이고 그러면 부인!
하고 사내가 흰 보자기 상자를 건네자 이를 받아 안은 여인네는 솟구치는 슬픔에 인사말을 못하고 그저 입을 삐죽인다.
―세상을 떠났을 때 화장(火葬)을 해서 뼈의 일부는 무덤을 짓고 일부는 어느 때건 전해드릴 날이 있을 것 같아 제가 간수했다가 가지고 왔습니다. 그리고 이것은 무덤의 사진이구요.
여인이 눈물을 떨구며 받아든 무덤 사진에는 〈입맞춤〉의 그림과 함께 '화가(畵家) 이중섭지묘(李仲燮之墓)'라고 새겨진 돌이 하나 놓여 있다.


**47**
내가 만일
조국을 팔았다면
그 앞잡이가 되었다면
또 그 손에 놀아났다면

---

46
향우 이중섭은 1956년에 별세했고, 나는 그 유골을 이듬해 P.E.N. 동경대회에 갈 때 안고 가서 미망인에게 전달했다. 이 회억(回憶)을 시네포엠 형식을 빌려 써 보았다.

재판장님!
징역이 아니라
사형(死刑)을 내려 주십시오.

조국을 모반(謀反)한 치욕을 쓰고
15년이 아니라 단 하루라도
목숨을 구차히 이어 가느니보다
죽음이 차라리 편안합니다.

저기 저 창밖에
일진광풍(一陣狂風)이 채 물들지도 못한
낙엽(落葉)을 지움을 좀 보아 주십시오.

재판장님!
무죄가 아니면
진정, 사형을 내려 주십시오.
　　　　　　　　　　—1959년 10월 21일

---

47

이승만 정권의 전횡에 대한 계속적인 나의 저항은 마침내 1959년에 이르러 옥고마저 치르게 한다. 소위 '레이더 사건'이란 것으로, 교포 친구가 남대문시장에서 미제 진공관 2개를 동경대학에서 해중(海中) 연체생물연구(軟體生物硏究)를 하고 있는 사위(고 최상(崔相) 박사, 전 KIST 연구위원)에게 사 보낸 것을 트집잡아 그 사실조차 모르는 나를 오직 그와 친분이 있다고 반공법 위반, 이적죄(利敵罪)로 잡아 가둔 것이다. 이 시는 그 재판중 15년 구형을 받고 최후진술에서 필자가 행한 말의 대요(大要)를 시화(詩化)한 것임.

### 48

은혜같이 다사로운 햇살이 감방(監房)에 스며들면 나는 향일성(向日性) 식물일세.

내 마음은 눈먼 나비런가? 벽돌담도 훨훨 날아 넘어가 종일토록 회상(回想)의 꽃잎을 찾아 헤매단 제풀에 지쳐 돌아오는군.

예서 지내온 삶을 돌이켜 보면 천지분간(天地分揀)도 못했다는 게 실토일까. 용케도 넘겨온 고비, 고비, 새삼 아슬한 생각도 들고 수치로 붉어도 지네.

시방 독방신세라 면벽좌선(面壁坐禪)인 셈, 오직 정념(正念)의 세계만이 안 잡혀 탈일세. 차입해 준 《업(業)의 문제(問題)》 통봉(痛棒)이어서 고맙네.

아마 이맘때면 바깥 세상은 꽃놀이와 양도(糧道)소동이 한창이겠지. 여기는 비록 취할 꽃은 없으나 춘궁(春窮)이 없어 '요행의 섬'이랄까.

인사와 회포 모두 줄이네.


### 49

친구여, 서양 친구여!

---

48

이 시는 그때 면회를 왔던 당시 승려시인 고은(高銀)에게 옥중에서 보낸 글발인데, 이것이 발송불허되었다가 출감시 내준 것을 손보아 〈옥중춘전(獄中春箋)〉이라 제(題)하여 발표하였던 것임.

그대가 감옥의 딱딱한 목침대와
벽틈에 끼어 있던 낡은 신문 3면에서
그 이야기의 줄거리를 주워 엮었다는
그대의 삶의 철학 희곡〈오해〉를
나 역시 감방의 딱딱한 마룻바닥에서
읽고 되읽으며 골똘히 생각해 보았네.

그대는 말타와 그 어미로 하여금
인간의 영혼까지도 불태워 버리는
열사(熱砂)의 그 바다에 이르기 위해서
제 오라비와 아들인 쟝을 죽이고도
아무도 서로 모르고 살고 있는 것이
제각기 놓여진 참된 상태이며
이제야 모두 제자리에 놓여졌다고
당연한 일인 듯이 지껄이게 하고
사람의 뜨거운 촉감은 징그럽고
사랑 같은 것은 추악하고 공허한 것으로
어떠한 울부짖음에도 귀기울이지 않는
돌처럼 감각이 없는 찬 사람이 되어야
우리는 신과 같은 행복에 도달한다고
기를 써서 강변(强辯)을 시키고 있네만

그대가 만들어 놓은 인간에게는
가장 소중한 것이 하나 빠져 있네.
인간 본연(本然)의 수치심(羞恥心)이 빠져 있단 말일세.

아담 이브가 범명(犯命) 후 나무 그늘에 숨은 것도
풀잎으로 사추리를 가리고 나선 것도
결코 죽음의 공포나 삶의 불안이 아니라
비로소 인간의 유한성(有限性)을 깨달은
그 부끄러움에서였다는 사실을 떠올려 보게.

그대는 그야말로 오해(誤解)하고 있네.
그대는 실존의 자유에 오르는 사다리를
하늘에다 끝까지 침을 뱉는 것으로 여기는 모양이나
수치(羞恥)야 말로 인간의 최초의 것이요,
인간 구제의 가능성이라는 것을 왜 깨닫지 못한단 말인가?
친구여, 서양 친구여!


## 50

친구여, 서양 친구여!
그대는 지중해, 열사(熱砂)의 바다를
삶의 피안(彼岸)으로 삼는가?

아닐세, 그 아닐세

---

49

이 시는 알베르 카뮈의 희곡 〈오해〉에 담긴 그의 실존적 삶의 철학 즉 '반항적(反抗的) 인간(人間)'에 대한 반대로서 나는 자유당 정권 말기 옥고를 치르면서 마침 그 작품을 읽고 그 주인공의 실존적 진실에 결핍되어 있는 것이 곧 수치심임을 감득(感得)하였다. 그리고 나는 수치야말로 '인간 최초의 것이요, 본연(本然)의 것이요, 인간 구제의 가능성이요, 모든 규범(規範)의 시원(始原)이다' 라는 인식에 도달했고 이를 나의 존재론적 명제(命題)로 삼기에 이른다.

이글이글 태양과 푸른 바다와
흰 파도와 불꽃이 튀는 모새밭만으로는
우리가 기리는 해방(解放)은 없느니,

이렇게 한번 상상해 봄세!
가령, 저 태평양 한복판
사방(四方) 아득히 밀려가고 밀려오는
그 창연(愴然)과 허막(虛漠) 앞에서

가령, 저 아라비아사막 뙤약볕 아래
타들어오고 숨막히는 갈증 속에서
이 사람! 어찌 삶을 구가(謳歌)한단 말가?

그것은 진실로 두려운 노릇일세
짐짓 우리 본향(本鄕) 실존의 마을엔
솔숲! 내 실향(失鄕), 원산(元山) 송도원(松濤園)과 같은
솔숲을 두어야만 쓰느니

그리고 가끔 차일(遮日)과 같은
서늘한 그늘 아래 쉬어야만 하느니,
친구여, 서양 친구여!

50
시 49의 주 참조

51

"어디를 혼자 가요?"

새끼줄을 쳐 놓은 입구에 젊은이 하나가 험상스런 인상을 쓰면서 가로막았다.

"투표하러!"

"삼인조(三人組)를 짜 가지고 오시오!"

"나는 혼자 할라요!"

"이 양반이? 혼자는 안 된다니까! 저기 조장(組長)님하고 상의하시오!"

라고 가리키는 사람의 팔에는 '자유당'이라는 완장이 붙어 있었다.

"나는 무소속이라서……"

"여러 말 말고 가서 조(組)를 짜 가지고 오시오!"

마구 떼미는 바람에 나는 그대로 나오면서 비분(悲憤)의 울음이 아니라 실성(失性)한 사람처럼 홍소(哄笑)를 터뜨렸다.

이날 밤, 마산에서 4·19의 첫 횃불이 올랐다.


52

함성
함성
함성
함성
함성

함성이 길을 메운다.

함성이 거리를 뚫는다.

함성이 함성을 불러
모든 가슴의 불을 토하고
모든 어둠의 공포를 삼킨다.

피 묻은 분노의 함성
기쁨과 눈물의 함성

그 함성이
겹겹이 쌓은 바리케이트를 무너뜨리고
그 함성이
총구(銃口)와 포문(砲門)을 벙어리로 만들고
그 함성이
환관(宦官)들을 혀를 빼문 개로 만들고
그 함성이
늙어서 귀가 먹은 폭군(暴君)의
고막을 뚫어
10년 전제(專制)에 종지부를 찍는다.

그 함성에는
샘물 같은 청렬(淸冽)이 있고
그 함성에는
신록(新綠)의 싱싱함이 있고
그 함성에는
무지개같이 아롱진 꿈이 있고

그 함성에는
비둘기 같은 평화가 있고
그 함성에는
아폴론의 예지(叡智)가 있다.
디오니소스의 도취(陶醉)가 있다.

겨레의 뿌리로부터 우러나온 함성
겨레의 역사를 이어 오는 함성
영원토록 꺼지지 않을 함성
소리가 없어도 들리는 함성
오오, 4월의 함성이여!


**53**
손에 잡힐 듯한 봄 하늘에
무심히 흘러가는 구름이듯이
피 묻은 사연일랑 아랑곳말고
형제들 넋이여 평안히 가오.

광풍(狂風)이 휘몰아치는 쑥대밭 위에
가슴마다 일렁이는 역정(逆情)의 파도
형제들이 틔워놓은 외가닥길에
오늘도 자유의 상렬(喪列)이 꼬리를 물었소.

---

53
이 시는 3 · 15 부정선거에 항의하다 희생된 마산의 젊은이들을 위한 진혼가로서 당시
〈새벽〉지에 발표한 것임.

형제들이 뿌리고 간 목숨의 꽃씨야
우리가 기어이 가꾸어 피우고야 말리니
운명보다 짙은 그 소망마저 버리고
어서 영원한 안식의 나래를 펴오.


## 54
살코기를 놓고 서로 으르렁거리는
4월의 잔칫상을 뒤로 하고
나는 부상(負傷)한 환영(幻影)을 안고서
실존의 독방(獨房)으로 돌아왔다.

내가 꿈꾸던 새 삶의 공화국은
공중의 풍선처럼 자취 없이 꺼지고
내가 현장 속에서 목도한 것은
새 송장에 몰려든 갈가마귀 떼들의
우짖음과 그 소란이었다.

자기 붕괴와 절망이 목을 조여
입관(入棺)을 끝낸 가사(假死) 속에 들었다가
이상과 현실이 평행(平行)할 수밖에 없다는
자명성(自明性)에 겨우 눈을 떴다.

정신의 거미줄과 먼지를 털고
책상 앞에 앉아 붓을 잡았지만
동면(冬眠) 속에서 갓 나온 개구리처럼

향방(向方)을 몰라 심장만 불룩였다.


## 55

나의 변신(變身)을 곤혹(困惑)의 눈으로 바라보는 현실의 주위를 피하여 사문(沙門) 일초(一超)와 작반(作伴)해서 제주도로 갔다.

일과(日課)로 삼은 것은 2천 년 전 이스라엘 속의 '나자렛 예수'의 추적(追跡)으로 태중(胎中)에서부터 하느님으로 섬겨온 그에게서 나는 비로소 시공(時空)의 제약 속에 있던 한 인간을 발견해 갔다.

틈틈이 우러르는 한라산은 내염(內焰)을 고이 끝낸 성자(聖者)의 하품을 하고 있었고 선창(船艙)에 나가 바라보는 옥색 바다는 요염한 여인네의 색태(色態)를 짓고 있었다.

일모(日暮)에 끓는 물 같은 감성(感性)의 일초와 비바리 술집을 드나들며 낄낄거리기도 하고 먼 옛날 유배객(流配客) 같은 수심(愁心)에 젖기도 하였다.

---

55
- 일초 : 시인 고은의 스님 시절의 법호. '사문' 은 출가하여 도를 닦는 사람을 뜻함.
- 나자렛 예수의 추적 : 나는 그때 왜관 분도수도원의 위촉으로 프란쯔 M. 윌람이 지은 이스라엘 풍속상으로 본 《예수의 생애》 번역 원고의 윤필(潤筆) 수정(修正)을 맡아 하고 있었음.

56

귀로(歸路), 대구서 만난 장군 박정희(朴正熙)는 이미 눈에 핏발이 서려 있었다.

내가 피정(避靜)의 여운으로 화제를 쇄락(洒落)으로 몰고 가도 "해치워야 해"를 주정 섞어 연발하며 '편성숙숙야도하 효견천병옹대아'(鞭聲肅肅夜渡河 曉見千兵擁大牙)란 일본시음(日本詩吟)을 되풀이해 불렀다.

40일 만에 돌아온 서울은 그야말로 북새판이었다. 4·19의 젊은이들은 몽둥이를 들고 의정단상(議政壇上)을 점령하는가 하면 맨손 맨발로 휴전선을 넘어 북한마저 해방한다고 아우성을 쳤다.


57

그 겨울과 봄, 나는 실로 어처구니없는 호상(護喪)으로 보냈다.

*

---

56

- 대구서 만난 장군 박정희 : 내가 제주도에서 돌아오다 소위 '하극상' 사건의 배후 인물로 지목되어 육군본부 작전참모부장에서 2군 부사령관(副司令官)으로 좌천되어 있는 박정희 장군을 찾아 회포를 털며 대음(大飮)하였다.
- 피정 : 가톨릭 용어로 묵상(默想)의 뜻임.
- 쇄락 : 마음에 티가 없어 상쾌함.
- 편성숙숙…… 운운 : 일본 전국시대의 대결전을 노래한 한시(漢詩)의 한 구절. 그 뜻은 '말채찍 소리도 고요히 밤을 타서 강을 건너니 새벽에 대장기(大將旗)를 에워싼 병사떼들을 보네'로, 그 작자의 이름은 잊었음.

누가 앞 뒤였는지는 잊었지만 먼저 떠오르는 것이 조각가 차근호(車根鎬), 음독(飮毒)의 기별을 받고 달려가니 그의 아틀리에 마룻바닥에는 빈 약봉지 40여 매가 흐트러져 있었고 탁자 위에는 빈 진로(眞露)병과 함께
"4월 혁명의 대의(大義)를 보아서도 나같이 박명(薄命)한 인간(人間)은 이 세상 삶을 사양하는 것이 마땅하다"
라고 적힌 종이쪽지가 얹혀 있었다.

그는 저토록 자기 삶이나 목숨에 대해서도 망치요, 끌이요, 칼이었다.

\*

다음은 포대령(砲大領) 이기련(李錤鍊). 그는 어느 저녁 어스름, 나와 헤어져서 행방이 불명이었다가 1주일 만에 수색 행려사망자 묘지에서 거적에 싸인 시체로 발견되었다.

'1·4 후퇴 의정부 전선에서 괴뢰군들이 피난민 행렬에 섞여 잠입해 오자 미국 고문관은 무차별 포격을 하라느니 대대장인 그는 안 된다거니 승강이를 하다 쏘라는 피난민 포격은 안 하고 권총을 빼어 미국 고문관을 쏘고 군대에서 쫓겨난 경력의 인물'

그는 죽음마저 예외(例外)를 보여 주었다고나 할까? 그에게 알맞은 최후라고나 할까?

\*

또 하나는 아나키스트 우한룡(禹漢龍). 나와는 이승만 독재의
영어생활(囹圄生活)을 함께 한 그. 그는 사회당(社會黨) 통합회의
(統合會議)를 하다 졸도를 해서 숨겼는데

그는 어느 시인보다도 아롱진 꿈을 지녔었고 어느 영웅보다도
쓰라린 곡절이 많았는데

이렇게도 쉽사리 그가 스스로 사서 하던 무산자(無産者)와 인간
해방(人間解放)의 그 모진 고역에서 벗어날 줄이야!


### 58
그것은 불안이 아니었다.
그것은 권태도 아니었다.
그것은 구토도 아니었다.
그것은 소외도 아니었다.

그것은 가려움이었다.
온몸에 옴이 오른 것 같은
정신의 미칠 듯한
가려움이었다.

나는 이 소양증(搔癢症)을

---

-그 겨울과 봄 : 4·19 그 해 겨울과 그 다음해 봄.
-망치요, 끌이요, 칼 : 차근호와 동숙자(同宿者)였던 최정호 교수의 술회.

잠시라도 잊으려고
음란(淫亂)에 빠져들었다.

범접(犯接)하고 난 후의
그 허망감(虛妄感)!
바로 그것만이 약이었다.


## 59
나는 5·16 아침을 어느 무희(舞姬) 집에서 맞았다.
그녀는 아침 화장을 하면서 방송을 들으며
"이러면 세상이 어떻게 되는가요? 선생님 신상에 행여나 해나 없을까요?"
하고 연거푸 물었다.
나는 그녀의 말을 귓등으로 흘리며
'말채찍 소리도 고요히 밤을 타서 강을 건너니 새벽에 대장기(大將旗)를 에워싼 병사 떼들을 보네'
그 친구의 일본시음(日本詩吟)을 흉내내며 새벽의 한강(漢江)을 떠올리고 있었다.


## 60
그와 마주앉은 것은 5월 19일 저녁, 기관총을 실은 장갑차가 마

---
59
- 말채찍 소리도······병사 떼들을 보네 : 시 56 참조.
- 그 친구 : 박정희 장군.

당에 놓인 어느 빈 호텔의 한 방
　그도 나도 잠자코 술잔만을 거듭 비웠다.
　마침내 그가 뚱딴지 같은 소리를 꺼냈다.
　"미국엘 좀 안 가 주시렵니까?"
　"내가 영어를 알아야죠?"
　"영어야 통역을 시키면 되죠!"
　"하다 못해 양식탁(洋食卓)의 매너도 모르는걸요!"
　"그럼 어떤 분야(分野)라도 한몫 져 주셔야지!"
　"나는 그냥 남산골 샌님으로 놔두세요!"
　얼핏 들으면 만담(漫談) 같은 이야기를 주고받으며
　우리는 술잔을 거듭 비웠다.


## 61

늦게나마 시가 나의 삶의
오직 하나인 제구실임을 깨우친다.

시야말로 사내 대장부가 일생을
걸어야 하고 또 몽땅 바치기에
가장 보람찬 일임을 깨닫는다.

또한 자신의 열띤 목숨을
달리는 조율할 수 없음을 알아낸다.

---

-그 : 박정희 장군.
-빈 호텔 : 지금 KAL빌딩이 서 있는 자리에 있던 국제호텔.

나의 심혼(心魂)의 최고의 성실이
시 속에 있음도 알게 된다.

―물에 빠진 자, 헤엄을 잘 친다든가 못 친다든가는 문제가 아니다. 어찌 헤어서든지 살아나가야 한다.

나는 저 각오, 저 결심으로
남은 생애 시만에 살 것을 다짐하고
연작시 〈밭 일기〉 100편을 시작했다.


62
궁리 끝에 신문지국 간판을 메고
유학(遊學)의 길에 오르듯 도쿄로 향했다.

―바로 내 앞방에다 사무실을 마련해 놓았는데 끝내 가시기요, 이 판국에 일본 낭자(娘子)들과 재미나 볼 작정인가요?
―시인이란 현실에서 보면 망종(亡種)이지요, 그래서 플라톤도 그의 이상국가(理想國家)에서 시인을 추방하는 게 아닙니까?

62
- 신문지국 간판 : 나는 1961년 봄, 당시 가톨릭에서 경영하던 〈경향신문〉의 동경지국장을 자청해서 국내를 떠난다.
- 내 앞방에다 사무실…… 운운 : 당시 국가재건최고회의 의장인 박정희 장군은 나를 상임고문으로 내정해 놓고 직접 또는 김팔봉 선생 등 나의 주변 분들을 통해 간접으로 나의 동경행을 만류했다.
- 그 : 박정희 장군.

비행기 창으로 구름밭을 내다보며
그 현실로부터의 격리(隔離)를 확인하면서도
그와의 작별 때 대화가
내 뇌리를 후벼 팠다.


**63**
그 나라의 물질의 풍성도 놀랍지만
보다 그 정신의 풍요가 부러웠다.

내 정신의 요람이었던 간다 거리를
허기진 사람처럼 찾아 누빈다.

빽빽이 꽂힌 책의 수풀 속에서
무엇을 읽어야 할지조차 몰랐다.

그 표제에 끌려서 첫 번째 사 든 것이
《현대 최고의 철학자 가브리엘 마르셀》
나는 이 '은혜의 책'을 그 밤을 새워 읽었다.

                     *


가브리엘 마르셀 선생!

당신은 역사에 대한 거듭된 절망으로
허무(虛無)의 수렁에 빠져 있는 나에게

삶의 새로운 긍정(肯定)의 문을 열어 주었습니다.

당신은 육신과 분리되어 있는 나의 영혼을
도로 함께 살게 해 주었습니다.

당신은 나에게 인간은 홀로서이지만
또한 더불어서임을 가르쳐 주었습니다.

당신은 나에게 유한성(有限性)에 대한 자각이
겸손에 이어져야 함을 깨우쳐 주었습니다.

당신은 나에게 신비가 공허(空虛)가 아니고
충만임을 깨닫게 하였습니다.

당신은 나에게 한 치를 줄여서 사는 것이
한 치를 초월해 사는 것임을 보여 주었습니다.

당신에게서 나는 내세(來世)를 오늘부터
살아야 함을 배웠습니다.

오오, 만남의 비의(秘義)여!

---

- 간다 : 神田, 일본 도쿄에 있는 서점가.
- 《현대 최고의 철학자 가브리엘 마르셀》: 이 책은 1957년 마르셀이 일본을 방문했을 때 그의 철학 해설서로 씌어진 것으로, 저자는 아키노 게이사쿠(岳野慶作)라는 일본인 교수와 반 스트라렌이라는 네덜란드인 교수의 공저임. 나는 이 책을 인연으로 마르셀에 접근한다.

### 64

마치 공초(空超) 선생 임종(臨終)에나 맞추듯
나는 일시 일본서 돌아온다.

해방 후 이 땅의 모든 사람들이
현실의 차안(此岸)에 쏠렸을 때
홀로서 정신의 피안(彼岸)을 지켜온 거인(巨人),

다방을 사원(寺院)으로 교회로 도장(道場)으로 삼은
무교리(無敎理)의 종교가(宗敎家),

다방을 강단으로 교장(敎場)으로 삼은
초윤리(超倫理)의 철학자,

하늘과 땅과 거리를 집으로 삼고
시를 체현(體現)한 시인,

선생은 이승을 떠나시며 나에게
'자유가 나를 구속했었다' 라는
실로 엄청난 사세구(辭世句)를 남겼다.

　　　　　*


늦봄 한낮의 흐느러진 볕을 받으며
상여의 행렬이 크고도 조용한 물결처럼
거리 한복판을 행진해 나갔다.

선인도(仙人圖)를 방불케 하는 영정(影幀)에는
그가 평생 몹시도 즐기던 궐련(卷煙)에
연기가 피어오르고 있었고

상두꾼이 아닌 한 클래스의 여학생들이
색색의 만기(輓旗)를 들고 앞섰으며

상주(喪主)가 없는 영구차의 밧줄을
시인 작가들이 잡았으며

50-60명이나 되는 장삼가사(長衫袈裟)의 승려들이
독경(讀經)을 하면서 뒤따랐고

예술가들을 비롯한 문화의 종사자들과
일반 시민들이 그칠 줄 모르게 줄을 이었다.

8·15 후 이 땅의 범시민적 장례치고
비극의 빛깔이 없는 것은
오직 이것이 단 한 번뿐이었다.


**65**
내가 희망치도 않은 이해(利害)에 얽혀
교회의 암흑면(暗黑面)을 체험하게 된 것은

공초 선생 임종일 : 1963년 6월 3일.

내 영혼의 치명상이었다.

견월망지(見月忘指)! 라는 불도문자(佛道文字)를
되외우고 되씹고 되새겨도
그 더러운 사제(司祭)의 손에서
성체(聖體)의 비의(秘義)를 용납할 수가 없었고
도처에 높이 솟아 있는 교회당(敎會堂)들이
회칠한 신(神)의 무덤으로 보여졌다.

내 손으로 그들의 가슴과 등에다
'주홍글씨'를 써 붙이지 않은 것은
북한서 공산당에게 납치되어 간
가형(家兄) 신부(神父)의 어질고 슬픈 얼굴이
떠오르고 가로막았기 때문이었다.

그러나 그 반석 위에 교회가 세워졌다는
사도(使徒)의 우두머리 베드로가
스승 예수를 한낱 계집종 앞에서
배반한 사실을 익히 알고 있었지만

65
- 교회와의 이해 : 가톨릭재단의 경영 곤란으로 내가 피동적으로 경향신문사를 인수했던 사건인데 그 전말은 생략함.
- 성체의 비의 : 가톨릭의 미사에서 예수의 최후의 만찬을 기념하는 의식으로서 그 축성(祝聖)되는 빵과 포도주가 예수의 몸과 피로 성화(聖化)된다고 믿음.
- 신의 무덤 : R. 아돌프스의 책 이름.
- 《주홍글씨》: 나다니엘 호손의 소설 이름.
- 반석 : 베드로의 본명은 시몬이었는데, 예수가 만나자마자 바위라는 뜻의 베드로 이름을 고쳐 주었음.

그러한 죄인들로 이어 내려온 교회가
붕괴되지 않고 그 신성성(神聖性)을 유지하는 것은
오직 성령(聖靈)의 역사(役事)하심이라는 사실을
나는 그때서야 비로소 깨달았던 것이다.


### 66
"그 신문사 일 어떻게 되었어요?"
"그저 내가 할 수 있는 일이란 시(詩) 줄을 쓰는 것밖엔 없나 봅니다."
"보고를 받아 다 알고 있어요. 교회라는 거룩한 탈을 쓰고 그 짓들인데 그 사람들 법으로 혼들을 내 주시죠. 그렇듯 당하고만 가만히 계실 거예요?"
"그럼 어쩝니까? 예수가 오른쪽 뺨을 치면 왼 뺨을 내 대라고 가르치셨는데야!"
"그래서야 어디 세상을 바로잡을 수가 있습니까?"
"그게 바로 천주학(天主學)의 어려운 점이지요!"
"천주학이라!"
그는 그 말을 되뇌까리면서 더 이상 나를 힐난(詰難)하려 들지는 않았으나 자못 내가 한심스럽다는 표정을 지었다. 아마 이때 그는 나를 현실에 끌어들이려는 생각을 단념했을 것이다.

---

66
그 : 당시 국가재건최고회의 의장이던 박정희 장군.

67

자명(紫明)이 보라

마침내 명 6일, 제1차 수술을 한다. 오늘 이미 수술병동으로 옮겨 이 글발을 쓴다. 네마끼(일본 잠옷), 주방(일본 옷의 내의), 유지(油紙), 흉대(胸帶), 우윳병 젖꼭지 등 만반 준비를 갖췄다. 수혈할 피도 진숙이네 아버지가 자기의 것을 뽑아놓고 갔다. 오직 눈시울이 뜨거울 뿐이다. 이러한 여러 선의(善意)와 너희의 간원(懇願)이 상천(上天)에 통해서라도 이번 수술은 문제없이 성공할 줄 믿는다. 나는 지금 심신(心身)이 아주 평정(平靜)하다. 도리어 신문을 보고 고국의 가뭄이 걱정된다. 그러면 한동안 편지를 못 쓸 테니 그리 알아라. 평안히 평안히들 있거라.


68

봄 가슬[收穫]이 끝난 후
재벌 심은 수수가
내 양말목만큼씩 하고
가을 채마는 어려서
아직 사추리를 내빌 제
나는 수술실로 들어갔다.

잔등을 전기(電氣) 메스로 가르고
폐(肺)를 꺼내어 공동(空洞)을 째고

---

67

자명 : 나의 막내딸 이름으로, 이 글발은 1966년 7월 5일 일본 도쿄 교외 기요세의 오리모도 병원에서 집으로 보낸 것임.

항생제(抗生劑)로 씻어내고
갈비뼈 네 대를 잘라 누르고
도로 등을 꿰매고
이런 것을 공동절개(空洞切開)와
성형수술(成形手術)이라 한다.

1주일! 극한의 아픔과
몽혼(曚昏)의 나날이 지나서
등의 실을 뽑고
그리고 또 3주 만에
다시 갈비뼈 두 대를 자르는
제2차 성형수술을 받았다.

이제는 모두 끝마쳤다는 안도로
아픔을 이기면서
달포가 지나서야
일반 병동으로 옮겨왔다.

나는 그 이튿날
뼈가 마치는 등을 지고
지팡이를 짚고서
밭을 찾아 나섰다.
놀랐달까, 어이가 없달까
그 새 수수는 10년 만에 보는
고향 애들처럼 자라서
나보다 목이 하나 더하고

배추는 친정에 온 조카딸처럼
알을 배어 통이 앉고
무밭은 마냥 시퍼렇게
마치 연병소(鍊兵所) 마당 같다.

이날 밭에 나갔던 게 탈이 되어
열을 내고 드러누웠는 사이에
또 한 달이 지나갔다.

어느날 X레이를 찍으니
가성골(假成骨)이라는 게 생겨나서
첫째 갈빗대 9.7cm
둘째 갈빗대 15.5cm
셋째 갈빗대 16cm
넷째 갈빗대 19cm
다섯째 갈빗대 19cm
여섯째 갈빗대 14.5cm
자른 뼈와 뼈 사이를
이어놓고 있었다.

나는 다시 다음날
회생(回生)의 기쁨을 안고
밭에 나갔다.

그러나 수수는 더 자라지는 않고
무거운 고개를 드리우고 있었고

배추와 무도 알몸이 튀어나왔지만
한계인지 크지는 않았다.

높은 가을 하늘 다사로운 햇볕
한결 가벼워진 잔등에
신선한 바람을 맞으며
나는 이 이상 무슨 이적(異蹟)을
더 보려들고 바라겠는가.


**69**
산
산이 있다.

이 산은 눈을 들면 뵈는 산
저 산은 눈을 감아도 뵈는 산
이 산은 낮에나 나타나는 산
저 산은 밤에도 찾아오는 산

산 하나는 일본 동경(東京) 교외 기요세(淸瀨村)
가슴 수술을 한 내 병창(病窓)가에
언제나 말쑥이 단장을 하고
살짝 얼굴을 내미는 산

산 하나는 서울 서대문 현저동 101번지
붉은 벽돌담 위에 얹혀서

살이 드러난 옷을 걸치고
물끄러미 나를 내려다보던 산

내 안에 쌍금이 간 맞거울같이
서로 어른대고 있는 산

산
산이 있다.


**70**
산비탈 무밭에 핀 들국화모양
스님들과 그 독경(讀經) 틈에 끼여
한 무리 가톨릭의 수녀들이
효봉(曉峰) 스님 영전에 꿇어서
연도(煉禱)의 합송(合誦)을 하고 있다.

―주여, 망자(亡者)에게 길이 평안함을 주소서.
―영원한 빛이 저에게 비추어지이다.

이 어쩐 축복된 광경인가?
이 어쩐 눈부신 신이(神異)런가?

---
- 기요세 : 결핵 요양소가 14개소나 있는 일본 동경의 교외촌.
- 살짝 얼굴을 내미는 산 : 일본 후지산(富士山).
- 현저동 101번지 : 서대문 형무소의 주소.

서로가 이단(異端)과 외도(外道)로 배척하여
서로가 미신(迷信)과 사도(邪道)라고 반목하며
서로가 사갈(蛇蝎)처럼 여기는 두 신앙,

이제사 열었구나, 유무상통(有無相通)의 문을!

오직 하나인 진리를, 사람들이여
가르지 말라.

사람들이여, 오직 하나인 하느님을
가르지 말라.

나는 진공묘유(眞空妙有)의 이 소식 앞에
기뻐서, 너무나 기뻐서 흐느꼈다.


**71**
나는 어디서 날아온지 모르는
메시지 한 장을 풀려고
무진 애를 쓰다 돌아왔다.

---

- 효봉 스님 : 1965년 입적하신 조계종 종정.
- 연도 : 가톨릭의 사자(死者)를 위한 기도.
- 1962-65년까지 열렸던 로마 제2차 바티칸공의회에서 〈비기독교에 관하여〉〈신앙의 자유에 관하여〉라는 획기적 선언문이 채택됨으로써 타종교에 대한 배타심이 비로소 가톨릭에서 사라지는데 이것이 나의 정신 역정(歷程)에 큰 안도와 기쁨을 가져왔다.

꾸몽 고개 야자수 그늘에서
봉다워 바닷가에서
아니 사이공의 아오자이 낭자와
마주 앉아서도
오직 그것만을 풀려고
애를 태다 돌아왔다.

아마 그것은 베트콩이 뿌린
전단(傳單)인지 모른다.

아마 그것은 나트랑 고아원서 만난
월남 소년의 장난인지 모른다.

아마 그것은 어느 특무기관이
나의 사상을 시험하기 위한
조작인지 모른다.

아마 그것은 로마 교황의
평화를 호소하는
포스터인지 모른다.

아니 그것은 우리의 어느 용사가
남겨 놓고 간 유서인지 모른다.

마치 그것은
흐르는 눈물 모양을 하고 있었다.

마치 그것은
고랑쇠 같은 모양을 하고 있었다.

마치 그것은
포탄으로 뻥 뚫린
구멍 모양을 하고 있었다.

마치 그것은
사지(四肢)를 잃은
해골 모양을 하고 있었다.

아니 그것은
눈감지 못한
원혼(冤魂)의 모습을 하고 있었다.

그런데 그것은
월남 이야기인 것도 같고

그런데 그것은
나 개인의 문제인 것도 같고

그런데 그것은
우리 민족과 관련된 것도 같고

아니 그것은 보다 더
인류와 세계를 향한

강렬한 암시 같기도 하였다.

내가 그것으로 말미암아
오직 느낀 것이 있다면
나란 인간이
아니 인류가
아직도 깜깜하다는 것뿐이다.

나는 그 메시지를
풀다 풀다 못하여
이제 고국에 돌아와서까지
이렇듯 광고한다.

백지 위에
선혈(鮮血)로 그려진
의문부
'?'
그게 무엇이겠느냐?


**72**
서울 판자촌 천막 학교에서
어느 소녀가 쓴 위문편지 속에

---

71
이 시는 내가 1967년 11월 월남을 시찰하고 돌아와서 쓴 것으로, 당시는 자유월남 정부군에게 전세가 유리하고 더구나 파월국군은 승승장구하던 때였지만…….

넣어 보낸 봉선화 꽃씨가
향로봉이 마주 뵈는
상상봉(上上峰) 참호문(塹壕門) 앞에 심어져
그 여름 가을 밤 내 병사들의
〈울 밑에 선 봉선화〉의 합창으로
하모니카에 맞춰서 노래되더니

그해 늦가을 그 어느 병사가
씨를 받아 배낭 한구석에 넣고
군함을 타고 황해, 인도지나해를 건너서
월남땅에 올라 다시 뗏목을 타고
다낭 ○○기지에 도착

한 봉지는 막사 앞 화단에 심어
열사(熱砂)에 싹이 말라 죽고
간호장교가 나눠간 한 봉지는
병원 내 빈 약통에 심어져
봉오리마저 맺혔었는데

그 꽃이 시들지 않고 피어
아오자이 소녀의 새끼손톱에
다홍물을 들였는지 어쨌는지
그 소식은 모른다.

**73**

솜이 비죽이 나온 흰 저고리에
잿물이 든 몸뻬를 걸치고
땟국의 수건을 쓴 노파가
삭은 싸리 바구니를 들고

병정 작업복 바지에
헌 양복 웃저고리를 걸친 젊은댁이
찌그러진 냄비를 들고

구호품 스웨터에다 짤룩한 홑치마
그 아래 줄무늬 속옷을 걸친
흐트러진 머리의 처녀가
이 빠진 쪽박을 들고

갈가마귀 떼 날아다니는 들판을
철 이른 봄나물을 캐려고 헤매고 있다.

버짐이 먹은 듯 허옇게 타는 논
비듬이 일 듯 먼지만 나는 밭
썩은 초가지붕 뒷산엔
껍질이 벗겨진 소나무

무덤 같은 언덕으로
아침에 나물죽을 흘리고
학교선 점심도 거르고

휘청이며 돌아오는 소년의
비닐 책보만이 덜렁인다.

                    *

젖빛 물이 괸 논과
누른 불길을 뿜는 밭과
과수(果樹)가 늘어선 저 언덕

청홍색(靑紅色) 지붕이 늘어선 마을에서
베폭처럼 깔린 농로(農路) 위로
젊은 부부를 태운 경운기가
신나게 달려온다.

함성같이 꽃이 핀 뒷동산과
노고지리 솟아오르는 들판엔
새댁과 처녀가 수틀 같은 정경(情景)으로
봄나물을 캔다.
이제 보릿고개는 전설이 되고
사람과 자연은 원색(原色)을 되찾았다.


**74**
당신의 영광에는
푸르름이 있다.
밤안개를 헤친 결단의 그 날

이 땅에 또 하나 새벽 동을 트게 하고
우리의 가슴 속에 새 삶을 불러일으킨
저 5월의 푸르름이 있다.

당신의 영광에는
땀이 배어 있다.
바위벽을 뚫는 광부의 이마같이
보리타작을 하는 농부의 잔등같이
아니, 앞장서 수레채를 잡은 일꾼같이
전신의 땀이 배어 있다.

당신의 영광에는
우리의 미래가 있다.
찌든 가난과 역사의 멍에를 벗고
북녘 땅, 내 산하 어서 바삐 찾아서
5천만 겨레가 서로 눈물로 반길
그런 눈부신 미래가 있다.

당신의 영광에는
우리의 다짐이 있다.
썩고 곪은 것은 제 살이라도 도려내고
눈 뒤집힌 편싸움과 패가름을 막아서
꿀벌과 같은 질서와 화목을 이룰
우리와 당신의 굳은 다짐이 있다.

74
이 시는 1967년 7월 제6대 박정희 대통령 취임 경축전에서 낭독한 것이다.

당신의 영광에는
우리의 영광이 있다.
일하고 땀흘리는 자의 영광
젊음과 꿈을 갖는 자의 영광
진실로 조국을 사랑하는 자의 영광
오오, 당신과 우리의 영광이 있다.


**75**
―하와이 사생초(寫生抄)
나의 바다는 오늘도
태질을 친다.

와이키키 바다야!
너는 어쩌면 이 시간에
숨결마저 고우냐?

너의 가슴을 살랑대는 바람도
나를 송두리째 뒤엎는 태풍도
그 정체를 몰라 그런다.

         *


선머슴의 크레용 그림마냥
붉은 고슴도치 해
함박 웃음의 달

떠가는 바위 구름
색동 무지개
그리고 잠자리 비행기가
한 하늘에 다 있다.

나도 그 아래선
마음 놓고
대낮에 꿈꾸는 짐승이 된다.

                *

색색의 꽃도 사람도
어울려 피어 있다.

나도 모래 위에다
그 서양 친구처럼
'인류는 서로가 사랑해야……' 라고
썼다가는 지운다.

아니 지웠다가는
또 쓴다.

                *


연구실에서
하품으로 마주하던

텐탈레스

팔로로 집에서
나의 말벗이던
다이아몬드 헤드

그리고 때때로 나와
밀회를 즐기던
코코 헤드

우리는 이렇듯
무심히 헤어져도

너희는 나의 안에서
나의 무덤에 연(連)한다.

       *

기름진 자연과
고른 세상살이 이 속에서

---

75
- 나는 1970년 봄학기부터 1973년 여름학기까지 미국 하와이 대학의 초빙교수가 되어 한국전승문화 강의를 했다.
- 그 서양 친구 : W. H. 오든을 가리키며, 그가 처음 발표할 때 썼다가 시집 낼 때 삭제하고 만 '우리는 서로 사랑하지 않으면 멸망뿐이다' 라는 명시구(名詩句)의 내용을 되씹어 그 가능성의 여부를 추구해 봄.
- 텐탈레스, 다이아몬드 헤드, 코코 헤드 : 모두 호놀룰루에 있는 산의 이름.

우리 그 버짐 먹은 산
여윈 시내
뒤틀린 소나무
우릿간 같은 집과
우중충한 얼굴들이
어이 이처럼 애절하다지?

이럴작시면 내사 죽어
극락(極樂)에 든들 못 잊지 못 살지!


**76**
농익은 수밀도(水蜜桃)의 가슴.

꽃무덤 위에 취해 쓰러진
나비.

멜론 향기의 혀.

흰 이를 드러낸 푸른 파도에
자맥질하는 갈매기.

수평선의 아득한 눈 속.

원시림 속 옹달샘을 마시는
노루.

에로스의 심연(深淵),
원죄(原罪)의 미(美)!

                \*

호롱 하롱 고양이의 요기(妖氣) 서린
얼굴.

삼단 머리채로 휘감은
비너스의 목.

명주(明紬) 젖가슴에 솔개의 발톱자국.

모래시계의 배꼽.

함지박 엉덩이,
아름드리 나무 속살 허벅지.

랑데부 여울목
불지른 봄날의 잔디 두덩.

어둠의 태백(太白) 속

진달래 산 담요벼랑 아래
출렁이는 백포(白布)의 파도 위
양 팔을 포승(捕繩)으로 조이는

나부(裸婦)

..................

비둘기 울음.

숨막히는 찰나, 오오 비의(秘義)

     *

허공에다 새긴다.

그 얼굴
그 목소리
그 미소
그 허벅지

하지만 그 정은
새길 수가 없다.

마음속에 새겨진 것은
형상(形象)이 안 된다.

     *

이제야 매연(煤煙) 없는 정염(情炎)의 회상을 하게 된다.

그 알몸을 어루만지던
손으로
흰 수염을 쓰다듬는다.

백금같이 바래진 정념(情念)……

그 사랑은 두레박을 타고
하늘로 올라갔다.

이제 그 시간과 공간은
영원으로 이어졌다.


**77**
그는 샤먼이 되어 있었다.

그 장하던 의기(義氣)가
돈키호테의 광기(狂氣)로 변하고

그 질박하던 성정(性情)이
방자(放恣)로 바뀌어 있었다.

---

77
- 시 77, 78은 1973년 8월, 3년 반에 걸친 미국생활을 끝마치고 돌아와 맞이한 국내 상황이다.
- 신의 무덤 : R. 아돌프스의 책 이름으로, 세속화된 교회를 가리킴.
- 원가 : 향가 중 신충(信忠)의 노래.

오랜 역려(逆旅)에서 돌아온 나는
권좌(權座)의 역기능(逆機能)으로 굳어진
그 친구를 바라보며

공동묘지의 갈가마귀 떼처럼
활자마다 지저귀는 신문과

신의 무덤에 나아가
까마귀 떼처럼 우짖는
군중 속에서

원가(怨歌)가 없어
더욱 가슴 아팠다.


## 78
각설(却說), 이때에 저들도
황금(黃金)의 송아지를 만들어 섬겼다.

믿음이나 진실, 사랑과 같은
인간살이의 막중한 필수품들은
낡은 지팡이나 헌신짝처럼 버려지고
서로 다투어 사람의 탈만 쓴
짐승들이 되어 갔다.

세상은 아론의 무리들이 판을 치고

이에 노예근성(奴隸根性)이 꼬리를 쳤다.

그 속에서도 시나이 산에서 내려올
모세를 믿고 기다리는 사람들이
외롭지만 있었다.

자유의 젖과 꿀이 흐르는
가나안!
후유, 멀고 험하기도 하다.


## 79
이제 나는 드레퓌스의
벤치에 앉아

밤바다를
야자열매 자루에 얹혀
멀어져 가는
빠삐용을 멀거니 바라보는

도형수(徒刑囚) 쟝의 심회(心懷)로
세상을 바라본다.

'죽음의 섬'을 지키는 간수들의
사나운 눈초리를 받으며
한 감방 안의 형편없이 위험한

건달패들과 어울리면서
나의 소임인 2백 마리의
돼지를 치며 사는 것이

바깥 어느 세상의 삶보다도
좋지도 나쁘지도 않다는 것을
나는 깨닫게 된 것이지!

이 세상에는
보이거나 보이지 않거나
창살과 쇠사슬이 없는 땅은 없고
오직 주어진 우리 속을 영지(領地)로 삼아
여러 모양의 밧줄을 자신의 연모로
변질(變質)시킬 자유만이 있다는 것을
나는 알게 된 것이지!

그래서 나는
새로 찾아 나서야 할
자유도 복지(福地)도 없어

---

- 드레퓌스 : 유대 출신의 프랑스 대위. 반역죄로 몰려 '죽음의 섬'에 유형되었다가 12년 만에 풀려남.
- 빠삐용 : 앙리 샤리에르의 탈옥수기에 나오는 주인공의 이름으로 그는 아홉번째의 탈출에 성공함.
- 도형수 쟝 : 빠삐용의 탈출을 돕고도 '죽음의 섬'에 그대로 남은 중국계 수인(囚人).
- 이 시는 1977년 미국 뉴저지 시튼홀(Setonhall) 대학의 교수(연구직)로 초빙되고서, 망설이다 이를 사절하면서 쓴 시임.

이렇듯 외로운 것이지!


80
내가 강을 회심(回心)의 일터로 삼은 것은 이 무렵부터다.

깡패 출신의 성인(聖人), 그리스도 폴이
사람들을 등에 업어 건네주며
영원한 강자(强者) 예수를 기다리듯
나도 강에서 불멸(不滅)의 시를 바랐다.

실상 나는 강에서 남을 업어 건네기커녕
고명딸을 업고 실개천을 건널 힘도 없고
저 성인처럼 세상 일체를 끊어버리기커녕
세사(世事)와 속정(俗情)의 밧줄에 칭칭 휘감겨 있으나

오직 그의 단순하고 소박한 수행(修行)을 흉내라도 내면
내 시도 그 어느 날 구원(救援)의 빛을
보리라는 심산(心算)이었다.


80
그리스도 폴 : 가톨릭의 설화에 나오는 성인으로 반생(半生)을 폭력 속에 살다가 어느 강변의 은수자(隱修者)에게서 회심, 거기서 사람들을 업어 나르는 것을 수덕(修德)으로 삼아 마침내 예수의 발현(發顯)에 접했다고 함.

**81**

두이레 강아지만큼
신령(神靈)에 눈뜬다.


이제까지 시들하던 만물만상(萬物萬象)이
저마다 은총의 빛을 뿜고
그렇듯 안타까움과 슬픔이던
나고 죽고 그 덧없음이
모두가 영원의 한 모습일 뿐이다.


이제야 하늘이 새와 꽃만을
먹이고 입히시는 것이 아니라
나를 공으로 기르고 살리심을
눈물로써 감사하노라.


아침이면 해가 동쪽에서 뜨고
저녁이면 해가 서쪽으로 지고
때를 넘기면 배가 고프기는
매한가지지만


출구(出口)가 없던 나의 의식(意識) 안에
무한한 시공(時空)이 열리며
모든 것이 새롭고
모든 것이 소중스럽고
모든 것이 아름답다.

## 82

이제는 신비(神秘)의 샘인
목숨의 시간들을
헛된 욕망으로 흐리고 더럽혀서
연탄빛 폐수(廢水)로 흘려 보내진 않으련다.

나의 삶을 감싸고 있는
신령한 은총에 눈떴으매
현재로부터 영원을 살며
진선미(眞善美)의 실재(實在)를
스스로 증거하여 보이리라.

지난 날 나는 똑똑히 보아 왔노라.
눈에 보이는 사물(事物)만을 받들어 섬기고
눈에 보이지 않는 도리(道理)는 외면하던
모든 소유의 무상한 파탄(破綻)을!

그리고 나는 또한 보아 왔노라.
믿음과 소망과 사랑을 굳게 안고서
영원의 깊은 요구에 응답하는
마음 가난한 이들의 불멸(不滅)의 모습을!

이제 나에게는 나의 무능(無能)과
무력(無力)도 감사하고
앞으로 살기에 필요로 하는 것은

오직 마음의 순결,
그 하나뿐이로다.


## 83
홀로서 가야만 한다.
저 2천 년 전 로마의 지배 아래
사두가이와 바리사이들의 수모를 받으며
그분이 홀로서 가듯
나 또한 홀로서 가야만 한다.

악의 무성한 꽃밭 속에서
진리가 귀찮고 슬프더라도
나 혼자의 무력(無力)에 지치고
번번이 패배(敗北)의 쓴잔을 마시더라도
제자들의 배반과 도피 속에서
백성들의 비웃음과 돌팔매를 맞으며
그분이 십자가의 길을 홀로서 가듯
나 또한 홀로서 가야만 한다.

정의는 마침내 이기고 영원한 것이요,
달게 받는 고통은 값진 것이요,
우리의 바람과 사랑이 헛되지 않음을 믿고서

---
83
- 진리가 귀찮고 슬프더라도 : 르낭의 말.
- 볼 꼴 없고 병신스런 모습을 하고 : 구약 성경에 나오는 말.

아무런 영웅적(英雄的) 기색(氣色)도 없이
아니, 볼 꼴 없고 병신스런 모습을 하고
그분이 부활(復活)의 길을 홀로서 가듯
나 또한 홀로서 가야만 한다.


**84**
나는 한 마리 까마귀가 되어
눈 뒤집힌 거리 한복판에 나앉아
우짖어 댔다.

까옥 까옥 까옥 까옥

비둘기들은 한둘씩 북악(北岳)의 매가 채가고
까치들마저 높은 옥상 철망 속에 갇혀서
참새 떼들만이 쫓겨 헤매며 지절대는
이 도성(都城),

까옥 까옥 까옥 까옥

집집마다 황금 송아지를 모시고 섬기며
새장에다 앵무새나 잉꼬 따위를 기르며
고작 그 노래나 짓거리들을 즐기는
이 백성,

까옥 까옥 까옥 까옥

어쩌다 내 목소리를 들을라치면
저희의 오늘을 살피고 뉘우치기는커녕
저런 쓸모 없는 날짐승이 아직 살아남아
공연히 기분을 잡친다는 눈치들인데

까옥 까옥 까옥 까옥

저희가 벌이고 있는 세상살이라는 게
내 눈에는 하도 고약망측해 보여서
아니, 저희들 불의(不義)가 빚어낼 재앙(災殃)이
너무나 또렷이 보이고 그게 안타까워서

까옥 까옥 까옥 까옥

미칠 듯이 달려오고 달려가는 차에
치여 죽을 각오를 하고 나앉아
우짖어 댔다.


85
까옥 까옥 까옥 까옥

너희들은 나의 이 검은 옷차림을
흉하게 여기지 말라
이는 내가 스스로 다짐한 종신고행(終身苦行)의
수도복장(修道服裝)이란다.

까옥 까옥 까옥 까옥

너희들은 이 청명(淸明)치 못한 목소리를
탓하고 비웃지 말라.
내 목은 영혼의 목마름과 그 설움으로
영영 잠기고 말았단다.

까옥 까옥 까옥 까옥

너희들은 아예 내가 불길(不吉)을 몰고온다고
오해하지 말라.
이는 새들 중 오직 심안(心眼)을 지닌 내가
너희의 환난(患難)을 미리 일깨울 따름이다.

까옥 까옥 까옥 까옥

너희 조상들은 나의 목소리만 들어도
자신의 오늘을 살피며 죽음도 떠올리고
더러는 영원이라는 것도 생각했었거니

까옥 까옥 까옥 까옥

너희들도 나만 보면 침부터 뱉지 말고

---

나는 1970년대 말, 물질만능과 기술위주로 치닫는 시대 상황에 대한 비판과 경고의 우유(寓喩)로 〈까마귀〉를 연작한다.

스스로의 삶에 눈을 돌리도록 하라.


**86**
흰 홑이불에 덮여
앰뷸런스에 실려 간다.

밤하늘이 거꾸로 발 밑에 드리우며
죽음의 아슬한 수렁을 짓는다.

이 채로 굳어 뻗어진 내 송장과
사그라져 앙상한 내 해골이 떠오른다.

돌이켜보아야 착오투성이 한평생
영원의 동산에다 꽃 피울 사랑커녕
땀과 눈물의 새싹도 못 지녔다.

이제 허둥댔자 부질없는 노릇이지……

'아버지 저의 영혼을
당신 손에 맡기나이다.'

시늉만 했지 옳게 따르지 못한
그분의 최후 말씀을 부지중 외면서

86
나는 1979년 초 천식의 발작으로 죽음에 임했었다.

나는 모든 상념에서 벗어난다.

또 숨이 차온다.


**87**
국민으로서는 열여덟 해나 받든 지도자요
개인으로는 서른 해나 된 오랜 친구,
하느님! 하찮은 저의 축원이오나
인류의 속죄양(贖罪羊), 예수의 이름으로 비오니
그의 영혼이 당신 안에 고이 쉬게 하소서.

이 세상에서 그가 지니고 떨쳤던
그 장한 의기(義氣)와 행동력과 질박(質朴)한 인간성과
이 나라 이 겨레에 그가 남긴 바
그 크고 많은 공덕(功德)의 자취를 헤아리시고

하느님, 그지없이 자비로우신 하느님!

설령 그가 당신 뜻에 어긋난 잘못이 있었거나
그 스스로가 깨닫지 못한 허물이 있었더라도
그가 앞장서 애쓰며 흘린 땀과
그가 마침내 무참히 흘린 피를 굽어보사
그의 영혼이 당신 안에 길이 살게 하소서.

87
이 진혼축(鎭魂祝)은 1979년 10월 26일 박정희 대통령 서거 때 쓴 것임.

**88**

누구만의 탓도 아니다.
누구만의 잘못도 아니다.

3천8백만 모두가 공범(共犯)이다.

서로에게 반대되는 주장이나
서로가 미워하는 행동 속에는

실은 서로의 삶을 지탱하고 성취하기에
불가결(不可缺)의 요소가 깃들어 있다.

서로가 서로를 부정(否定)만 하여
서로의 멸망을 자초(自招)하지 말자.

마치 벌과 꽃이 호혜(互惠) 속에 살 듯
사랑으로 서로의 결핍(缺乏)을 채워서
삶의 평화스러운 운행(運行)에 나아가자.

             *

그렇다! 세상은 어느 시대건
그 시대를 사는 사람들이

---

88
1980년대 이후 잇따른 정치적·사회적 소요 사태에 국민과 학생들에게 보내는 나의 메시지 형태의 시임.

스스로 결정하는 것이다.

내일로 닥칠 그대들의 시대는
오늘날 그대들이 갈고 닦는
슬기와 솜씨로 마련되는 것이다.

이 시간 그대들 앞에 벌어진
크고 작은 모든 세상살이는
지난 세대들의 시행착오요,
한낱 실패작(失敗作)에 불과하다.

그대들은 그대들의 내일을 위하여
원야(原野)에 선 화전민의 그 순수한 정열로
산정(山頂)의 흰눈처럼 맑게 빛나는 이성(理性)으로
잡초의 짓밟힘에도 눈물짓는 사랑으로

넘치는 자신과 폭발하는 에너지를
그대들이 이룩해야 할 유토피아를 위해
오늘은 묵묵히 슬기를 닦아야 한다.
오늘은 묵묵히 솜씨를 갈아야 한다.


**89**
바닷가의 조개껍데기처럼
비린내 나는 육신과는 헤어지고
세상 파도에서는 밀려나

칠순의 나이를 살고 있다.

나를 이제껏 살아남게 한 것은
나의 성명(性命)의 강(强)하고 장(長)함에서가 아니라
그 허약(虛弱)에서다.

모과나무가 모과나무가 된
까닭을 모르듯이
나 역시 왜 시인이 되었는지를
스스로도 모른다.
한 마디로 이제까지의 나의 생애는
천사의 날개를 달고
칠죄(七罪)의 연못을 휘저어 온
모험과 착오의 연속,
나의 심신(心身)의 발자취는
모과 옹두리처럼 사연투성이다.

예서 앞 길이 보이지 않기론
지나온 길이나 매양이지만
오직 보이지 않는 손이 이끌고 있음을
나는 믿는다.


90
여기는 결코 버려진 땅이 아니다.

영원의 동산에다 꽃 피울
신령한 새 싹을 가꾸는 새 밭이다.

젊어서는 보다 육신을 부려왔지만
이제는 보다 정신의 힘을 써야 하고
아울러 잠자던 영혼을 일깨워
형이상(形而上)의 것에 눈을 떠야 한다.

무엇보다도 고독의 망령(亡靈)에 사로잡히거나
근심과 걱정을 능사(能事)로 알지 말자.
고독과 불안은 새로운 차원(次元)의
탄생을 재촉하는 은혜이어니
육신의 노쇠와 기력의 부족을
도리어 정신의 기폭제(起爆劑)로 삼아
삶의 진정한 쇄신에 나아가자.

관능적(官能的) 즐거움이 줄어들수록
인생과 자신의 모습은 또렷해지느니
믿음과 소망과 사랑을 더욱 불태워
저 영원의 소리에 귀기울이자.

이제 초목(草木)의 잎새나 꽃처럼
계절마다 피고 스러지던
무상(無常)한 꿈에서 깨어나

죽음을 넘어 피안(彼岸)에다 피울

찬란하고도 불멸하는 꿈을 껴안고
백금같이 빛나는 노년(老年)을 살자.


**91**
오늘도 어버이날에 맞춰서
교도소에 있는 의(義)아들로부터
편지가 왔다.

"아버님, 올해도 꽃 한 송이
가슴에 달아드리지 못하고
이렇게 마음만 전하옵니다"
라는 사연이었다.

그 애는 15년째 옥살이를 하는 무기수(無期囚),
아니, 경찰의 모진 고문으로 조작된
살인강도죄로 사형선고를 받고서
그 집행의 날만을 마음 졸이다가
어느 스님의 앞장선 탄원으로
겨우 목숨만을 건진 40세의 젊은이

그 구출 서명에 동참한 인연으로
나와는 부자지연(父子之緣)까지 맺게 되었지만
무능하고 부실하기 짝이 없는 이 애비,

그래도 그 애는 한 달이 멀다 하고

안부를 물어 오고, 제 심경을 전해 오고
나는 석 달에 한번쯤이나 답장을 쓰고
그것이 고작이고……

그 애의 어느 글발에는
"이곳의 제한된 생활 속에서
조금은 외롭고 괴롭다가도
아버님과 여러 은인들을 떠올리면
다시 용기와 희망이 솟습니다.
이곳서도 불만이나 원망이 없이
충실한 삶이 되도록 노력하겠습니다"
라고 적혀 있었고

또 그 애의 어느 글발에는
"오늘은 저에게 목숨이 다시 붙은
네 돌이 되는 날입니다.
이제 아무런 욕심도 집착도 없이
맑고 밝게 사는 것이 소원이오나
왠지 자꾸 때묻고 찌들어 가는
제 자신을 발견하고 놀랍니다.
항상 아버님에게 실망드리지 않는
아들이 되려고 마음을 다집니다만"
하고 적혀 있었고

---

91 이 시의 내용은 실화이지만 그 인명(人名) 등은 밝히기를 삼간다.

그리고 또 어떤 글발에는
"저는 저의 이 처지에 대해
그 누구도 원망하지 않습니다.
모든 것을 저의 업보(業報)로 아옵고
그것의 소멸을 부처님께 비옵니다"
라고도 적혀 있었다.

이렇듯 철창 속에 있는 그 애를
내가 위로하고 격려하기는커녕
도리어 그 애에게서 사람으로서의
마음가짐과 그 다스리는 법을
배우고 익히고 깨우치고 있다.

오늘도 나는 그 애의
글발을 읽고 되읽으며
그 애에게서가 아니라 내가
그 가슴에 꽃을 달 날이
내 눈에 흙이 들어가기 전 있기를
눈물로써 빌 뿐이다.


**92**
아내의 시신(屍身)을 영안실에다 옮기고
나는 대합실 돗자리 한구석에
멍하니 앉아 있었다.

한참 뒤 사무실 직원이 오고
며느리가 딸애랑 저희 이모랑
수근대더니 나에게 다가와

수의가 한 벌에 50만 원부터
최상품이 120만 원인데
65만 원짜리를 골랐으니
"아버님 의견은 어떠시냐"란다.

평소 같으면 나는 으레
"알아서들 하렴"이었겠지만
힐끗 영정(影幀)을 쳐다보니
한복도 양장도 아닌 진료의(診療衣) 차림이라

'평생 옷 한 벌 해줘 본 적이 없구나'
하는 생각이 들어

―그거 120만 원짜리,
　120만 원짜리로 해라!

마치 역정(逆情)난 사람처럼 내뱉고는
옆으로 돌아앉아 버린다.

그리고 다시금 곰곰 헤아리니
아내는 비록 저승에서일망정
이런 턱없는 호사를 탐탁해 않지 싶고

한편 나는 그녀가 다시 살아난다면
아마 홑 20만 원짜리도 안 해주지 싶어
마음이 자못 개운치가 않았다.


**93**
 안성 캠퍼스엘 나간 어느 날, 학생행사로 오전 수업을 거르게 되어 조교에게 "나, 데이트 좀 하고 올게"라고 일러놓고선 읍내로 들어가 꽃 몇 송이를 사들고는 거기서 멀지 않은 산골짝 교회 묘지에 묻힌 아내의 무덤을 찾았다.

 달포 전 추석에 온 가족이 왔었던 터라 무덤은 잔디랑도 가지런하고 상석(床石) 앞 돌화분에 지난번 꽃다발만 시들어져 있었는데 그 뒤

† 

| 지아비 | 구(具) | 요한 | 상(常) | 무덤 |
| 아 내 | 서(徐) | 데레사 | 영옥(暎玉) | |

1919년 9월 16일 출생                    별세
1919년 2월  4일 출생 ~ 1993년 11월 5일 별세

라고 새겨진 비석은 나의 사망일자 기입만 기다리고 있는 느낌

---
93
안성 : 필자가 출강하는 중앙대학교 문예창작학과가 위치해 있는 지명.

이었다.

성호(聖號)를 긋고 아내의 천상복락(天上福樂)을 소박히 기원하고 아울러 내가 그녀에게 생존시 저지른 모든 죄과에 용서를 빌며 남은 생애 저 돌에 새겨 있듯 떳떳한 지아비로 살다가 머지않아 반갑게 만나 함께 영생(永生)할 것을 굳게 다짐하며 돌아섰다.

그런데 산을 내려오다 문득 내가 이제는 제 몸 하나 주체하기 힘에 겨운 나이요, 실정이니 망정이지 가령 한 10년만 더 젊었더라면 이제야 이승에서처럼 속지 않을 아내에게 저렇듯 쾌쾌하게 '떳떳한 지아비 다짐'을 할 수 있었겠느냐?는 생각이 떠올라 자조를 금치 못했다.

학교로 돌아오니 조교가 "그래 데이트 어땠어요?" 하길래 "좀 씁쓸했어!" 하고는 말문을 닫고 말았다.

## 94
### 1. 태평양 상공

한밤중,
태평양 상공이다.

샌프란시스코 딸네 집엘
가는 길이다.

거기에는 마치 내가
돈키호테의 드보소 공주처럼
그리고 기리는 외손녀애가 있다.

칠십도 중반인 늙은이가
혼자 히죽히죽 하다가
그 애라면 임종 직전에도 눈을 떴던
저승의 지 외할미를 떠올린다.

그리움은 시공(時空)을 넘어 비행하누나!

눈물이 핑 돈다.

2. 샌프란시스코

공항 모습이 20년 전이나
달라진 게 없다.

거리의 차들도 요란을 떨지 않고
길가의 나무들도 수더분해 보인다.

같은 도시인데도 서울서
시골에 온 느낌이다.

딸네 아파트에 들어서니 이웃들이
생판 낯선 이 늙은이를 보고도

"하이" 하고 인사를 한다.

인사성이 무뎌진 이웃하고 살다와선지
나는 그 대응에 쭈뼛쭈뼛 한다.

3. 실족(失足)

시애틀엘 갔다.

모텔에 여장을 풀고 밖에 나가
저녁식사를 하고 돌아오다
건널목 디딤돌에서 실족(失足)을 하여
뒹굴어진 데다 차에까지 스쳐서
구급차에 실려 병원엘 갔다.

골절 수술을 받고 다음날
옮겨 뉘어진 곳은 경로당,
휘장으로 칸막이를 한 약 2백 병상에
전·반신불수의 80·90대 남녀 노인네들,
그들도 각색인종(各色人種)이지만 이를 돌보는
간호사, 간병부는 36개국 출신이라나!
미국이 합중국임을 실감케 한다.

그래서 밤이면 여기저기서
"헬프 미" "다스께데" "쥬밍" 등
저마다의 비명이 엇갈려 들려오는데

그 중에서도 "사람 살려줘요"라는
어느 한국 할머니의 연달은 애소(哀訴)가
통증으로 곤두선 나의 신경과
고막과 가슴을 갈기갈기 찢는다.

4. 다시 태평양 상공

휠체어에 실려 비행기를 탄다.

나의 드보소 공주와는 그 유명한
금문교(金門橋) 산책 한번 못하고
어처구니없는 꼴로 헤어진다.

이번엔 한낮,
태평양 상공이다.

머리에 떠오르는 것은
아쉬움도 그리움도 아니요
스무날 전 그 밤의 사고현장,
기절해서 뻗어 있던 그 장면,
차가 다리를 스치기만 하였기 망정이지
어쩌면 이 비행기에 해골이나
송장으로 실려 가고 있을 텐데……

그러나 살았다는 기쁨보다는
일시에 모두가 거덜이 나버린

일상적 삶이 꼬리를 물고 떠올라
나의 머리와 마음을 어지럽게 한다.

깁스한 다리가 시큰거리고
온몸에 번열(煩熱)이 난다.


**95**
태풍까지 스쳐간
어느 비 개인 석양
아파트 뜰 등덩굴 시렁 밑
평상에 앉아 있다.

나무와 꽃과 잔디풀 잎새에는
아직도 빗방울들이 반짝이고
더러는 굴러 떨어지고 있다.

때아닌 선들바람마저 불어와
내 몸 마음이 마냥 싱그러워져서
저 빛나는 푸르름과 더불어
마치 즐거운 꿈속에 든 것 같다.

태풍일과후(颱風一過後)랄까!
지난 세월, 고되고 괴롭고 쓰라리고
안쓰럽고 부끄럽고 뉘우쳐지는
삶의 고비와 갖가지 사연들이

그야말로 비바람 자듯 개이고
엄두도 못 낼 평화와 안식 속에 있다.

이윽고 저 장밋빛 황혼처럼
나의 이승의 노을에 다가오는
죽음의 그림자마저도, 이 저녁엔
소년 적 해질 무렵이면 찾으시던
어머니의 그 부름, 그 모습처럼
두렵기커녕 도리어 기다려진다.


## 96
병상에서 내다보이는
잿빛 하늘이 저승처럼
멀고도 가깝다.

돌이켜 보아야
팔십을 눈앞에 둔 한평생
승(僧)도 속(俗)도 못 되고
마치 옛 변기에 앉은
엉거추춤한 자세로 살아왔다.

이제 허둥대 보았자
부질없는 노릇……

어느 호스피스 여의사의

"걱정마세요. 사람도 죽으면
마치 털벌레가 나비가 되듯
영혼의 날개를 펼칠 것이니까요"
라는 말이 저으기 위안이 된다.

    *

병실 창문으로
오직 보이는 저 하늘,

무한히 높고 넓고 깊은
그 속이나 아니면 그것도 넘어서
그 어딘가에 있을 영원의 동산엘

털벌레처럼 육신의 허물을 벗어놓고
영혼의 나비가 되어 찾아들 양이면
내가 그렇듯 믿고 바라고 기리던
그 님을 뵈옵게 됨은 물론이려니와

내가 그렇듯 그리고 보고지고 하던
어머니, 아버지, 형, 먼저 간 두 아들과 아내
또한 다정했던 벗과 이웃들을 만나서
반기고 기쁨을 나눌 것을 떠올리니

이승을 하직한다는 게
그닥 섭섭하지만은 않구나.

## 97

오늘도 친구의 부음(訃音)을 받았다.
모두들 앞서거니 뒤서거니
어차피 가는구나.

나도 머지않지 싶다.

그런데 죽음이 이리 불안한 것은
그 죽기까지의 고통이 무서워설까?
하다면 안락사(安樂死)도 있지 않은가?

하지만 그것도 두려운 것은
죽은 뒤가 문제로다.
저 세상 길흉(吉凶)이 문제로다.

이렇듯 내세를 떠올리면
오늘의 나의 삶은
너무나 잘못되어 있다.

내세를 진정 걱정한다면
오늘서부터 내세를,
아니 영원을
살아야 하지 않겠는가!

## 98
나는 한평생, 내가 나를
속이며 살아왔다.

이는 내가 나를 마주하는 게
무엇보다도 두려워서였다.

나의 한 치 마음 안에
천 길 벼랑처럼 드리운 수렁

그 바닥에 꿈틀거리는
흉물 같은 내 마음을
나는 마치 고소공포증
폐쇄공포증 환자처럼
눈을 감거나 돌리고 살아왔다.

실상 나의 지각(知覺)만으로도
내가 외면으로 지녀온
양심, 인정, 명분, 협동이나
보험에나 들 듯한 신앙생활도

모두가 진심과 진정이 결한
삶의 편의를 위한 겉치레로서
그 카멜레온과 같은 위장술에
스스로가 도취마저 하여 왔다.

더구나 평생 시를 쓴답시고
기어(綺語) 조작에만 몰두했으니
아주 죄를 일삼고 살아왔달까!

그러나 이제 머지않아 나는
저승의 관문, 신령한 거울 앞에서
저런 추악망측한 나의 참 모습과
마주해야 하니 이 일을 어쩌랴!

하느님, 맙소사!


### 99

달마대사(達磨大師)는
벽을 마주하기 9년 만에
도(道)도 깨우쳤다는데

나는 시에 매달린 지 50여 년
이건 원고지를 마주하면
노상 백지일 따름이니
하도 어이가 없어
남의 말하듯 하자면

---

98

- 임종고백 : 가톨릭에서 죽음에 임한 사람이 한평생 자신이 저지른 죄를 뿌리째 사제(司祭)에게 고백하고 참회하는 신앙 교범.
- 기어 : 불교의 10악 중 하나로, 비단같이 번드레하나 진실이 수반되지 않는 말.

길 잘못 들었다.

옛 어느 성악가는
3년 간을 폭포가에 나아가
목청을 뽑아댔더니
그만 명창(名唱)이 되었다는데

나도 이 소란과 소음 속에서
시를 천 편 가까이나 썼는데
명시(名詩)는커녕 남도 남이려니와
내 마음에 드는 시 한편 없으니
하도 어이가 없어
남의 말하듯 하자면
참 딱하기도 하다.

하지만 이제 어찌하랴?
돌이킬 수도, 그만둘 수도 없고
또 결코 뉘우치지도 않는다.

마치 물에 빠진 사람이
헤엄을 잘 치거나 못 치거나
목숨을 다하는 그 순간까지
허우적대며 헤여댈 수밖에 없듯이
나도 이렇듯 시라고 쓸 수밖에는.

*

시여! 이제 나에게서
너는 떠나다오.
나는 너무나 오래
너에게 붙잡혔었다.

너로 인해 나는 오히려 불순해지고
너로 인해 나는 오히려 허황해지고
거짓 정열과 허식(虛飾)에 빠져 있는 나,
그 불안과 가책에 떨고 있는 나,
너는 이제 나에게서 떠나다오.

그래서 나는 너를 만나기 이전
그 천진 속에 있게 해다오.
그 어떤 생각도 느낌도 신명도
나도 남도 속이지 않고 더럽히지 않는
그런 지어먹지 않는 상태 속에 있게 해다오.

나의 입술에 담는 말이
치장이나 치레가 아니요
진심에서 우러나오게 되며
나의 눈과 나의 마음에서
너의 색안경을 벗어버리고
세상 만물과 그 실상을 보게 해다오.

오오, 시여! 나에게서 떠나다오.
나는 이제 너로 인해 거듭

기어(綺語)의 죄를 짓고 짓다가
무간지옥(無間地獄)에 들까 저어하노라.


**100**
시방 세계는 짙은 어둠에 덮여 있다.
그 칠흑 속 지구의 이곳 저곳에서는
구급을 호소하는 비상경보가 들려온다.

온 세상이 문명의 이기(利器)로 차 있고
자유에 취한 사상들이 서로 다투어
매미와 개구리들처럼 요란을 떨지만
세계는 마치 나침반이 고장난 배처럼
중심도 방향도 잃고 흔들리고 있다.

한편 이 속에서도 태평을 누린달까?
황금 송아지를 만들어 섬기는 무리들이
사기와 도박과 승부와 향락에 취해서
이 전율할 밤을 한껏 탐닉하고 있다.

내가 이 속에서 할 수 있는 일은
무엇일까?
저들에게 새 십계명은 무엇일까?
아니, 새 것이 있을 리가 없고

---
무간지옥 : 불교 용어로, 끊임없이 고통을 받는 지옥.

바로 그 십계판을 누가 어떻게
던져야 하는가?

여기에 이르면 판단정지!
오직 전능과 무한량한 자비에
맡기고 빌 뿐이다.

산문

○

구 · 불구(具 · 不具)의 변

## 나의 금잔디 동산

나는 네 살 때 북한 함경도 지구 선교를 맡게 된 독일계 가톨릭 베네딕도 수도원의 교육사업을 위촉받은 아버지를 따라 서울서 원산시 근교인 덕원(德源)이란 곳으로 가서 자랐다.

   논밭 속에 둑을 지어 자갈을 깐
   플랫폼을 내려서
   양 옆구리에 채마밭을 낀
   역 앞길을 나서면
   국도(國道)가 가로지르고
   과수원과 묘포(苗圃)를 끼고 가면
   읍내 향교가 보이고
   저 멀리 마식령(馬息嶺) 골짝
   절이 보이고
   철도 건널목을 넘으면
   조, 수수밭이 널려 있고
   밭 속의 산을 뚫은
   신작로가 베폭처럼 깔려 있고

   콩밭 옆 용소(龍沼)를 지나서
   적전강(赤田江) 다리 위에 서면

사방, 들판이 한눈에 들어오는데
　　　북으로는 우거진 수풀 속에
　　　가톨릭 수도원(修道院) 종탑,
　　　발치로는 찰싹이는 동해,
　　　서쪽으론 성황당 고개가 보이는
　　　어구(於口) 돌아서 뒷산 시제(時祭)터 아래
　　　상여도가(喪輿都家)가 있는 마을
　　　이태백(李太白)의 달 속 초가삼간에
　　　신선(神仙)이 다 된 노부부가
　　　아들 하나를
　　　심산(深山)에 동삼(童蔘)같이 기르고 있었다.

　이것이 나의《모과 옹두리에도 사연이》에 나오는〈금잔디 동산〉의 서경(敍景)이라기보다 실사(實寫)이다.
　아버지는 연금이 붙은 은퇴 관리로 부근 읍면에 해성학원을 셋이나 세우고 그 원장이 되었지만 거의 실무에서는 떠난 명예직이었으며 문전옥답이란 말이 있듯이 마을 초입에다 예순여섯 마지기 논을 장만하여 그 간농(看農)이나 하며 유유자적하였다.
　그때 아버지는 쉰넷, 어머니는 마흔여덟이었는데 지금의 인식으로는 일흔의 노부부와 맞먹는 노인네들로서 큰아들은 수도원에 들어가고 만득(晚得)인 나 하나를 그야말로 동삼(童蔘)에다 비유했다시피 애지중지하며 사셨다.
　그래서 나는 아버지를 따라서 어려서부터 농사에 접근하게 되었는데 물론 논과 텃밭들은 다 남을 주어 직접 손을 대 본 것은 아니지만 대체적인 물리는 트게 되었고, 더욱이나 수도원에서 일찍 시작한, 독일식으로 근대화된 농경과 축산과 과수와 채마재배

등에 접하고 있었다.

  또한 90호 남짓의 마을 거의 전부가 생업이 농사요, 그들의 아들 딸들과 함께 자랐는지라 저절로 농촌 생활에 익숙하게도 된 것이다.

  그때 생활의 우스운 예를 하나 들면 여덟 살에 보통학교(지금의 초등학교)에 입학했는데 등교 첫날 나의 옷차림이 전교 아이들의 놀림감이 되고 말았다.

  그 옷차림이란 별것이 아니라 소학교생 양복에다 란도셀(당시 소학교생들이 책이나 학용품을 넣어서, 등에 걸머지는 네모난 가방)을 메고 갔을 뿐인데 이것이 거기 애들의 눈에는 우체부로 보여 단 하루만에 '배달부'란 나의 별호가 생겨났다.

  그래서 그 이튿날부터 당장 양복을 벗어버리고 한복 차림을 하고 나서는데 어머니가 학교엘 가면서 바지저고리 바람으로는 학생체모가 안 선다고 우겨서 목세루 두루마기를 입고 책보를 들고 갔더니 이번엔 나이 어린 신랑 같다고 '알서방'이라고 놀려들 댔다.

  물론 나는 그 다음날부터는 맨바지저고리 바람으로 등교를 하였고, 비 올 때도 비옷이나 우산이 있지만 막무가내로 이를 마다하고 다른 애들처럼 포대를 접어 쓰고 다녔다.

  이렇듯 그 이질성이 다소 저항을 받은 면도 있으나 그보다는 서울집 도련님에 대한 선망에서 오는 우대가 나의 소년 시절을 마치 별의 왕자 못지않은 다행을 누리게도 하였다.

  그거야 여하간 나는 그 속에서 농촌생활의 희비와 농민의 애환을 그나마 이해하게 되었고, 그래서 지난 1960년대 연작시 〈밭일기〉 1백 편을 쓰게 된 동기도 저 소년 시절의 회상에서 연유하였고 또 그런대로 써낸 것도 저 소년 시절의 체험에서이다. 이제 여기다 〈밭 일기 · 1〉을 소개하면 다음과 같다.

　　　　밭에서 싹이 난다.
　　　　밭에서 잎이 돋는다.
　　　　밭에서 꽃이 핀다.
　　　　밭에서 열매가 맺는다.

　　　　밭에서 우리는
　　　　심부름만 한다.

# 사친부(思親賦)

　어려서 어른들이 그저 제 자식새끼를 거느리고 한 나이 들어 보아야 부모의 은공을 안다더니 그야말로 마흔이 넘어 한 해 두 해씩 갈수록 어버이 생각이 간절해진다. 더욱이 오늘같이 추석 명절이나 이름 있는 날에는 이웃이나 거리가 모두 성묘를 간다든가 귀향을 한다든가 하고 부산할 양이면 실향(失鄕)의 설움과 함께 벌초마저 해 줄 이 없는 황폐한 부모님 산소가 눈에 어른거리며 가슴이 메고 심란해진다.
　아침에 부모님 연미사(煉彌撒 : 천주교 제사)를 올리고 어느 무주고혼(無主孤魂)이 된 불쌍한 여인의 묘소를 돌보러 가면서 아내는 "이북에서도 누가 우리처럼 우리 산소도 보아 줄지 알아요?" 하고 위안의 말을 했다. 나는 "흥! 공산당 사회에 웬 성자님이 계셔서?" 하고 아내 말을 타박은 하면서도 은근히 속으로는 "아무리 공산당이라지만 아무개나 아무개집 영감님이 사셨다면야 자기네 산소 갔다오는 걸음에 그저 지나치기야 할라구?" 하는 희망을 갖는다.
　그러나 요행 그렇다 해도 어머니의 경우는 이 산소라는 것도 막연한 얘기다. 아버지는 일찍 내 열아홉에 여의어 교회 묘소에 모시다가 왔으니 시방도 눈에 선하지만 어머니는 해방 후 천주교 신부이던 형에게 모셔놓고 왔는데 그 형이 그만 공산당에게 납치되어 갔으니 홀로 독신자(篤信者) 집에 의탁하고 계시다가 돌아가셨다는 풍설뿐인데 별세하시긴 하신 모양이지만 어느 누가 임종(臨終)을 했을 것인지, 그 시신(屍身)을 관으로 모셨는지, 무덤이나 지었는지, 상상으로나마 붙잡을 길이 없다. 단 두 형제, 맏아들은 공산당에게 끌려가 시베리아인가 어디로 가고, 둘째아들은 공산당 결정서를 받고 삼팔선 너머로 튀고, 당신의 유일한 의지처인 교회는 폐쇄당하고, 거기서 칠순 노구를 남의 집에 덧붙여 사시면서 최후 운명 때까지 받으셨을 그 기막힌 정경을 상상하다 간 내 불효가 두려워져 오래 끌지를 못한다.

어머니는 때마다 말씀하시기를, "너를 배었을 때 사슴이 와서 나의 무릎 언저리를 꼬옥 물어 주는 태몽(胎夢)을 보아서 너는 그리도 나의 애물이다"라고 하셨는데 그야말로 나는 어머니 평생의 애물 노릇만 하다 이 채로나마 안정해 사는 것도 못 보여드린 채 끝나고 말았다.

나는 태어나기부터를 애물덩어리가 되기 쉬운 노인 자제로 태어났다.

아버지가 쉰, 어머니가 마흔넷에 나를 보셨으니 여러 남매를 다 잃고 형 하나뿐이었던 집안에 희한한 경사가 아닐 수 없었고 이 막내둥이의 출현은 노부모들의 사랑을 쏟을 대로 부어 쏟을 대상일 수밖에 없었다.

이러한 나에게 있어 유별나기까지한 노부모들의 사랑이란 것이 지금 회상해 보면 막중한 것이고, 더 비할 수 없는 것이고, 그립기 짝이 없는 것이지만, 마치 너무나 흔한 공기와 물과 빛처럼 다 커서까지도 그 고마움을 몰랐을 뿐 아니라 오히려 주체하기에 겨운, 외람한 말이지만 짜증까지 나는 것이었다.

여름에라도 옷을 갈아입을— 아니 입히는 —때면 어머니는 러닝셔츠나 팬티를 반드시 아랫목 보료 밑에 묻었다가 냉기를 가시

고야 내줬으며, 찌개 같은 음식물은 한여름에라도 꼭 화로째 팔
팔 끓는 것을 옆에서 시중해 먹였다. 아직도 기억에 생생한 것은
내가 보통학교 5학년 시절 운동회 때 1천 미터 경주를 하는데 1등
으로 마지막 바퀴를 죽자사자 돌고 있으니 눈앞에 어머니가 탁
가로막아 선다. 얼떨결에 이를 뿌리치고 달리긴 하였으나 그 바
람에 2등이 되고 말았고 온 운동장내 웃음을 샀다. 그날 집에 돌
아가 온통 심술을 부렸는데 어머니의 사연이 참으로 어처구니 없
는 것이어서 "내빈석 속에 앉아서 가만히 구경을 하자니까 네가
나와 달리는데 한 바퀴 두 바퀴하고 몇 바퀴째 돌더니 얼굴이 그
만 하얘져서 사상(死相)이 되길래 나도 모르는 새 뛰어나갔더라"
는 통정이시다. 나를 끔찍해하심이 이런 정도였다. 옛 문투에 금
이야 옥이야라든가, 불면 꺼질까 만지면 터질까라더니 그런 형용
을 더하면 더했지 덜하지는 않았다. 여기에 나는 또 어쩐 일인지
동화에 나오는 개구리 새끼의 화신처럼 엇가기만 하였으니 부모
님 속이 그 얼마나 썩으셨겠느냐 말이다.

  가령 보통학교에 입학하였을 때 일본에 가 있는 실종(失踪)된
맏형에게서 란도셀과 비옷과 망토가 부쳐왔다. 그런데 당시 시골
의 학생들이란 모두가 책보자기지 란도셀이란 본 일도 없고 우비
란 포대를 접어서 둘러쓰지 않으면 지우산이 고작이었다. 그러니
내가 가방을 메고 비옷을 입고 가면 아이들은 배달부라고 놀려대
고 겨울에 망토를 걸치면 왜놈 새끼라고 야료들을 하였다. 이래
서 나는 책보와 포대를 기어코 찾게 되고 이런 병신짓을 부모님
은 안 시키려고 하시어 늘 자그마한 분란을 일으켰고 그들의 마
음을 상해드렸으며 나는 나대로 불만을 품어갔다.

  매사가 이런 식으로 커서도 마찬가지였다. 중학 때부터 문학에
탐닉하여 생각하는 소년이 되었으니 십칠, 팔 세부터 "서울집(우

리집 택호) 아들은 주의자(主義者)가 되었다"는 통소문과 더불어 불령선인(不逞鮮人)의 레테르가 붙었다. 중학교를 머지않아 퇴학 당하고 노동판에 뛰어도 들고, 일본을 밀항하는 등 나의 열띤 청춘의 반역(反逆)과 방랑(放浪)은 부모님들에게 끊임없는 불안과 걷잡을 수 없는 상심만 갖다드렸다. 거기다가 대학 시절부터는 유치장과 헌병대 출입을 하고 집에는 경찰서에서의 행방 확인이 있을 때마다 부모님의 가슴은 출렁하고 떨어지는 변을 당하셨을 것이다. 이 불량치도 않은 자식의 불량성에 대하여 부모님들은 각각 이렇게 술회하셨다. 즉 말년에 중풍으로 4년 동안이나 자리보전을 하시다가 돌아가신 아버지는 항상 그 자리 밑에 내 대학제복 차림의 사진을 넣어놓고 꺼내 보시곤 하셨는데 과묵하신 그는 돌아가실 무렵 이 아들을 불러놓고 하시는 말씀이 "너는 사물에 너무 기승(氣勝)을 하지 말라! 아무리 의롭고 바른 일이라도 너무 기승하면 위해(危害)를 입고 마느니라! 박빙인생(薄氷人生)인 줄 알고 자신이나 자부(自負)를 너무 갖지 말라!"고 타이르신 일이 있으시다. 또 어머니는 매양 "상아! 나는 네가 세상에서 잘났다는 소리를 듣느니보다도 오히려 못났다는 소리를 듣는 것이 훨씬 마음이 편하다. 그저 수굿이 세상을 살아 주는 게 내 소원이다"라고 애원조이셨다. 물론 이 말을 들을 때 노인들의 부질없는 기우(杞憂)요 또 소극적인 인생관이라고 귀로 흘려 듣고 말았는데 여러 번 자작(自作)으로 또는 불의(不意)의 봉변으로 세상을 떠들썩하게 하는 험준과 격난(激難)을 치르고 나니 아버님의 그 간곡하신 분부가 나의 성정(性情)과 전정(前程)을 통찰하신 예언적 훈계였음을 깨달았으며 어머니의 평범하신 기원(祈願)도 나에게 어느 인생의 달견(達見)보다도 실감을 갖게 되었다.

더욱이나 나도 어린 것을 서넛 키우다 보니 당신들에게 대면 아직 새파란 나이지만 근심과 걱정이 떠날 날이 없음을 알게 되었다. 얼마 전만 해도 고등학교 다니는 녀석이 성적표를 받아가지고는 나에게 야단 맞을까봐 하루 집에 들어오지 않아 온 집안이 꼬박 뒤집힌 일이 있는데 이때야 비로소 내가 중학교 때 퇴학을 당하고 방황한다든가 경찰 출입을 한다든가 폐병으로 각혈(咯血)을 하였을 때 부모님들이 태우셨을 그 가슴의 백분지 일 또는 만분지 일을 맛본 셈이다. 이런 부모님의 자정(慈情)은 차치하고라도 내가 부모님에게서 받은 생장(生長)의 순탄이나 그 정신적 인격의 은혜란 또 남과 비할 바가 아니다.

첫째 다 성장할 때까지 의식주의 그리움을 모르고 자랐으며, 신체도 어디 한 군데 남부끄러운 데 없이 태어나서 길리웠으며, 어려서부터 불의(不義)라든가 부정(不正)이나 문란(紊亂)이란 집안에서 눈곱만큼도 보지를 못했으며, 학문의 숭상과 인간의 구경(究竟)이 현세에 있지 않다는 참된 종교의 훈육을 받았으며, 한국 고유의 인간규범과 기풍 등을 충족하게 받고 맛보며 자랐던 것이다. 사실 나는 이런 면에서 자신을 돌아볼 때 혹시 동물적 본능에서 자식 사랑을 부모님처럼 할지는 모르나, 아니 이것도 천 배나 모자라지만 아이들에게 저렇듯 심신영육(心身靈肉) 간에 참된 어버이 노릇을 하고 있는가 하면 모두가 낙제 아니면 태부족인 자신을 발견한다.

"어버이 살아신 제 섬길일랑 다하여라 지나간 후면 애닯다 어찌 하리 평생에 고쳐 못할 일이 이뿐인가 하노라."

정철(鄭澈)의 옛 시조처럼 이제 부모에게 효 못한 것을, 불효만 막심히 한 것을 후회한들 고쳐지지 못하니 그래서 더 한이 되어 뒤늦게 그리워하니 날 일러 저 시조가 선인(先人)에게서 읊어졌는가.

## 아버지의 유훈과 형의 교훈

나의 칠십 평생 삶의 지침이 되고 좌우명이 된 말씀이라면 역시 선친의 유훈과 가형(家兄)의 교훈이다.

나는 아버지가 쉰, 어머니가 마흔넷에 난 소위 만득이(晚得 : 늦둥이)인데 태몽(胎夢)에 "사슴이 내 허벅지를 꼭 물어뜯었기 때문에 그래서 멀쩡해 가지고는 애를 많이 태운다"는 어머니의 술회이셨다. 그도 그럴 것이 다섯 살엔가 천자문을 떼는 총기를 가지고 있었던 모양인데, 어려서부터 악지(고집)가 세고 자라자마자 그렇게 말리는데도 불구하고 신학교엘 들어가더니 뛰쳐나오질 않나, 노동판엘 굴러다니질 않나, 일본엘 밀항을 하지를 않나, 아무튼 일찍부터 동네에서는 주의자(主義者 : 그때 저항적 지식인의 통칭)로 호가 나고 유치장 출입을 자주 하는 불령선인(不逞鮮人)이 되었으니 부모님들께 끊임없는 불안과 상심거리였던 것이 숨길 수 없는 사실이다.

오죽해야 어머니는 매양 "나는 네가 세상에서 잘났다는 소리를 듣느니보다 그저 수굿이 살아 주는 게 소원이다"라는 애원에 가까운 당부를 하셨고, 아버지는 바로 돌아가시기 사흘 전 나를 불러 앉히시고는 "너는 매사에 너무 기승(氣勝)을 하지 말라! 아무리 의롭고 바른 일이라도 기승을 하면 위해(危害)를 입느니라" 하시면서 채근담(菜根譚)을 손수 펼쳐 짚어 보이신 것이 다음과 같은 구절이다.

減省一分便超脫一分 (감성일푼편초탈일푼)
　　조금 줄여서 사는 것이
　　조금 초탈해 사는 것이니라.

　저 유훈을 받을 때가 언제인고 하니 나의 대학 시절로서(1학년 여름방학) 그때 나는 희망과 고민의 과대망상(誇大妄想)에 빠져 있는 상태라 저러한 아버지의 말씀에 크게 깨닫고 마음을 돌이켰다 기보다는 노쇠한 영감님의 소극적 인생관이라고 여겼던 게 숨김 없는 고백일 것이다. 그 시절 나의 정신적 내면을 〈모과(木瓜) 옹두리에도 사연이〉라는 나의 자전(自傳) 시에서 찾아보면,

　　그때
　　라 로쉬코우 공(公)과의 해후(邂逅)는
　　나의 안에 태풍을 몰아왔다.
　　선(善)한 열망의 꽃망울들은
　　삽시에 무참히도 스러지고
　　어둠으로 덮인 나의 내부엔
　　서로 물어뜯고 으르렁거리는
　　이면수(二面獸)의 탄생을 보았다.

　　자기 증오의 밧줄이
　　각각(刻刻)으로 숨통을 조여오고
　　하늘의 침묵은 공포로 변했으며
　　모든 타자(他者)는 지옥이요
　　세상은 더할 바 없는 최악의 수렁……

하숙방 다다미에 누워
나는 신(神)의 장례식(葬禮式)을
날마다 지냈으며
깃쇼지(吉祥寺) 연못가에 앉아
짜라투스트라가 초인(超人)의 성(城)에 오르는
그 황홀을 꿈꿨다.
— 〈모과 옹두리에도 사연이 · 7〉

저러한 정신적인 열망과 절망의 극한적인 상황 속에 있는 20대의 나에게 가톨릭 신부였던 나의 형에게서 그 어느 때 글월을 받았는데 거기 적혀 있는 것이 바로 아시시 프란체스코 성인의 말씀으로 "하느님께서 너에게 내려 주신 모든 은혜를 도로 거두어 도둑들에게 나누어 주셨더라면 하느님께서는 진정한 감사를 받으실 것을……"이었다. 실로 허(虛)를 찔린 느낌이었다. 그러나 앞의 아버지의 유훈처럼 그 당장 나의 개심(改心)과 전신(轉身)을 가져온 것이 아니라 오히려 자기 안주(安住)의 운명관이라고 반감마저 일으켰던 게 사실이다.

그러나 저 아버지의 유훈과 형의 교훈은 어느 경전의 잠언(箴言)이나 경구(警句)보다도 내 안에 깊이 새겨져 살아 있었으며 더구나 인생을 살아오면서 제 탓으로 또는 뜻밖의 봉변으로 여러 가지 험준과 격난을 겪고서는 그 유훈과 교훈이 나의 성정(性情)과 전정(前程)을 통찰한 예언적 훈계였음을 깨닫게 된 것이다. 그리고 내가 병약한 몸으로 칠십을 넘겨 살며 세상에 큰 망신 없이 이렇듯 지내고 있음은 저 아버지의 유훈과 형의 교훈이 어느덧 나의 심혼에 새겨져 있는 덕분이라고 내놓고 말하게도 되었다.

# 나의 대학 시절

나의 대학생활은 그 출발부터가 지금으로 보면 비정상적인 것이었습니다. 즉 내가 일본 동경으로 간 것은 부모의 양해하에 어떤 대학 진학을 목표로 정식 도항수속(渡航手續:당시 한국인이 현해탄을 건너기 위해서는 증명서가 필요했다)을 밟고 간 것이 아니라 출가 도주하여 밀항에 성공한 그런 가문과 고향에서의 탈출이었습니다.

불쑥 이렇게 말하면 독자들은 이해가 안 가겠지만 내가 일찍 열다섯에 가톨릭 신부가 되고자 베네딕도 수도원 신학교엘 들어갔다가 3년만에 환속을 했고 일반 중학으로 전입했으나 퇴학을 당했으며, 문학을 한답시고 고향의 소위 불령선인(不逞鮮人)들과 어울려 다니며 유치장 신세가 일쑤고 하니 어느새 스물 안짝에 교회에선 이단아요, 가문에선 불효자요, 마을에선 '주의자(主義者)'가 되었다는 낙인이 찍히고 말았습니다. 당시 속칭 '주의자'란 말은 사상가라는 뜻보다는 그 사람 버렸다는 뜻이 더 농후한 것이었습니다.

이쯤 되고 보니, 나는 몸 둘 곳이 없어 고향을 떠나 노동판 인부 노릇도 하고, 야학당 지도도 하다가 마침내 좀더 먼 유랑(流浪)의 길을 떠난 것이 동경으로서, 말하자면 나에게 향해진 사회의 모든 악의(惡意)의 눈초리에서 벗어나는 것이 그 목적이었습니다. 이것은 일제 때 역의(逆意)에 찬 젊은이들의 공통된 방법이었으니 그 지역이 중국이든 북간도든 동경이든 거의 같은 의미를 지녔었습니다.

이런 내가 동경에 가서 처음 몇 달 동안은 생활비를 얻기 위해 일급(日給) 노동자로 또는 연필공장 직공으로 하루하루를 보내며 그야말로 망국민(亡國民)의 설움과 방랑자로서의 고독과 감상을 뼈저리게 맛보았습니다.

이런 음울한 나날을 보내다가 마침 봄 입학기가 되었는데 나의 유일한 동경의 길잡이인 선배의 권유로 허허실실 시험을 친 것이 일본대학 종교과와 명치대학 문예과였습니다. 대학이라지만 정규 학부가 아니요, 전문부(專門部)라는 곳으로 지금으로 치면 초급대학(전문대학)에 해당하는데 요행히도 두 쪽이 다 패스되어 선택한 것이 종교과였습니다.

그때부터는 가형(家兄)과도 타협이 되어 학자(學資)가 송금됨으로써 경제적으로 비교적 순탄한 생활을 할 수 있었습니다.

막상 학교 강의엘 나가 보니 교수가 거의 승려 출신들이요, 학생 역시도 모두가 나이로 보면 어른들인 서른이 넘는 현직 승려나 목사 출신들이 대부분이었습니다. 또 강의도 동경대학 정년퇴직의 종교철학 노교수는 시간 처음부터 끝까지 눈을 딱 감고 앉아서 경문(經文) 외우듯 줄줄 구술을 했고 불교학의 도모마쯔 엔데이(友松圓諦) 교수는 맹렬히 불교의 기성 종단 공격에 시간을 쏟고 있었으며 기독교 강좌에서는 당시 가톨릭이 들으면 질겁할 학설들을 태연히 개진하던 것이 기억됩니다. 여하간 저러한 강좌들은 당시 열된 생명인 나에게 젊음의 활기를 맛보지 못하고 이승에서 저승을 사는 괴이한 느낌을 주곤 하였지만 지금 와서 보면 나의 정신의 근원을 다져 준 다시없는 시간이었습니다.

이 시대 나에게 있어 청춘이 가지는 또 하나의 열병인 연애를 치르기에는 나의 정신의 고역이 너무나 폭심하였습니다. 그렇다기보다 사계절을 검은 중절모에 검은 골덴 양복이나, 무명에 물을 들인 옷을 걸치고 병정구두를 신은 장장발(長長髮)의 이 그로테스크한 청년에게 아무리 호기심이 강한 동경 여성들이라도 외면하는 것이 무리가 아니었을 것입니다.

　이제 추억으로 임해 보아도 저렇듯 나의 대학생활은 청춘의 찬란한 낭만과는 등진 일종의 정신적 우범자의 오뇌와 고독 속에서 보냈다 하겠습니다.

# 나의 반생기(半生記)

일본 동경에서의 학생생활이 끝난 것은 1941년이었다. 그렇다고 귀향할 아무 이유를 발견치 못하였으나 부친이 작고하시고 사제위(司祭位)에 오른 신부형은 흥남교회 주임으로 전임되니 육순 노모가 홀로 집에 남으시게 되어, 묘소를 지킬 망주석(望柱石)처럼 불리어 나왔던 것이다. 나올 때 가지고 나온 고리짝 몇 개의 책과 1년 가까운 망연자실(茫然自失)의 생활이 전개된 것이다.

나는 이런 무위 속에서 오히려 어느 정도의 정사(靜思)와 관조를 얻고 미칠 듯이 시 작업에 정진하였다. 이 외엔 생명을 유지할 의의가 없었기 때문이었다.

방 밖을 나서면 서울집 아무개는 주의를 하다 정신이상이 걸렸다는 것이어서 나를 폐인대접을 하는 것이었다.

이런 자연적인 유폐생활은 오히려 지금 생각하면 내심 다행하기까지 하다.

여기에다 폐의 발병이 겸했으니 아주 안성맞춤이었다.

그러나 일제(日帝) 발악이 최고조에 달하니 이 폐인에게도 순사들의 방문이 잦았고 호출이 잦아지니 노모의 초려(焦慮)란 비할 데가 없었다.

보국대 동원, 징집(徵集) 등 나도 이제 병신행세(病身行勢)만으로 카무플라주가 안 되었다. 나는 홀연결의(忽然決意)하고 아버지와 교분(交分)이 있던 일인수렵노(日人狩獵老)의 소개로〈북선매일신문〉기자가 되었던 것이다. 이도 얼마 안 가 신부형이 경영하는 교회학원을 맡아도 보고, 폐환으로 교회 산장 같은 데 전지요양도 하고, 하는 사이에 8·15해방을 맞았던 것이다.

이때에 특기할 내 신상변동이 있었으니, 당시 나의 신부형이 경영하는 교회병원에 온 여의(女醫)와 결혼을 한 것이다.

중매도 신부형이요, 주례도 신부형, 신랑은 폐병환자요 신부는 여의였던 것이다.

어찌 보면 언뜻 달가운 감정왕래를 상상할 것이나 너무나도 우리는 중매결혼의 전형이었다.

을유(乙酉) 해방! 민족적 감격이나 이런 것은 제외해 놓고 나의 인생에 어처구니 없이 많은 선물과 수난을 가져왔다.

먼저, 이제까지 나에게 붙여졌던 낙인은 일시에 벗겨졌다. 한마디로 말하면 주의자 구상, 폐인 구상은 선견자였던 것이요, 일종의 혁명가였다는, 이런 편리하고 분수에 넘친 인간 대접을 받게 되었던 것이다.

그러기에 나는 인민투표에 향리에서 최고득점자로 되었던 것이요, 신생 조국 역군으로서 추천도 받아본 것이었다.

우습기도 한 일이나 나는 나대로 유폐(幽閉)에서 의욕적 행동에 나가기도 하였고 역군으로서 자처도 하였던 것이다.

이것은 아마 누구라도 다 그러했으리라고 나는 믿는다.

그러나 이것도 잠깐 사이였으니, 소련군이 진주한 북한은 공산당의 붉은 장막이 천지를 뒤덮고 만 것이다.

나는 또다시 '반동 인테리겐치아'라는 명패가 등에 붙은 채 두문의 생활이 계속되었다. 이러한 중에 동인들과 발간한 시집 《응향(凝香)》이 필화(筆禍)를 입게 되었으니, 동인 중 홀로 비당원인 나는—공산당원에게는 자아비판이라는 속죄부가 있다—신변이 위험케 되었다.

 기어코 나는 남하를 결의하고 고향을 떠났으나 경계선에서 붙들리고 말았다. 그래도 섭리의 신은 나에게 감옥탈출이라는 엄청난 초인적 용력을 주시어 1947년 2월 초순에 서울에 떨어졌던 것이다(나 같은 느리광이가 감옥탈출이니 밀항이니 하면 친구들은 곧이 안 듣는다).

 서울에 와서 나는 문학 행위란 염두에도 두지 않았다. 나는 다시 학구의 길을 결의하고 교회를 통하여 북경 보인대학연구원에 소개를 받고 '임정'(臨政) 안경근(安敬根) 선생의 주선으로 장도에 오르기로 선편(船便)까지 약속된 그 일주일 전에 중공에게 청도(靑島)의 함락을 당하였던 것이다.

 동서종교사상의 비교연구, 이런 엄청난 과제를 나는 설정했던 것이다.

 북경행에 실패한 실의중(失意中)의 나를 문단에 입참시킨 것은 소설가 최태응(崔泰應) 형이다. 당시 나를 유도하려고 동창인 소위 문맹(文盟)의 전위소설가 박태민(朴泰珉) 군과 전위화가 오지삼(吳智三) 군을 통한 문맹의 가입을 거부하자 동기관지는 소련의 레닌그라드 사건과 북한의 《응향》 사건의 결정서 및 동비판문을 대서특필 게재하였고, 이에 대하여 김동리 씨가 반박문을 발표했고, 나는 그 경위를 공포하고, 이래서 한국문단의 초입생이 된 것이다.

 그동안 나는 생활방편으로 이 신문 저 신문으로 전전하다가 군정보국의 요청으로 촉탁이 되었다. 대북 지하신문, 북한특보주간 등, 의무감과 적개심에서 출발한 나는 공산당의 대역질은 모조리 골라서 해 왔으며, 사변 후는 정훈국(政訓局)으로 전속되어 장병을 위한 군기관지 〈승리일보〉를 주재하며 1953년 8월까지에 이르렀다.

그동안 사고도 많이 내고 소위 기합도 많이 받았으나 나 스스로 용케도 감수해 왔다고 생각하고 있다.

여기에는 나의 오직 하나인 신부형이 공산당에 납치되어 간 것과 홀어머니의 생사불명이 나의 용력을 유지시켰을 것이다.

이제 오래인 군대생활을 털어버린다는 것은 나에게 그동안 축적되었던 정신적인 허기와 피로로부터 벗어나고 기진맥진한 자기를 구출키 위함인 것이다.

나는 이제 겨우 반생을 살았다.

어느 친구의 얘기대로 천사를 끼고 지옥을 거니는 그런 위험과 모험을 마구 감행해 왔다.

이제 나는 이 칠죄(七罪)의 연못 속에서 죽지를 상(傷)하고 있다.

고향도 갈 길도 하나같이 안 보인다.

그러나 나는 운명도 보이지 않는 손에 매달려 있음을 믿고 또 의탁하고 있다.

> 뜻한 곳 저절로 이를 양이면
> 그제사 숨 한 번 크게 쉬고 끝없는 쉼의 그늘로 들라
> – 졸시 〈나그네〉 일절

(1954년)

# 나의 기자 시절

### 북선매일신문사(北鮮每日新聞社) 기자로 출발

내가 함흥시에 있는 북선매일신문사에 들어간 것은 소위 대동아전쟁이 한창인 1942년 봄이었다. 그 일본인 경영의 어용신문이 이미 향리에서는 불령선인(不逞鮮人)으로 낙인이 찍혀 있는 나를 받아들인 것은 오로지 선친의 덕택이었다. 즉 나의 아버지는 연금이 붙은 은퇴 관리로서 그 신문사의 대주주와 과거 동료로서의 교분이 있었던 터라 그 청탁이 받아들여졌던 것이다.

한편 이때 나의 형편으로 말할 것 같으면 일본 가서 공부는 종교학이란 것을 전공했고 거기다 시인 지망이니 현실적으론 쓸모도 맞출 길도 없는 인생인데다 전시 강제징용이 언제 들이닥칠지 모르는 판세라 그나마 유일의 활로였던 것이다. 그야 여하간 처음 입사해서 각 출입처의 견습기간을 거치고 나에게 맡겨진 것은 시국행사 전담이었다. 그때 일제는 힘에 겨운 전쟁을 해 나가느라고 매일 국민을 들볶다시피 무슨 궐기대회, 장행회(壯行會), 무슨 간담회, 협의회 등 행사를 벌였는데 그런 천편일률의 강연 담화회합 모습을 요령있게 취급하여 잘 정리해서 기사를 쓴다는 정평이 난 것이다.

물론 그 기사 내용이야 반민족적, 반역사적인 것으로 내가 그것을 지금 자랑으로 임하는 것이 아니라 나의 그때의 직능적 장기를 털어놓는 것뿐이다.

　나는 그 후 일본 질소회사가 있는 흥남을 전담한 적도 있는데 그때 본궁(本宮)이라는 사택촌에서 강도·강간 살해사건이 일어났었다. 즉 어느 간부사원 집에 대낮에 강도가 들어 그 집 부인을 강간한 다음 또 그녀를 죽이고 도주했던 것이다. 그래서 경찰은 특별수사본부를 설치하고 그 범인 수사에 나섰었는데, 그 범인은 어지간히나 애를 먹이다가 마침내 잡혔다.

　그래서 이 사건을 추적하던 우리 기자들도 짜증이 나 있던 판이라 나는 그 기사 중 범인의 인상이나 그 죄과를 그야말로 있는 묘사력을 다하여 흉악하게 그려서 넘겼던 것이다. 그랬더니 이것을 훑어본 사회부장이 그 원고를 나에게 도로 휙 던지면서 하는 말이 "신문기자면 말이다! 범인이 잡히기 전까지는 법의 편이지만 일단 잡히고 나면 죄인의 편에 서야 하는 게야!" 하는 것이었다.

　그때 사십 남짓하지만 우리에게는 아주 늙은이로 보였던 이 일인(日人) 사회부장의 일갈을 나는 기자생활을 할 때나 그만두고 난 오늘에나 때마다 떠올리곤 한다.

　그러한 〈북선매일신문〉 기자생활은 해방되기 10개월 전, 내가 폐결핵으로 눕게 됨으로써 끝맺게 되었다.


**해방 후의 〈부인신보(婦人新報)〉와 〈연합신문〉**


　대체로 문화계에선 다 아는 얘기지만 나는 해방 직후 향리 원산에서 동인시집 《응향》을 내었다가 그 필화를 입고 1947년 봄 탈출 월남하였는데, 월남 후 첫 직장이 된 것이 박순천 할머니가 하시는 〈부인신보〉였다.

　그 인연을 좀 설명하자면 소설가 최태응(崔泰應) 형은 나와 해방 전 시세장(時世粧)의 표현을 빌리면 '펜팔'의 사이로서 내가 월남 후 제일 먼저 찾은 작가인데, 그는 그때 윤보선(尹譜善) 선생이 사장이고 이헌구(李軒求)·김광섭(金珖燮)·김동리(金東里)·조연현(趙演鉉)·박용덕(朴容德) 씨 등 문인들이 모여서 만드는 〈민중일보(民衆日報)〉의 편집부장으로 있다가 새로 창간되는 〈부인신보〉의 편집국장으로 픽업되었고, 그 덕분에 북한서 갓 넘어온 내가 문화부장으로 일하게 된 것이다.

〈부인신보〉는 그때 이승만 박사 정치노선의 부인단체인 대한독립촉성부인회(大韓獨立促成婦人會)의 기관지로서 거기서 나는 수많은 우리 여성계의 선구들을 접할 수 있었으며, 모윤숙(毛允淑)·임옥인(林玉仁)·전희복(田熙福) 등 여류문인들과 함께 일을 하게 되었었다.

또한 그때 동인들은 앞서 말한 최태응 형을 비롯해 임원규(林元圭:전 시사통신 사장), 임순묵(林淳默:전 동아일보 편집국장), 백선기(白善基:전 두원산업 사장) 씨 등으로 지금도 자별한 우애를 갖고 있다.

나는 그때 명색은 문화부장이지만 최태응 형이 신병으로 항상 국장석을 비워놓고 있어 그 대리 행세를 대내외적으로 해야 했었는데, 특별히 기억되는 것은 이승만 박사가 가끔 민족 진영의 주필 편집인들을 돈암장으로 초치(招致)했을 때 이종형(李鍾熒:〈대동신문〉)·양우정(梁又正:〈현대일보〉)·고재욱(高在旭:〈동아일보〉)·이헌구(李軒求:〈민중일보〉) 씨 등 저명한 장년들 틈에 아직도 20대의 내가 끼는 것이 어찌나 거북하고 몸둘 바를 모르겠는데, 이 박사는 "미스터 구, 미스터 구" 하면서 오히려 친근을 표시해 나를 감격하게 하였던 일이 하나요, 또 소위 임정측의 국민회의와 이 박사측의 민족대표자회의의 합동이 부진하자 전기 모임에서 이 박사의 "우리가 법통을 계승하려는 것은 우리가 세웠던 임시정부의 혁명정신을 계승하려는 것이지 그 어떤 인물이나 그 어떤 기구의 감투를 계승하는 것이 아니다. 그것은 법통이 아니라 밥통의 계승이다"라는 그 지적에 당장은 크게 감복하였었지만 그 후 독립유공자나 애국지사들에게 대한 그의 푸대접을 목격하면서 정치의 비정성(非情性)이 저런 논리 속에 깃들여 있음에 놀랐다.

이러한 〈부인신보〉 생활이 채 일년도 못 가서 나는 또다시 결핵의 재발로 눕게 되었다. 뒤쫓아 남하한 아내가 사방 주선하여 마산 교통요양소에 자기는 의사로 취직을 하고 나는 환자가 되는 방도를 뚫었다. 마산으로 가서 한 10개월 정양을 하여 소강상태를 얻고 있으니 〈부인신문〉에서 함께 일해 온 임원규 씨에게 연락이 왔다.

### 대형 4면의 연합신문

즉 〈현대일보〉에 있던 양우정 씨가 〈연합신문〉을 창간하는데 자기가 편집국장으로 가게 되었으니 몸이 웬만하면 올라와서 사회부장이든 문화부장이든 그 어느쪽 하나를 맡아달라는 내용이었다. 그리고 덧붙이기를, 해방 후 처음 타블로이드판에서 대형 4면을 낸다는 것이고 사옥과 시설은 서울공인사를 쓴다는 것이다.

그렇지 않아도 나의 젊음은 온통 세상이 궁금하고 등허리에 좀이 쑤셔 못 견디는 판인데 그런 입맛이 당기는 소식이라 나는 좀더 완치를 기하자는 아내의 만류도 불구하고 단신 상경하고 말았다.

전갈대로 그리 순탄치는 않았지만 〈연합신문〉은 곧 대형 4면으로 창간을 보았으며, 나는 문화부장을 맡아 혼신의 정열을 기울였다. 나는 당시 우리 신문의 문화면들이 학계를 전혀 도외시하고 있는 데 반하여 인문 · 사회 · 자연과학 각 분야의 새로운 필진과 그 논고들을 대담하게 실었고 한편 민중문화란이라 하여 주 1회 전면을 독자의 투고만으로 꾸며냈다.

지금 기억나는 것으로도 정욱진(丁旭鎭) 신부의 〈에라스무스의 인간혁명〉 같은 철학논고나 박을용(朴乙龍) 교수의 〈기하학서설(幾何學序說)〉 같은 아주 무명학도의 수학논고를 연재하여 잡지를 만들 셈이냐는 비평을 받은 적이 있고, 민중문화란 투고가 중에는 오늘의 굴지의 시인 작가들이 허다하지만 그 이름의 열거는 내가 평소 삼가고 있다.

그때 편집국 동인으로는 정치부에 김성락(金成洛: 전 유정회 국회의원), 사회부에 장기봉(張基鳳: 전 신아일보 사장) · 이지웅(李志雄: 전 동양통신 상무) · 김희종(金喜鍾: 전 시사통신 사장) · 편용호(片鎔浩: 전 국회의원) 등이 떠오르며, 문화부에는 두 사람 다 일찍이 세상을 떠났지만 임권재(林權載: 평론가 임긍재 씨 친제) · 공중인(孔仲仁: 시인)이 함께 일했었다.

그리고 이 시기에 나의 사생활에 있어 특기할 것은 가족이 올라오기까지 약 1년간 공초 오상순 선생을 모시고 지낸 사실이다. 물론 공초 선생께서 이미 일정한 기식처를 거부하시고 계시던 터라 관수동에 있던 조그만 여관인 나의 하숙방에 매일 밤 머무신 것은 아니었지만, 대체로 내가 일을 끝마치고 당시 소공동에 있는 플라워 다방이나 명동 대폿집 무궁원에 나가면 먼저 거기 계시거나 잠시 후 표연히 나타나시어 그날 밤을 어디서거나 함께 지내는 것이 상례였다. 그 선생님이 나에게 주신 훈도(薰陶)나 그 영향은 이루 헤아릴 바 없지만 본고와는 취의를 달리하기 때문에 더이상 언급하지 않는다.

## 국군에의 관련과 〈승리일보〉의 창간

저렇듯 화려하게 출발한 연합신문사는 불과 반년이 못 가서 재정적으로 허덕이게 되었고 그래서 지방판을 늘리고 문화면은 주 3회로 줄였으며, 그것도 고료지출 원고는 아주 제한을 받아서 우리 부원들이 외지(外誌)를 베끼거나 청탁 없이 경영진을 통해서 들어오는 사이비 창작들로 메워지는 등 내 스스로가 의욕이 저상(沮喪)되어 있는 중인데, 1949년 말 나는 육군 정보국의 특청을 받아서 그 제3과(HID)의 촉탁이 되고 말았다. 이는 나의 공산당을 향한 강렬한 적개심 때문이기도 하였지만 당시 대통령 공보관이던 김광섭(金珖燮) 선생이 나를 강력히 천거한 데 대한 순종이기도 하였다.

거기에는 지금으로 말하자면 심리전을 수행하는 모략선전반이라는 게 있어 나는 대외적으론 북괴를 폭로하는 북한특보의 발행 책임과 한편 북한으로 비밀히 보내지는 〈봉화(烽火)〉라는 지하신문의 제작을 맡고 있었다. 이 〈봉화〉라는 것은 자유 남한의 뉴스와 북한동포에게 보내는 격문 등을 편집하여 4·6배판으로 사진 축소해서 비밀 루트를 통해 북한에 살포되던 것으로 그 편집부터 조판 인쇄까지 단독으로 엄중한 경계 속에서 진행되었다.

이런 극단적인 반공 임무에 종사하면서 나는 6·25를 맞았고 그래서 군과 함께 후퇴 남하를 하였던 것이다. 그리고 피난지인 대구에서 나는 자연히 거기 모인 문인들과 군의 매개역이 되었고 그때부터는 국방부 정훈국에 옮겨 일하게 되었다. 거기서 내가 한 일은 대적전단(對敵傳單)과 우리 사병들에게 보내는 국내외 소식과 전투상황과 전과를 마치 신문의 호외와 같이 만드는 인쇄물의 편집 제작이었다. 이 인쇄물의 제호를 '승리'라고 붙였으며 이것이 수복 후 국방부 기관지였던 〈승리일보〉의 시초였다.

즉, 9·28수복 때 나는 국방부 정훈국 선발대로 그보다 일주일이나 앞서인 9월 21일 미군 수송기로 김포에 내렸다. 그리고 우리 일행은 먼저 인천으로 가서 입성 준비를 하였는데 이때 공산군 치하 90일 동안이나 우리 정부와 자유세계 뉴스에 굶주린 서울 시민들에게 가장 먼저 나누어 줄 선물로 어느 인쇄소를 빌려 밤을 새워가며 만든 것이 〈승리일보〉였고 이것을 그대로 일간(日刊)으로 굳혔던 것이다.

9월 25일 우리 선발대 일행이 폐허의 서울을 진입하면서 연도에 늘어선 시민들에게 〈승리일보〉를 뿌렸을 때 뉴스맨으로서의 그 감격과 감개는 평생 잊을 수 없다.

그 이튿날부터 서울 시민들에게 〈승리일보〉는 수돗물보다도 더 기다려지는 생명수 바로 그것이었다고 하여도 결코 과장이 아니었다. 그도 그럴 것이 첫째 승승장구로 북진하는 국군의 동향이나 그 전과(戰果), 또 부산이나 대구의 정부 소식, 나아가서는 세계의 뉴스를 이 신문 빼놓고는 어디서고 접할 길이 없었던 것이다.

얼마 후 민간의 중앙지들이 복귀하여 신문을 내보았지만 그 뉴스 소재의 정확 신속한 입수, 기재나 시설의 확보 등에 있어 도저히 경쟁이 되지 않았다.

그래서 민간지 몇몇 간부들이 이승만 대통령에게 '군이 언론을 침해한다'고 등장(等狀)을 가서 얼마 안 가 시판금지령이 내렸지만 여하간 1·4후퇴까지 서울은 〈승리일보〉 일색이었던 것이다.

처음 신문 제작은 당시 〈영남일보〉에 종군해 온 조약슬(趙若瑟: 전 대구경제일보 사장) 씨가 주필이 되고 내가 편집국장이었는데 조씨가 곧 대구로 환향하여 내가 주간이 되고 편집국장에는 정윤

조(鄭允朝:전 경향신문 편집국장) 씨 또 편집동인들로는 한홍렬(韓弘烈:전 평화신문 편집국장), 조기호(曺基鎬:작고, 전 한국일보 업무국장), 김진영(金振英:전 영화진흥공사 사장), 곽하신(郭夏信:소설가, 전 조선일보 문화부장), 임삼(林森:전 유정회 국회의원) 등이 떠오른다.

나는 이때 얼마나 이 일에 열중했던지 고향 원산에 돌아갈 출장증을 떼놓고 비행편을 마련했다가 취소하고 끝내 못 가서 칠순 노모를 모셔올 그야말로 천재일우의 기회를 놓쳐 종신토록 불효의 한을 품게 되었다.

〈영남일보〉와 〈대구매일〉 시절

1·4후퇴로 대구로 내려가 〈승리일보〉의 피난 보따리를 편 곳이 바로 〈영남일보〉였다. 즉 〈승리일보〉는 〈영남일보〉의 호의로 그 시설과 사무실을 함께 쓰면서 앞서 말한 이유로 시판은 못하고 군내(軍內)배포용으로 제작했으나 그도 한 해를 넘기지 못하고 정부 방침으로 폐간되고 말았다.

그런데 그 동안 나는 〈영남일보〉 사원들과 어느새 한 가족처럼 되고 말았었기 때문에 빌려 쓰던 중역실 그 책상 그 자리에서 직접 사원이 되었다. 그야말로 중역들을 비롯한 전 사원의 희망이 다시피한 요청으로 주필 겸 편집국장이 된 것이다.

그때 내가 논설과 편집을 맡으면서 두 가지 방침을 세웠는데 첫째는 친군반독재였다. 한마디로 말해 대공전쟁은 수행해야 하고 승리해야 하니 군사문제나 그 보도는 언론으로 적극 협력하고, 한편 이승만 정부가 그 독재성을 노골화한 때니 이에 반대하여 민주주의 수호투쟁을 벌이기로 하였다.

나는 신문사가 경영상 너무 적극적 비판을 가할 수 없을 경우에는 서명을 하고 신랄한 비판을 퍼부어댔다. 이래서 〈영남일보〉는 정치적 계엄령이 펴 있는 부산에서 여러 차례 압수를 당하고 수난을 겪었으며 나는 집에까지 모 기관원이 권총을 쏘며 난입하는 곤경 등을 겪었다.

이때 글들이 출판되자 다시 판매금지를 당했던 나의 사회평론집《민주고발》의 문장들이다. 이때는 속칭 한민당(韓民黨) 기관지라 불리던 〈동아일보〉도 아직 저렇듯 비판적 자세에 이르지 못한 때로서 〈영남일보〉가 이때 반독재 투쟁의 선진(先陣)을 갔었다 해도 과언이 아니다.

둘째 내가 세운 방침은 논설이나 취재를 지방문제에다 밀착시킨다는 것이었다. 지금도 그렇지만 나는 지방지가 공연히 중앙지의 복사판이 되는 것을 못마땅하게 생각하기 때문에 사설도 주로 지방자치나 그 행정문제 등을 위주로 썼고, 가두민론조사(街頭民論調査) 같은 것을 여러 차례 하는 등 자주성을 가지고 대구시정과 경북도정에 직접 관여하고 영향력을 주었다.

그때 편집동인에는 이제는 대구의 퇴역 언론인들인 이정수(李禎樹)·정대용(鄭大鎔:작고)·김진화(金鎭和)·배석원(裵錫元)·이목우(李沐雨:작고)·김기현(金基顯)·박영돈(朴英敦) 씨 등이요, 현재 국장급들로 있는 전경화(錢慶華)·한승우(韓承愚) 씨 등이 일선서 일하고 있었다.

여하간 그때 〈영남일보〉는 한국 굴지의 신문으로서 저 6·25동란서부터 휴전 후 제2차 수복 때까지 대한민국 판도 내에서 가장 발행부수도 많고 그 권위도 평가되었다면 지금 사우 중에도 놀랄 친구가 있을 것이다.

그러나 모든 사람이 다 환도수복을 하는데 나만 혼자 떨어져 남을 수도 없어 서울대학교에 강좌를 얻어 올라오려는 판인데,

친형이나 다름없는 임화길(林和吉) 신부가 〈대구매일신문〉을 맡으면서 자기가 신문업무를 파악할 때까지만이라도 옆에 있어 달라는 것이요, 이것은 당시 교회당국의 특청이기도 하였다.

이때 대구매일은 그야말로 내우외환 속에 있었다. 즉 대외적으로는 교회부터가 이승만 정부와 정치적으로 반목상태에 있었고 대내적으로는 재정란과 인사분규로 혼란이 거듭되고 있었다. 내가 상임고문으로 임 사장과 편집국의 신진용을 짰을 때 그 경위는 잊었지만 그때까지 편집국장이던 최석채(崔錫采:전 문화방송 회장) 씨를 주필로 임명하고 대구의 원로기자인 이우백(李雨栢) 씨를 모셔다가 편집국장으로 앉히게 되었다.

이렇게 해서 주필이 된 최석채 씨가 쓴, 장관 지방순시에 과도한 환영 비판 사설이 문제가 되어 한국 신문사(新聞史)에 길이 기억될 대구매일 피습사건이 벌어지는 것이다. 즉 그 사설을 트집 잡은 이 정권의 소위 민의조작 기관 노릇을 하던 국민회 경북지부에서는 그 정정과 필자 해임을 요구하면서 만일 이에 불응할 경우에는 실력 행사를 한다는 통고였는데, 최 주필의 의기도 결연하였거니와 임 사장의 결의 또한 의연하여서 이를 일축했던 것이다.

그래서 결국 백주에 신문사 피습사건이 일어났고 국회조사단이 구성되어 현지조사를 하고 돌아가 여야 의원의 상반된 보고 중에 어느 여당 의원이, "사전(事前) 통고를 한 백주(白晝)의 테러는 테러가 아니요, 그들의 애국심은 훈장감이다"라는 발언을 하여 온 세상에 웃음거리가 되기도 하였다.

이때 전국의 주요 신문과 언론인이 단결하여 주었고 국회도 여(與)마저 그 체면 때문에 가세해 주었지만 결국 최 주필은 뒤집어씌운 국가보안법으로 구금이 되어 고생을 했으며 신문사는 인쇄기 등의 파손으로 치명적 피해를 입었으며 주범들은 당시 법의 제재도 안 받았고 이를 엄호한 경무관 하나가 겨우 전임되고 만 것이 전부였다.

나는 그 사건 때 경향(京鄕)을 오르내리면서 국회증언도 하고 사태수습의 주역 노력을 한 셈이지만, 결국 민주사회의 본령인 여론정치의 확립이 그 얼마나 창망한가를 뼈저리게 깨달았다고나 하겠다.

### 5·16 후 〈경향신문〉과의 관련 전후

실제 대구매일의 참여부터는 논설에 손을 놓았던 건 아니지만 기자라기보다 교회의 위촉을 받고 그 경영에 참획했던 게 된다. 5·16 후 〈경향신문〉 논설위원이 된 것도 사장 윤형중(尹亨重) 신부와 부사장 신태민(申泰旼) 형의 운영상담역쯤으로 있다가 그분들이 바뀌고 생소한 사장이 임명됨으로써 나는 동경지국을 맡고 나갔었고, 6개월도 못 되어 교회에 다시 불려들어와 재단에서 사장으로 임명발령을 받았으나 그 사무인계를 못하고 마침내 경향의 경영체가 교회에서 떠나버리고 말았는데, 이러한 경위는 이 자리에서 밝힐 바는 아니요, 나로서는 아직도 거기 관련 인사들의 성예(聲譽)가 훼손될 우려가 있어 스스로 삼가고 있다.

현재도 명색 〈가톨릭시보〉의 논설위원으로 있고 때마다 일간지 칼럼난에 사회시평을 끄적이고 있으니 아주 퇴역으로 자처하기가 오히려 쑥스러우나 나의 경우는 그렇게 따지기보다는 "시인은 문화의 본령적 의미에서 저널리스트다"라는 말대로 나는 하찮은 시인이지만 기자가 되어 한 시대를 가장 전체적으로 목격하고 체험하고 이를 증언해 왔다는 사실을 다행으로 여기는 것이다.

# 구·불구(具·不具)의 변(辯)

1. 신(身)

　신수야 토종(土種)으론 멀쩡하다. 이목구비가 비교적 정돈되고 키도 알맞게 큰 편이어서, 소시적엔 에헴! 미동(美童)·미남이란 소리도 더러 들었다.
　그런데 동작이 허(虛)하여 젬병이다.
　여기다 몸이 부해 오고 배가 좀 나오니, 집안에서는 나를 '호떡집 아방이'라고 놀려댄다. 그 멍하고 굼뜨고 한 품이 십상인 모양이다.
　한 가지 행인지 불행인지는 모르나 저래서 내 외양(外樣)은 궁기가 없다.
　호주머니가 텅텅 비어 있어도 친구들은 '그 자가 기천금(幾千金)쯤이야 문제 없겠지' 믿어 주고 막걸리집에서 나와도 요정에서 취한 줄 안다.
　이렇듯 나의 역정(歷程)이나 내정(內情)을 모르는 사람들은 나의 인생이 순풍에 돛단 귀공자나 행운아로 안다. 아마 나의 인상만을 가지고는 옥고를 겪었다든가, 북한에서 감옥을 탈출했다든가, 일본유학도 밀항을 한 험난한 경력의 소유자라면 믿지 않을 것이요, 또 고질인 폐결핵으로 각혈도 하고 폐수술도 두 번이나 한 투병자라면 꾸며대는 줄 알 것이다.

하기는 내외적인 여건이 이러면서 아직도 번둥번둥이니 어쩌면 '억세게 재수 좋은 사나이'라 하겠다.

2. 언(言)

말씨 역시 신수와는 어울리게 굼떠서 어눌(語訥)까지 하다. 도대체 말의 짝을 맞추는 철어(綴語) 방식이 제멋대로요, 여기다 웃음이 헤퍼서 대화의 태반은 '허허'니 좀 잘못 알면 천치나 바보로 통할 형편이다.

내가 더러 나간 라디오나 텔레비전의 좌담 같은 것을 들은 청취자로부터 웬 웃음이 그리 많으냐고 힐난마저 듣는 형편이요, 스스로도 녹음한 것을 들으면 민망할 정도여서, 이번에는 '단연코' 결심이나 다음에도 '도루묵'이니 이것은 천생 배냇병신이랄 수밖에 없다.

또 웃음이란 게 좀 다부지거나 호걸 웃음이 결코 아니라 싱겁고 헤식고 실없는 것이어서 나의 '마담 프렌드'(?)들은 '싱검둥이'라고 별칭한다.

그러나 이 변변찮은 웃음도 찡그리는 것보다는 덕(德)이어서 나의 허허실실한 인생살이와 함께 친구들에게 호인(好人) 소리를 듣는다.

여기에 하나 묘한 것은 내가 대화나 좌담에는 이 몰골이면서, 긴장되고 조리가 서야 하는 교단이나 강연장에서는 이에 비하면 능변(能辯)이 된다는 사실이다. 그래서 한때는 문화행사의 연사나 사회로 뽑혀 다닌 시절까지도 있었다.

물론 이것은 미리 말했지만 회화나 좌담에 비해서이며 또 이제까지 교단에 줄곧 서 온 덕분이기도 하리라.

## 3. 서(書)

 소위 이 글도 시인이라는 꼬리표 괄호가 붙을 것이라 문필이 넉넉하다고 하여야 마땅할 것이다. 그렇지만 이야말로 일반적인 평점으로서 관주(貫珠)를 놓을 수는 없다.
 왜냐하면 좋든 궂든 간에 명색이 문필을 업으로 하는 자이니, 그런 전문인으로서의 역량이 평가되어야 한다.
 그런데 유감스럽게도 자타가 공인하는 바로는 시인으론 독일식 표현을 빌면 다섯째 밖 ─아주 등외(等外)라는 뜻─ 이요, 이제까지 강단에 섰으나 학문적 업적은 없이 현대문학 일반강좌의 능(能)밖에 없고, 언론인으로서는 삼류 논객(論客)의 명맥만을 유지하고 있다.
 물론 이러한 객관적이요, 정직한 자기평가를 가지고 있으면서도, 또 한구석에 내심은 시업(詩業)에 있어서도 자신의 독창적 세계를 개척하고 있다고 자부하며 사상의 숙성과 이의 형상을 위하여 희곡 같은 것을 손대는 등 나다운 야심을 가져본다.
 어쨌든 이제는 오래인 강단생활과 신문기자생활 등을 청산하고, 프랑스의 격언마따나 '네 길을 가지' 않고, 외골수 예술의 사제(司祭)가 못 되면 그 직공이라도 되려고 작금에 문필업 신장개업을 하고, 이렇듯 응수소매(應酬小賣) 주문배수(注文拜受)를 하고 있으나 또 어떤 변신이 있을지는 장담 못할 일이다.
 더욱이나 나의 문필행위도 나의 인생역정처럼 순탄치는 않아서 8·15 직후 원산서 《응향》이란 동인시집을 낸 것이 문제되어 '퇴폐적, 환상적, 선동적, 부르주아적, 반인민적'이라는 북한 최초의 결정서를 받고 필화를 입었는가 하면 이승만 독재의 부산 정치파동 때부터 선봉적으로 맞서 《민주고발(民主告發)》이라는 사회 평론집을 냈다가 발매금지를 당했고, 급기야 자유당 말기에는 국제 간첩으로까지 몰려, 세칭 '레이더 사건'으로 투옥당하기에 이르렀던 것이다.

이렇듯 나의 문필은 언제나 나의 실존적 삶이나 그 자세와 직결되어 있으며 또 이를 나의 문학정신의 지표와 긍지로 삼고 있다.

### 4. 판(判)

판단력이나 거조(擧措)로 말하면, 일상적인 사물에 대하여는 등한(等閑)을 넘어 무감각할 지경이다. 돌아가신 어머니가 하시는 말씀이 "저 애는 어찌된 사람인지, 어렸을 때부터 음식의 짜고 달고 쓰고 매운 맛을 모르고 병이 나서 누워도, 내가 이마에 손을 얹고 '아프지?' 하면 '응 아퍼!' 하고 또 '안 아프지?' 하고 물으면 '응, 괜찮아!' 하는 식이니 저런 둔재(鈍才)바리가 또 어디 있으랴"는 술회시었다.

사실 나는 그렇듯 결핵을 앓으면서도 열이나 통증에 자각증세가 없어 아주 태질을 하고 눕기까지는 무리를 하여 의사 선생들을 놀라게 하여 왔으며, 또 감옥 같은 데를 가도 금시 '여기가 내 세상인가 보다' 하는 체념이 앞서서 악조건을 참고 견딘다기보다 무심히 넘기는 수가 많다. 이런 내가 남보다 강렬한 것이 있다면, 문학자로서는 역사의식이나 사회적 관심이 강렬함으로써 문단 일부로부터는 세사(世事)에 초연하여야 할 선풍도골(仙風道骨)의 문사(文士)답지 못하다고 비난도 받는다.

그러나 나는 오히려 그런 자들의 시대적 굴종이나 소시민적 영합을 너무나 아는고로, 나는 역사적 행동인으로서의 디오니소스적인 헌신을 오히려 나 자신에게 채찍한다.

그리고 나에게 한시도 뇌리를 떠나지 않는 것은 존재의 문제다.

"신이나 존재의 문제를 고민치 않는 인간은 무엇 때문에 일찍이 세상을 작별(作別)하지 않으며 또 무엇 때문에 고민할까"하는 극단적인 생각마저 갖고 있다.

내 일찍 열다섯 살에 가톨릭 사제가 될 것을 지망하고 수도원 신학교에 갔다가 3년 만에 환속하였다. 이런 의미에서 자화상을 결론한다면, "인생을 결론부터 출발하였다가 실패하였다는 것은 탕아(蕩兒)의 비극—즉, 끊임없는 방황을 운명과 약속함이나 다름이 없다" 하겠다.

## 고마운지고 반려인생

나는 친지들로부터 흔히 "진작 죽을 사람이 부인의 덕으로"라든가, "저 사람 부인이 여의사거든요, 그래서 저렇듯 태평이죠"라는 등의 처복(妻福)이 있다는 찬사랄까, 어쩌면 여편네에 기대서 사는 자에 대한 조롱이랄까를 듣는다.

이즈막 5, 6년 간은 뜸하지만 그 전에 한두 해에 한 번씩은 각혈을 했느니, 죽어가느니, 병원에 입원을 했느니 하여 통소문을 놓고 주변을 걱정시키다가는 몇 달 만에 툭툭 털고 일어나서는 또다시 무리한 생활을 반복하곤 하였다. 이러한 나의 폐결핵이란 고질의 재발이 크게 인상되어 있음이 그 하나요, 둘째 한국의 문사로서는 비교적 군소리 없이 생활을 지탱하고 있기 때문이리라.

물론 이 두 가지 다 어느 정도 아내의 직업이나 그 공덕에서 옴이 사실이라 부인하지는 않는다.

내가 처음 발병하기는 스물네 살 때였다. 당시 나는 함흥 〈북선매일신문〉 기자로 있었다. 그때의 폐결핵 진단이란 사형선고나 매일반이어서 당사자에게나 가족이나 주위에게 절망을 불러일으키는 병이었다. 공교롭게도 아내와 나의 약혼이 설왕설래되고 있던 것도 그때였다. 아내는 내 형님이 주임신부인 흥남 천주교회 경영의 대건의원에 의사로 근무하고 있어 교회 유지들이 중매 역할을 하였다.

그러나 이제 결혼이고 뭐고 할 그런 단계가 아니었다. 나는 한약제 보약 몇 제를 싸가지고 평원선의 고지인 마식령 너머, 이 역시 고개를 넘다가 말이 굴렀다는 지명인, 마전리라는 촌락에 있는 교회 소속 산장에 전지요양을 떠났다. 굴레 벗은 말처럼 자유로이 뛰어다니는 것을 직업으로 삼던 내가 가만히 숨쉬는 송장이 되어 소위 절대 안정이란 당시 유일의 자연요법을 취하자니 몸, 마음이 그야말로 불안정스러울 수밖에 없었다. 미열은 짓궂게도 계속되고 심산의 적막은 나에게 죽음의 고독을 더욱 엄습하는 것 같았다. 아마 이런 저상(沮喪)된 심정에서 나는 아내에게 모든 것을 절연한다는 통고문을 낸 것 같다. 그리고는 그해 8월 15일 성모승천축일(聖母昇天祝日)을 지낸다는 명목으로 덕원 집으로 돌아왔다. 집엘 닿으니 어머니가 황망히 나서며 "그 여의사를 못 만났느냐"는 물음이시다. 이야기를 들어보니 어제 나를 찾아간다고 흥남에서 와서 노순(路順)을 묻길래 여자 혼자는 못 간다고 말했는데도 굳이 떠났는데, 어찌 못 만났느냐는 것이며, 행방불명이 되었으니 이를 어쩌느냐는 걱정이셨다. 나는 사뭇 당황할 수밖에 없는 것이 마전리 산장엘 가려면 트럭편뿐인데 이것도 부정기요, 80리 마식령 고갯길은 그야말로 남자도 아찔아찔하는 가파른 영(嶺)이라 어저께 닿지도 않았으니 이건 사고를 낸 게 틀림없기 때문이다. 허둥지둥 인편을 사서 떠나 보내려는 참인데 그 여인(아내)이 기진맥진하여 들어섰다. 그때의 반가움과 감격이야말로 결정적인 것이어서 이것이 요새같이 뜨거운 '러브 신'도 없는 우리에게 평생을 무언으로 기약하는 순간이 되었다.

이제는 너무 오랜 일이라 잊었지만 아내는 내 자포적인 글발을 받고 가만히 있을 수가 없어 찾아 나섰는데 트럭이 고갯길에선가 고장이 나, 동승객들과 어느 두멧집에서 합숙을 하고 40여 리나 걸어서 산장엘 갔더니 집으로 떠났다고 하여 그 길로 되돌아섰다는 자초지종이었다.

그 당시의 기색할 사회 공기 속에서 그다지 생명의 집착이 강렬치 못한 나는 '이러다가 죽어도 무방하다'는 퇴영적인 배포마저 간직하고 있었는데 이 일이 있은 후부터는 나는 나아야 되겠다는 의욕과 나아야 한다는 사랑의 의무감이랄까가 우러나서 투병태세를 갖추기에 이르렀다.

실상 폐병을 앓았다든가, 긴 병에 시달린 사람만이 아는 것이지만 하루 이틀도 아니고 5, 6개월 또는 1, 2년씩 누워 있으려면 고무줄 신경이 되어야 하고 숨쉬는 시체가 되어야 한다. 그렇지 않고서 그 예민해진 감성에 사로잡혔다간 스스로가 볶여서 못 견딘다. 가령 위문객이 와서 "얼굴이 좀 나아졌는데" 하면 하나도 병세는 호전이 안 되었는데 남의 속도 몰라주거니 하고 야속한 마음이 들거나, 저런 빈말은 건강한 사람들의 상투어지— 하는 고까운 마음을 먹기도 하고 "어허 이것 더 그릇됐는데" 하고 걱정을 해주면 '옳지 이젠 아주 나를 송장 취급하는구나. 나는 살기 틀렸다는 말이지' 하고 노여움을 품기가 일쑤다. 이런 데서 아마 예부터 "장병에 효자 없다"든가, "오래 누웠더니 마음이 변했다" 등의 말이 있나보다. 이래서 나는 절대안정을 하는 것을 와선(臥禪)이라고 불렀다. 시방도 우리 집에서는 내가 눕거나 낮잠 자는 것도 와선한다고 별칭한다. 하여튼 결핵을 곱게 이기려면 '죽은 듯이 사는 공부'를 해야 하며, 또 이기고 나면 어지간한 역경에도 눈 뒤집히지 않는 자기 체념 같은 것을 체득하게 된다.

두 번째 발병은 1948년 월남 후 1년 만이었다. 이때야말로 나의 이제까지의 생애에서 병과 가난에 제일 몰린 시절이었다. 그때 얻어 걸렸던 직장은 한민당 3층(현 동아일보사)에 있는 중앙통신사

취재부장이라는 것이었는데, 열되고 천방지축이었던 나는 월급을 지하실 식당 술값으로 바치고 말곤 하였다. 이러는 중에 덜컥 폐병이 재발되었다. 우선 여의전(현 고려대 부속 우석병원) 병원에 입원은 하였으나 치료비, 입원비 등 앞길이 막연하였다. 이런 경제적인 암담은 오히려 병세를 악화시킬 뿐이었다. 여기서 아내는 한 방법을 염출해 냈으니 그것이 곧 마산 교통요양원에의 취직이었다. 말하자면 자기는 의사로 가고 나는 환자로 입원을 시키는 계획인데 순조롭진 않았지만 사면팔방으로 달려다니던 아내는 이를 마침내 성취하였다. 이때에 잊지 못할 일은 진주에 사는 시인 설창수(薛昌洙) 형으로부터의 우애다. 입원비 등에 몰려 누워서도 가시방석에 올라 앉은 것 같은 어떤 날, 진주에서 인편 하나가 왔는데 내놓는 것을 보니 설 형의 편지와 상당 액수의 위문금과 두루마리에 정성스럽게 쓴 모금 취지문과 그 갹출자 명단이었다. 도대체 설창수 형, 당자 자체를 청년문학가협회 결성식에서 한번 만나 수(修)인사 한 정도인데 돈은 웬 돈이며 위문자 명단은 웬일인가.

  그 발기문에는, "해당화 피는 원산에서 공산당들에게 시를 쓴 죄로 결정서와 박해를 받고(시집 《응향》 필화사건) 월남 탈출하여 사고무친한 자유 남한에서 해당화 같은 피를 쏟으며 고독하게 쓰러진 시인 구상(具常)을 구출하자" 하는 황송한 내용이었고, 갹출자들은 진주의 민족진영 각계의 지도층과 문화인들이었다. 나는 이 상상치도 예기치도 못한 우정의 선물을 접하고서 처음으로 동지애라는 것을 맛보고 마음 깊이 울었다. 이것을 인연으로 하여 설창수 형과 나는 결의형제가 되었으며, 진주를 나의 제2의 고향으로 삼고 개천예술제에 매년 드나드는 것만 해도 어언 열두 번이나 된다.

마산의 요양생활은 얼마 동안 나에게 있어 정양과 회복을 갖다 주었다. 아내는 나의 자격지심이나 성벽에 신경을 써서 병원이 아니라 사택에 누이고 될 수 있는 대로 자유롭게 치료하도록 하였다. 그러나 나의 병상에서의 비뚤어진 생각은 '당신 덕에 산다'는 반감을 키워만 갔다.

　이러다가 그 어느 날 저녁식탁이었나 보다. 내가 반찬 투정을 하다가 어떤 음식은 영양이 있고 어떤 것은 없다고 짧은 지식을 털어놓았는데 아내가 가만히 있었으면 좋았을 것을 —아니 아무래도 발작은 터질 것이었지만— 이 말을 반박 비슷한 어조로 대꾸한 것이 폭발의 계기가 되었다.

　이유는 간단하다.

　"말대꾸하는 여편네와는 살 수 없으며 내가 나가 거꾸러지는 한이 있더라도 이 시간부터 안 본다"는 선언을 했다. 말뿐만 아니라 나는 그날 밤 밤차를 타고 서울로 달린 것이다. 그때나 지금이나 한번 성미가 나면 집안에선 이를 꺾을 엄두를 못 내었고 나 역시 꺾이지 않는 행투였다. 서울에 와서 의지할 곳이라야 영등포에서 미국 상사회사 창고수로 있는 외가 조카에게였다. 이로부터 8개월 동안 아내의 온갖 사죄복걸을 다 들으면서, 또 경성의전 병원에 입원마저 하면서도 화해를 하지 않고 온갖 자작지고초(自作之苦楚)를 겪었다. 이것이 나와 아내의 지금까지 단 한 번의 불목으로써 아내는 그 후 더욱이나 나를 안 건드리는 게 수라고 여기게 되었고 나는 한술 더 독선적인 태도로 가정에 임하게 되었다고나 할까.

　지금 돌이켜 보면 만담 같으나, 그때는 할 수 없이(?) 그러지 않고서는 나의 병든 젊음을 감당해 내지 못했었다. 그즈막에 아주 폐병이란 부제를 붙이고 쓴 시 중 〈꽃과 주사약〉 한 편을 보면.

"화자(花子)가 그러는데 지가 가꾸던 꽃이 시드는 것이 하도 안타까워 얼김에 손에 쥐었던 캄풀 한 대를 깨뜨려 부었더니 며칠은 도로 싱싱해지더래요."
 나의 팔에 칼슘을 놓던 아내는 웃으며 이야기를 하였다. 나도 그 당장은 하 신기하길래 따라 웃었다.

 그 이튿날부터 나는 주사를 놓으려는 아내에게
 ―시들던 꽃도 주사 바람에 싱싱해지더라는데
 하면서 팔을 쑥 내미는 것이었다.
 그러나 주사가 끝나면 아내 몰래 나는
 ―며칠만 더 가더라는데
 중얼거리며 쓰디쓴 웃음을 풍기는 것이다.

 화자는 아내가 일하는 병원의 간호사. 나는 화자가 꽃에 칼슘을 뿌려보지 않고 캄풀을 부었음에 대한 또한 남모르는 안타까움이 있다.


 만사가 이런 식이었다. 이렇듯 델리커시한 문학인의 감성과 심술을 쏟아놓으니 이걸 당하고 받자 하는 입장에 있는 아내는 기가 막힐 수밖에 없다. 언젠가 지나가는 말로 "당신같이 유별난 환자는 세상엔 또다시 없을 거예요" 하였는데 그야말로 남편이라고 미리 달갑게 여기기로 하고 다루니 망정이지 이걸 남이라고 친다면 내가 생각해도 이런 고약하고 제멋대로의 환자에겐 일찌감치 간호를 단념했을 것이다.
 그 후도 동란 이후 대구 피난처에서 각혈을 하고 두 번이나 병원 신세를 졌다. 그때마다 아내는 직업을 갖기도 하고 개업도 하였는데 마침내는 나의 정양처를 구하여 개업한다는 것이 현재 시골집 왜관이 되었다. 그래서 현재도 왜관 집에는 살림집과 병원에는 따로 병실이랄까, 서재랄까, 사랑이랄까, 아주 방 두칸의 독채를 지어놓고 관수재(觀水齋)라고 이름 붙이고 있다. 이것은 아내가 언제나 마음 놓이지 않는 나를 위해 지은 정양소로서 나는 이를 증축하여 예술가 정양소를 지어볼 꿈을 갖고 있다.

  이제 내 생활을 돌아보면 나답게는 일(?)도 많이 했지만 놀기도 많이 했고 병도 자주 났다. 어찌 보면 불운과 실패와 좌절의 연속이라고도 할 나의 열된 생명의 기복(起伏)을 아내의 한결같은 헌신적 부조가 아니었던들 어찌 지탱했을까 하는 아찔한 생각도 들며, '고마운지고 나의 반려여' 하는 기특한 생각도 한다. 이것이 아마 중년이 된 것이며 철이 든 건지도 모른다. 어쨌든 이제는 감옥이니 병원이니 하여 아내에게 가슴 아픈 변은 안 보여야지 하는 다짐을 갖고 있다. 이제 우리 부부를 비유해 쓴 나의 시를 한편 적어본다.

     나 여기 서 있노라.
     나를 바라고 틀림없이
     거기 서 있는
     너를 우러러
     나 또한 여기 서 있노라.

     이제사 달가운 꿈자리커녕
     입맞춤도 간지러움도 모르는
     이렇듯 넉넉한 사랑의 터전 속에다
     크낙한 순명(順命)의 뿌리를 박고서

나 너와 마주 서 있노라.

일월(日月)은 우리의 연륜(年輪)을 묵혀 가고
철따라 잎새마다 꿈을 익혔다
뿌리건만

오직 너와 나와의
열매를 맺고서
종신(終身)토록 이렇게
마주 서 있노라.
- 〈은행(銀杏)〉

## 에토스적 시와 삶

　기억을 더듬으면 나의 문학적 감수성은 어머니로부터 길러진 것 같습니다. 아산(牙山) 이씨 백두진사(白頭進士, 외할아버지가 과거에만 붙고 벼슬은 안 하셨음)의 고명딸인 어머니는 글과 붓이 능해서 내가 천자문, 동몽선습, 명심보감 등 한문의 기초과정을 익힌 것도 어머니에게서였으며 고시조와 이조의 평민소설을 비롯해 신소설, 또 한글 토가 달린 삼국지연의, 수호지, 옥루몽 등 중국소설을 일찍 접하게 된 것도 역시 어머니에게서입니다.
　웬만한 사람이면 어렸을 땐 신동 소리 안 들어본 이가 없겠지만 나도 어려서는 그리 아둔한 편은 아니어서 다섯 살 때 그러니까 만 네 살 때 천자문을 떼었다는 것인데 이것은 물론 해득을 한 것이 아니라 그저 줄줄 욀 수 있었다는 이야기입니다.
　그런데 나는 어머니가 마흔네 살에 난 만득(晩得)이요, 내가 지각이 날 무렵에는 단 두 형제 중 일곱 살 위인 맏이는 이미 종교적 출가를 하여 가톨릭 신학교엘 가 있었으므로 어머니의 저러한 문학적 호상(好尙) 취미의 상대가 그 시대 속에선 나밖에 없었던 것입니다.
　나의 할아버지는 조선말 울산부사를 지내셨고 아버지는 궁내부 주사(宮內部主事)로 있다가 한일합병이 된 후는 순사교습소(지금의 경찰학교) 한문교관으로 연금이 붙고서 교회를 따라서 낙향한 분이라 저런 문학 고전에 아주 외면은 안 했지만 경서와 한시 중심이었습니다.

그래서 어머니는 멋도 모르는 나에게 자신이 읽은 소설의 줄거리나 그 재미있는 대목을 곧잘 들려주고 또 시조도 이것 저것 따로 외게 하였습니다.

저러한 조기 교육에서였는지 나는 보통학교(지금의 초등학교)에 들어가서 조선어(즉 국어) 과목이나 글짓기, 이야기 시간은 요샛말로 거저먹기였습니다. 그렇지만 글짓기나 이야기 시간에 내가 좀 난처했던 것은 내가 지은 글이나 이야기를 듣고는 담임선생이나 동급생 애들이 깔깔대는 것이었습니다.

왜냐하면 나는 곧잘 '사람이 공기나 물만 마시고 산다면 얼마나 좋을까?', '온 세상 내 것 네 것 없이 골고루 잘살기 위해서 돈이란 것은 없애야 한다' 느니 또는 '잠자리는 날 때부터 안경을 썼구나', '염소의 뱃속에는 기계장치가 있어 그 똥이 검정 콩알처럼 동글동글하게 되어 나온다' 라는 등 어린이들이 다 함께 갖는 공상이나 의문이지만, 나는 그런 것을 너무나 수월하게 현실화하여 천진하게 써내기도 하고 이야기도 만들어 냈기 때문에 웃음의 대상이 되었던 것입니다.

저러한 나의 어린 생각이나 느낌이 다른 사람들과는 다르다는 사실이 차츰 나로 하여금 사물에 대한 인식이나 그 감동에는 독자적 진실이 따로 있다는 것을 하나의 신념으로까지 키우게 하였습니다. 그래서 저러한 사물에 대한 자기 진실에의 욕구가 오늘까지 자기 자질에 대한 실망을 되씹으면서도 시를 붙잡고 있는, 즉 시를 쓰는 이유라 하겠습니다.

여하간 그맘 때 나에게 있어 글짓기란 그리 어렵지가 않았고 또 나 혼자만의 공상의 나래를 펼 수 있는 즐거운 시간이었습니다. 그래서 내가 소학교 6학년 때 애독하고 있던 〈가톨릭 소년〉(북간도 용정 천주교 연길교구에서 발행)에다 누구의 부축도 없이 〈아침〉이란 동요 한 편을 보냈더니 이것이 덜컥 뽑혀 투고란 맨 앞에 실렸습니다. 내 글이 인쇄된 것은 이것이 처음으로 내가 자라던 마을 덕원에 있던 수도원 신부와 수사(修士)들과 신학생들에게서 일제히 칭송을 받아 소위 매스컴의 위력을 일찍 맛보았습니다.

그 후 중학 시절에는 방인근이 주재하던 〈학우구락부(學友俱樂部)〉라는 잡지가 있었는데 거기에다 〈하루살이〉란 시를 투고하였더니 그것이 안쪽 표지에 삽화까지 곁들여 실려 학우들의 화제를 모았습니다. 이때 작고한 홍영의(소설가), 조지훈 등이 같은 투고자들로서 그들은 그것을 기억해서 나에게 가끔 되뇌곤 하였습니다. 저렇듯 나는 일찍 문학에 감염되어 있었고 또 실작(實作)을 해오면서도 또 하나 남다른 것이 있었는데 그것은 어려서부터 너무나 종교적 분위기에서 자란 때문인지(나는 신학교 중학과정을 3년이나 다녔다) 문학은 항시 인생의 부차적인 것이요, 제일의적(第一義的)인 것은 종교, 즉 구도(求道)요, 그 생활이었습니다.

그래서 나는 일본에 가서 대학에 입학할 때도 명치대학 문예과와 일본대학 종교과, 양쪽을 합격했는데도 종교과를 택했습니다. 어쩌면 이것은 지금까지도 나를 지배해 오는 상념으로 이제는 문학, 특히 시야말로 사내 대장부가 전심치지(專心致志) 일생을 걸어 바쳐야 하고 또 바쳐서 후회 없는 가장 존귀한 소업인 줄 알게도 되었고, 또 나의 삶의 최고의 성실이 시 이외엔 없음을 깨달으면서도 내 가슴 한구석엔,

'너 아둔한 친구 요한(나의 세례명)아, 가령 네가 설날 아침의 황금 햇발 같은 눈부신 시를 써서 온 세상에 빛난다 해도 너의 안에 온전한 기쁨이 없다는 것을 아직도 모르느냐?'
와 같은 힐거(詰拒)를 지니고 있습니다. 이런 면에서 볼 때 나는

장인적(匠人的) 의미에선 시인이 아닐지 모릅니다. 이런 내가 대학 시절, 당시 주일 프랑스 대사를 지낸 폴 끌로델의 영향도 있고 해서 그런 종교적 취향의 일본어 시를 써 일본 가톨릭 신문에 몇 번 발표했을 뿐 이미 한글 지면은 거의 없어진 때라 우리말 시의 발표 활동은 생념(生念)을 못 내었습니다.

  그리고 귀국 후는 북한 함흥에 있는 〈북선매일신문〉 기자가 되었는데 신문사 동료들의 권유로 시를 때마다 발표하였는데 이때 시로는 시집 《구상(具常)》에 수록된 〈세레나데〉, 〈예언(豫言)〉, 〈수난(受難)의 장(章)〉 등만이 암기되어 잔존합니다. 여기다 〈수난의 장〉의 몇 구절을 옮겨 보면,

      우 몰려온다. 돌팔매가 날아 온다.
      머슴애들은 수수깡에 쇠똥을 꿰매달고
      어른들은 곡괭이를 휘저으며 마구 쫓아오는데
      돌아서서 눈물을 찔끔 흘리고
      선지피가 쏟아지는 이마를 감싸쥐고서
      어머니 얼굴도 떠오르지 않는데
      나는 이제 어디메로 달려야 하는가?

      (제2연 생략)

      피를 토하듯 후련해지는 가슴이여
      술 취한 듯 흥그러워지는 마음이여
      사람도 도깨비도 얼씬 못하는 상여 속에서
      나는 어느새 달디단 꿈 한 자리를 엮고 있었다.

(제4연 생략)

추억의 연못가엔 사랑의 연꽃도 한 송이 피었으리.
다홍신은 벗어 놓고 외로움에
장승처럼 못박혀 있는
또 나의 사랑

꽃수레처럼 화려한 상여를 타고
림보로 향하는 길 위엔
곡성마저 즐겁구나.
소복한 나의 여인아!
사흘만 참으라.

  일제하 나의 정신적 가사(假死) 상태를 상징적 비유로 시화한 것인데 나의 이즈막 시를 읽는 독자들에겐 의외로 낭만적이고 상징적이라고 여겨질 것입니다. 여하간 저 시에서도 보듯이 나는 자연 서정이나 서경이 고작이던 시대에 시의 출발부터가 형이상학적 인식이 아니면 나와 남과 인류, 즉 인간의 운명이나 그 불행이 상념의 초점이 되었던 것만은 사실입니다. 앞에서도 말했듯 나는 젊어서부터 존재론적 추구에 기울어져 있었고 너무나 인간적이었다고 하겠습니다. 이것은 지금도 역시 마찬가지로서 나 스스로를 합리화한다면 기독교적 인간의 명제인 하느님께 향한 인지와 이웃에 대한 사랑에 부합하려는 노력이라 하겠습니다.
  해방이 되었습니다. 널리 알려진 바로써 나는 원산문학가동맹의 주동 멤버였고 거기서 발간한 해방 1주년 기념 시집 《응향》에다 시를 발표했습니다. 그 필화를 입고 1947년 2월에 탈출, 월남

하였습니다. 이때 발표된 〈여명도〉, 〈길〉, 〈밤〉 등이 반동으로 몰려 퇴폐적·환상적·악마적 또 무엇무엇의 일곱 가지 낙인이 찍혔던 것입니다.

내가 넘어온 지 한 달 남짓, 아직 그 흥분과 여독이 가시지 않은 판에 그 《응향》 사건은 나를 뒤쫓아와 남로당계 문학가동맹 기관지 〈문학〉 제3호에 대서특필 전재되었고 이에 대하여 민족 진영에서 김동리 씨를 비롯해 조연현·곽종원·임긍재 씨 등이 반론 항의에 나섰으며, 이래서 나는 해방 전부터 펜팔 친구인 최태응 형이 편집하는 〈해동공론〉에다 〈북조선문학여담(北朝鮮文學餘談)〉이란 제하에 사건경위 등을 발표하게 되었고, 또 당시 우익 진영의 유일한 문학지인 〈백민(白民)〉에다 시 〈발길에 차인 돌멩이와 어리석은 사나이와〉를 발표함으로써 서울 문단에 입참을 하게 됩니다. 그래서 나는 입선이나 추천 등 문단의 정규 등용문을 거치지 않고 제풀에 나와 제 바람으로 살기 때문에 문단적 기미(幾微)에는 몹시 어둡습니다.

저렇듯 문인으로 출발한 지 얼마 안 되어 6·25가 터졌습니다. 나는 저 해방 전후에도 그랬지만 생태적으로 오늘까지도 시류의 당위만으로는 시를 못 쓰는 사람입니다. 이것은 내가 현실을 초자연적인 것의 투영으로 또는 영원 속의 오늘로 인식하고 있기 때문으로써, 동란 중에도 저 청마 시집 《보병(步兵)과 더불어》나 지훈 시집 《역사(歷史) 앞에서》 등처럼 인간역사 속의 오늘만으로는 노래할 수가 없었습니다. 그래서 이때 쓴 것들이 연작 형태로 나온 《초토(焦土)의 시(詩)》로서 그 전쟁 속에서도 섭리와 자유, 선과 악, 이념과 민족 등의 실존 의식과 감정을 구상적(具象的)으로 표출하려 들었습니다.

이때 나는 행동면에서는 국방부 기관지 〈승리일보〉를 주재했을 뿐 아니라 문인으로서는 전쟁 수행에 가장 앞장서 있었기 때문에 작품의 수효는 불과 15편, 많지 않았지만 그래도 그 작품들이 평가되어 1957년에는 서울시 문화상을 받았습니다.

그리고 휴전이 된 후에는 이승만 독재 반대투쟁에 또한 앞장을 서서 《민주고발(民主告發)》이란 사회평론집을 내었는데 이번엔 남한에서 이것이 필화를 입어 마침내 '레이더 사건'이란 얼토당토 않은 이적(利敵) 혐의를 뒤집어쓰고 투옥까지 당했습니다.

4·19가 되고 또 5·16이 일어나자 나는 행동적 현실참여에 허탈감을 맛보고 나 스스로의 능력의 한계도 느껴서 문학 본령에의 복귀를 위하여 강단으로 전신하고 말았습니다.

이때 오랫동안 나의 시 작업의 휴면 상태를 메우기 위하여 〈밭 일기(日記)〉 1백 편의 에스키스를 시작하였습니다. 나 같은 사람은 촉발생심(觸發生心)이나 응시소매격(應時小賣格)인 시를 써가지고선 도저히 사물의 실재를 파악하지 못할 뿐 아니라 존재의 무한한 다면성이나 복합성을 조명해 내지 못하기 때문에 한 제재를 가지고 응시를 거듭함으로써 관입실재해 보려는 의도에서였습니다. 또한 이러한 한 사물이나 존재에 대한 주의집중에서 오는 투철은 곧 모든 사물이나 존재에 대한 투시력을 획득할 수 있으리라는 관점에서였는데 어느 정도 이의 실천에서 자기 나름의 성과를 거두었다고 생각합니다. 이 장편 연작시 〈밭 일기〉는 투병으로 일본 체재 중 완성하여 1967년 1월부터 4월말까지 〈주간(週刊) 한국〉에 총 1백 편이 연재되었는데 1960년대 문학 소산으로 손꼽혔으며 우리나라 연작 장편시의 효시라 하겠습니다.

70년대에 들어서는 존재 내면에다 더욱 눈을 돌리고자 생성과 소멸이 눈에 잘 드러나지 않는 〈강(江)〉을 시작했는데 아직도 40여 편에 머물러 있어 끝을 못 내고 있으며, 또 시대상황이 물질주의와 현실주의로 치닫는 것에 대한 경보와 비판으로 '까마귀'란 우유(寓喩)로 연작을 펴고 있습니다.

한편 미국 하와이 대학에 초빙교수로 가 있는 동안 발상해서 집필을 시작했던 내 정신적 편력의 자서전적 연작 〈모과(木瓜) 옹두리에도 사연이〉는 10회로 중단했다가 지지난 해 다시 〈현대시학〉지에 연재를 계속중인데, 이 중 6·25동란의 자체험(自體驗)의 시편들이 뜻밖에도 올해(1980년) 대한민국 문학상 자유부문의 포상 대상이 되었습니다. 그리고 하나 더 첨가할 것은 인생 회귀의 연령과 더불어 더욱 외겁(畏怯) 속에 놓인 나의 신심(信心)을 가다듬기 위하여 복음의 묵상집 《나자렛 예수》를 내었고 올해는 근업(近業) 중심의 신심시선 〈말씀의 실상(實相)〉 55편을 엮어내었습니다.

그렇지만 나 스스로의 이러한 회심(回心)이 어떤 대오(大悟)에 나아갔거나 비의(秘義)에 접한 것은 물론 아니고 오직 저 소동파의,

      到得歸來無別事, 盧山烟雨浙江潮
      다다라 보아야 별 것이 아닐세
      노산은 여전히 안개로 덮이고
      절강은 여전히 파도가 치네

라는 견성구(見性句)대로 내가 바라듯 삶의 변경이 아님을 위안으로 삼고 있습니다.

본디가 약질인 데다 폐수술도 두 번이나 하였고 요즈음에는 천식이 때마다 발작을 하는지라 평균수명도 누릴지 의문이지만 앞으로 나의 염원이랄까 욕심이 있다면 내가 도달한 인식의 세계나

삶의 체험을 통틀어서 쉽게 비유해 말하면 구상의 〈파우스트〉를 한번 써 보는 게 소망인데 어찌 될는지? 나를 표현하는 데 별로 문학적 장르에 구애받지 않고 이미 희곡으로도 〈수치(羞恥)〉, 〈황진이(黃眞伊)〉 등을 써서 공연까지 하였으므로 이러한 나의 특성을 시와 함께 살려서 평생의 회심작을 꿈꿔 보는 것입니다.

 이상 이런 일 저런 일 미루어 볼 때, 나는 독자적 진실에의 욕구에 이끌리어 소싯적부터 내 나름대로 살아오고 써왔다고 할 수가 있으므로 우리나라 시인치고서는 파토스적이기보다 에토스적이라고나 하겠습니다. (1980년)

## 나의 시의 좌표

　누구나가 다 하는 얘기지만 오늘날 시가 대중들에게 읽히지 않는다고들 말합니다. 지난번 어느 신문의 불란서 특파원이 보도한 것을 보면 불란서에서도 현대시의 독자는 80%가 시인 자신들이라고 전합니다.
　이렇듯 현대시가 안 읽히는 원인을 대별하면 두 가지로써 그 하나는 시를 읽어도 무슨 이야기를 하는지 알아낼 수가 없기 때문이요, 또 하나는 시가 어느 정도 이해되어도 그 내용이 현실적 삶에서 치우치게 동떨어져 있기 때문입니다.
　그런데 먼저 현대시의 난해성은 근대시가 예술적 필연성으로 치르고 물려준 상징주의나 초현실주의의 유전적 체질이 지니는 하나의 특성으로서 현대시가 그 예술적 형상성(形象性)에 가치를 구하고 있는 이상 어쩔 수 없는 진실로써 난해를 면치 못하는 면이 없지 않습니다.
　그런 면에서 볼 때 현대시의 난해성은 시인 자체의 문제만을 제기할 뿐만 아니라 한편 독자들의 감수(感受) 능력이 문제로 등장합니다. 시가 예술이요 오락이 아닌 이상 이것을 음미 감상한다는 것은 일종의 예술창조 행위에의 참가로서 시인의 어떤 노작(勞作)을 진정으로 이해하고 맛보기 위해서는 작가에게 뒤지지 않는 지적인 인식이나 정서적인 감응력에 대한 노력과 훈련을 필요로 합니다. 즉, 시라는 것을 통속적 문학의 읽을거리처럼 읽으면 즉시 즐거울 수 있어야 한다는 안이한 생각에서는 벗어나야 합니다.

그런데 한편 현대시가 주제 즉 표현 목적이 인간 삶의 방향성이 없이 형상성(形象性) 그 자체만을 목적으로 하여 표현을 위한 표현을 일삼게 될 때 예술이 지니는 흥미와 유희적 속성에만 편중함으로써 결국 독자들의 공감을 불러일으키지 못하게 되는 것입니다.

즉 예술적 표상이 방법이 아니고 목적으로 되었을 때 그 표상 자체는 한 소재로서의 객관성을 잃게 됩니다. 여기에서 객관성이란 작품과 독자와의 심적인 상호연관성을 뜻합니다. 그러므로 그 시의 표상이 어디까지나 개적(個的)이요, 심적 상호연관성을 지니지 않을 때 그 시는 집합(集合)표상이나 사회표상이 되지 못합니다. 말할 것도 없이 개인의식은 개인표상의 연속체요, 사회의식은 집합표상의 연속체로서 개인의식을 사회의식까지 고양시키기 위하여는 개인의식에 대한 의식적 비평이 요구됩니다. 그래서 시 작품의 경우 표출대상에 대한 자기비평 없이는 독자와의 심적 상호작용, 즉 공감을 불러일으킬 수가 없습니다. 즉 표상에 대한 의식적 거리와 비평이 없이는 시를 사회적 존재로 만들기는 불가능합니다.

저러한 소식을 역설적이긴 하지만 한국 표현주의의 거장이라고 할 김춘수(金春洙) 씨의 〈왜 시를 쓰는가〉라는(〈현대시학〉 1978년 5월호 설문의 답) 글이 이를 더없이 정직하게 나타내 줍니다.

　　직장에서 시외전화를 하게 되면 교환양이 으레히 묻는다. 공용인가 사용인가고. 공용인 때는 부탁하는 쪽은 매우 떳떳한다. 그러나 사용인 때는 어딘가 좀 위축되는 느낌이다. 떳떳하지가 않은 기분이 된다. 시를 쓰는 경우도 이와 같다고나 할까?

　민족을 위하여, 민중을 위하여, 계급을 위하여 메시지를 가지고 있고, 그것을 시의 형식으로 표시하고자 하는 사람은 어딘가 떳떳해지는 느낌일는지 모른다. 그런 때는 공용으로 직장 전화를 사용하는 때의 느낌과 통하고 있다. 언어를 공용으로 쓰고 있다는 어떤 자부 또는 자존도 있다. 그러나, 직장 전화를 사용으로 쓰는 사람은 어딘가 미안한 느낌이 된다. 교환양이 물어보기도 전에 전화료는 이쪽 부담임은 물론이고 사용으로 썼기 때문에 혹 상부로부터 책망이 있을 경우의 책임은 이쪽이 다 진다는 맹세를 하게도 된다. 자연히 음성도 부탁조가 되기도 한다. 공용의 경우처럼 당당하지도 시위조가 되지도 못한다.

　그러나 사용의 경우가 더욱 그 당자에게는 절실한 것일 때가 있다. 상황을 같이 해 본 경험이 없는 제삼자가 볼 때는 아무런 흥미도 없는 내용이지만 말이다. 나는 시를 이렇게…… 즉 직장에서 전화를 사용으로 쓰고 있는 모양으로 쓰고 있다. 내 혼자만 간절해하고 있는지도 모른다. 상대방이라고 해야 겨우 한 사람뿐인데 그것도 어느 정도의 반응을 보일는지 알 수 없는 노릇이다. 말하자면 나는 누군가 한 사람쯤을 상대로 시외전화를 걸듯이 시를 쓰고 있다. 그것도 직장에서 그곳의 전화를 빌려서 말이다. 상당히 위축되는 기분으로서 말이다.

　시를 왜 쓰느냐? 하는 데 대한 떳떳한 대답을 하고 싶지만 그렇게 잘 되어지지가 않는다. 나는 시를 하나의 장난(game)이라고 생각하는 사람이다. (하략)

　이상 김춘수 씨의 표백으로서도 표현주의의 시의 표상이 어디까지나 개인적 표상에 머무르며 심적 상호연관성을 지닌 사회적 표상에 나아가고 있지 않음을 단적으로 제시해 주고 예술이 지니는 유희적인 일부 속성에 몰입해 있음을 밝혀 줍니다.

그러나 나는 저러한 표현주의의 시나 그러한 예술적 형상 작업을 무시하거나 부정하려는 것이 결코 아니요, 앞서 내세운 바 현대시가 대중들에게 읽히지 않고 공감을 안 준다는 문제의식을 놓고서 그 타당성 여부를 분별해 보고 있는 것입니다.

그리고 또 나는 김춘수 씨가 그의 시작 태도와 대치시킨 '민족을 위하여나 민중을 위하여'와 같이 소위 예술사적 역정을 거치지 않은 자연주의적 현실주의나 '계급을 위하여'와 같이 정치적 이념에다 시를 종속시키는 사회주의적 현실주의의 시나 시작 태도를 동조하거나 지지하고 있는 것도 아닙니다. 이것은 내가 이론으로서만이 아니라 동란 속에서 쓴 〈초토의 시〉나 새마을사업도 일어나기 근 10년 전에 쓴 〈밭 일기〉 등의 연작 시편들이 불러들이고 있는 '현실'이란 것과 또 오늘의 나의 작업이 저러한 두 가지 현실과 판이하다는 것과 그래서 한국의 소위 참여시에서도 제외되고 있다는 사실로서도 수긍이 갈 것입니다.

즉 내가 주장하는 바 시적 현실의 현실과의 연결은 단순 소박한 시와 현실과의 평면적 연결을 의미하는 것이 아니라 작가와 표상과의 거리를 유지하고 지적(비평) 작용을 통하여 시적 현실에다 인간성, 사회성, 역사성, 영원성을 부여하고 우리의 삶의 실재나 실체와 유리되지 않는 것을 뜻합니다.

그래서 표현주의가 갖는 예술적 표상을 부인하거나 또는 소박한 사회성이나 정치적 경사(傾斜)를 찬동하는 것이 아니라 오직 표현주의의 그 내부영상의 심층적 표현이나 시각적 회화성이나 다각적 입체감을 어디까지나 개인 표상에 머무르게 한다든가 탐미적인 유희성에 끝나게 하지 말고 인간과 사회와 역사와 영원성을 회복하여 그 비평을 시의 중핵(中核)으로 삼고자 하는 것입니다.

흔히 시와 현실이라면 그 현실이라는 것을 정치적 현실로 받아들여 계급성이나, 경제기구나 정치형태에다 도식적으로 연결시키고 이것을 소위 '참여시'라고 부르고 불리는 경향이 있는데 이것은 우리 시와 우리 문학의 통념이 지니는 오류로써 시적 현실이란 가시적, 감각적, 외재적인 것뿐 아니라 불가시적, 사고적, 내재적인 것을 통틀어 현존과 실재의 내면과 외부를 막론한 것이요, 또한 시적 현실이란 저러한 객관적 현실성 그 자체가 아니라 이것을 주관적으로 재구성한 표현적 현실을 말함입니다. 그래서 삐엘 르베르디는

"시는 정신과 현실의 비등(沸騰)하는 교섭 끝에 침전하여 생겨진 결정(結晶)이다."

라고 말합니다. 여기서 '정신과 현실의 비등하는 교섭'이란 정신과 현실과의 전적인 융합이나 일치가 아니라 오히려 주체적 정신의 저항과 갈등과 분석과 해체에 의해서 재구성된 즉 지적 조작으로 비평이 행해진 현실인 것입니다.

다시 말하면 외재적인 현실성과 내재적인 현실성을 분리하지 않고 통합을 이룩하는 것입니다. 그러나 여기서 통합이란 구조상의 논리일 뿐이지 표상의 궁극적 목적에 있어서는 완전한 융합을 뜻합니다.

이것을 좀더 이로(理路)적으로 캐들어가 보면 내재적 현존성이 외재적 현실과 맺어져 표현을 요구할 때 그것은 이미 영원성이나 역사나 사회나 인간 존재가 투영하는 바 의미와 연결되고 있습니다. 이러한 연결을 거치기 이전 즉 내재적 현존성이 오직 그것만으로 존재할 때 그것은 표현을 요구하지 않습니다. 그러므로 내

재적 현존성이 외재적 현실과 결합하고 표현되었다는 것은 역사적, 사회적, 영성적(靈性的) 인간표상을 그 어느 견지에서나 또는 어느 각도에서나 결정한 것으로써 그 형상화의 단계에서 주지적인 사고의 밑받침을 받고 있습니다. 이러한 비평은 필연적으로 구상적(具象的)이요 그 표상은 복합적입니다.

왜냐하면 시적 현실의 비평이란 인간에 대한 뜨거운 애정과 신뢰 즉 휴머니티에 입각해 있어야 하므로 그 비평은 자연히 추상적이기보다 구상적인 것에 기울어지고 그 대상이 비록 내재적인 것이나 무형적인 것이라 하여도 그것이 명확한 구상적 대상으로 방법화되기까지 즉 명석하게 질서지워질 때까지는 그 비평을 멈추지 않기 때문입니다.

이상의 나의 주장들은 대체로 구미(歐美)의 네오 리얼리즘이나 일본의 신현실주의파 시인들의 시론이나 실작(實作)과 영원성에의 연결이라는 과제를 제외한다면 궤도를 함께한다고 보아도 무방합니다.

그런데 내가 근업(近業)의 시작 몇 편을 내놓으면서 쑥스럽기까지한 자기 시의 변호 같은 것을 꺼내놓는가 하면, 우리 시단이 지니는 문제 의식들을 현상적(現象的)인 면에서가 아니라 본질적인 면에서나 나름대로 정리해 보려는 의도와 한편 나의 시나 근업에 대한 평자들이나 독자들의 의문에 응답해 보기 위해서입니다.

여기서 나의 시에 대한 의문의 극단적인 예를 하나 들어 보면 〈현대시학〉(1978년 6, 7, 8월호)에 장장 2백 매의 〈구상론(具常論)〉을 고맙게도 연재해 준 김윤식(金允植) 교수의 그 결론 부분인데,

> 그를 논의하는 좌표축은 실상은 종래 한국시를 논의하는 버릇에서 벗어난 곳에 놓여 있다. 그것은 시인과 일상인과 신앙인

을 분리하지 않고 한꺼번에 온몸으로 밀고 나가는 전인적(全人
的) 실존으로서의 시인을 바라보는 좌표축을 필요로 한다. (중략)
이러한 좌표축을 그 자신이 방법으로 제시해 놓지도 않았기에
시를 논의하는 한국적 관습들이 그의 시를 비시적(非詩的)인
것으로 인식하는 것은 극히 당연한 일이다.

  이에 대해 구상은 조금도 당황하거나 초조해하지도 않고 자
기 식으로 시작하고 있을 뿐이다. 그가 극소수의 사람만이 듣는
먼 어떤 목소리(역사 너머에서 속삭이는 목소리)에 발을 맞추고
있기 때문인지도 모른다. 그 목소리를 우리가 다만 아직도 못
듣고 있는지도 모른다. 혹은 그 목소리를 듣기 위해서는 특별한
청각이 요청되는지도 모를 일이다. (중략)

  그는 아마도 신현실주의가 주장하는 바 초현실주의가 치른
말초 신경적 내부 이미지까지 채 도달해 보지도 못했고 동시에
사회주의적 현실주의에까지 도달되지도 않은 자리에서 두 가지
를 미리 통합해 버린 형국으로 우리에겐 보이는 것이다. 아마도
그는 일부러 그런 태도를 취하는 것처럼 보인다. 철저히 기교를
거부함으로써 사람들로 하여금 '비시적이다' 라는 외침이 도처
에서 들려오기를 고대하고 있는 것처럼 우리에겐 보인다. 마치
그것은 온갖 기교를 사용하여 비시적(非詩的)이고자 했던 이상
의 경우만큼 장관이라면 장관이라고 할 것이다. (하략)

  이렇듯 애정에 어려 있으나 부정적이라면 아주 부정적인 나의
시에 대한 비평 중에서 그가 요구하는 바 나의 시의 좌표는 이미
제시한 바이고 먼저 시를 논의하는 한국적 관습(이것은 한국에 국
한시킬 것이 아니라 시에 대한 전통적 개념이나 현대시에 대한 통념)이
라는 점을 해명해 보면 그가 말한 대로 나의 시는 전통적 시들이

가지는 운문적(verse) 운율도 갖추지 않았고 또 '현대시 곧 메타포'라는 뜻에서의 비유나 이미지를 갖추지 않고 있습니다. 이것에 대해 '나의 시작태도(詩作態度)'에서도 언급한 바가 있습니다.

저러한 취의(趣意)에서 또한 앞서 제시한 현대시의 문제의식을 놓고 내가 최근 읽은 시 한 편을 그 우열은 별개로 하고 음미해 보기로 합니다.

풍금(風琴)

김요섭(金燿燮)

반짝이는
오랑캐 꽃에서 서울까지
반짝이는
흰 옷고름에서 서울까지

한 길이면서 두 주의(主義)로 뻗은
칼끝처럼 반짝이는
무쇠가 닳아진 웃음 위로
불의 바퀴는 굴렀다.

터널을 빠지자
늙은 사상가의 지줄거림
목쉰 기적은 눈물을 털고

내가

가방을 들고 내린 아침
파도로 지은 역사(驛舍)는
바다에 떠 있는 풍금.

이 시를 논하기 전 우리는 먼저 〈정치적 백치〉라고 소제목이 붙은 자작시 해설을 보면,

금년 정초였다. 저녁시간에 한창 웃음판 코미디가 텔레비전 프로그램으로 벌어졌다. 잘 알려진 코미디언이 주인공이 되어 열연을 벌이고 있는 코미디의 내용은 남쪽으로 왔던 아들이 이북의 어머니를 찾아가 만나는 장면이었다.
　두 사람의 만남은 우스꽝스러운 표정, 대사, 동작으로 한바탕 웃음을 터뜨려 놓았다. 그러나 코미디가 중간 쯤에 들어서자 코미디언은 어머니, 어머니 몇 번을 부르더니 그만 그 동안의 우스꽝스러운 열연은 포기하고 각본에 없는 눈물을 흘리고 마는 것이 아닌가!
　코미디는 중단되고 관중 속에서 터지던 웃음 소리도 멎었다. 코미디언이 우는 동안 숙연한 몇십 초가 지나고 코미디는 흐지부지 끝나 버렸다. 물론 저녁식사를 하면서 텔레비전을 들여다 보고 있던 나 역시 누선의 자극을 받지 않을 수 없었다.
　내 육체 안에 남북 분단시대의 눈물 방울이 살아 있는 것을 새삼 확인했다. 수준 낮은 코미디를 우리들은 흔히 바보놀이라고 말한다. 그런데 내 자신이 어떤 의미에서 정치적 백치 상태에 있는 것은 아닐까?

작자의 산문이 또 하나의 비유나 심상의 서술이 아니라면 저

〈풍금〉이란 시는 말하자면 저러한 사건을 소재로 해서 남북 분단 현실의 종식에 대한 순수한 염원(눈물)을 주제로 한 것이 틀림없는데 그 해설 중 군데군데 삽입된 낱말들을 보고는 그러한 분위기를 느낄 수는 있으나 가령 저 〈풍금〉이란 제목과 저 시민을 접하고 작가의 주제가 독자에게 궁극적으로 이해될 수 있고 전달될 수 있을는지 나는 의문을 갖는 사람입니다.

그야 '작자의 주제나 표상이야 어떻든 독자 마음대로 받아들이면 되고 또 그런 것이 시다' 라고 말한다면 더 할 말이 없고 또 그것은 나의 '시적 심미안(審美眼)의 부실에서 오는 것' 인지 모르나 나는 이러한 비유나 심상의 과잉과 탐닉을 몹시 경계합니다.

도대체 나는 '이미지가 없는 것은 시가 아니다' 라든가 '시는 메타포다' 라는 통념부터를 배격하는 사람입니다. 가령 현대시의 맏형쯤으로 여기는 T. S. 엘리어트의 유명한 장시 〈네 개의 사중주(四重奏)〉 첫머리를 펼치면,

> 현재라는 시간은 과거라는 시간과 함께 미래의 시간에 존재하고
> 미래의 시간도 과거의 시간에 포함된다.
> 모든 시간이 끊임없이 현존(現存)한다면
> 모든 시간은 되돌릴 수 없을 것이다.
> 있을 수 있었던 일은 하나의 추상으로서
> 오직 사색(思索)의 세계에서만
> 영원한 가능성으로 남는 것이다.
> 있을 수 있었던 일과 있은 일은
> 똑같이 한 끝을 가리키며 그 끝은 언제나 현존(現存)한다.

라고 되어 있는데 저 속에 이미지가 하나도 없고 스테이트먼트만 있다고 하여 시가 아니라고 말할 것인가. 시는 이미지로 감각에 호소하기도 하지만 이처럼 얼마든지 추상적인 것을 논리적으로 직접 호소할 수도 얼마든지 있는 것입니다.

오히려 이미지는 대체적으로 모든 시인들이 만들 수 있지만 그런 이미지 없이 뜻깊은 스테이트먼트를 발하는 시란 좀체 쓰기가 힘들다 하겠습니다. 오늘의 이미지 과잉시대에 있어서는 더욱 그렇습니다.

그러나 내가 앞에서도 여러 번 다짐했듯이 시에 있어서 이미지나 비유를 전적으로 배격하는 것은 아닙니다. 이미지와 스테이트먼트란 그 어느 하나가 절대적인 것이 아니고 어디까지나 상대적인 것으로, 시를 쓴다는 행위는 이것을 합한 즉 감각적인 것과 지성면과 나아가서는 오성적(悟性的) 면마저 함께 발동시켜야 합니다. 그래서 나는 전신적, 전인적 시작 태도를 주장하며 그럼으로써만이 존재의 다양한 외적 다면성(多面性)이나 심층적인 내면적 복합성을 인식하고 조명해 낼 수 있다고 생각합니다.

물론 이러한 시에 대한 지향이나 좌표가 나의 작품에서 성취되고 있고 또 예술적으로 성공하고 있느냐 하는 것은 별도의 문제라 하겠습니다. 오직 나는 저 브레히트가 말한 대로

"우리는 훌륭한 옛 것이 아니라 좋지 못한 것이라도 새 것에 매달아야 한다."

는 의미에서 우리의 현대시가 지니고 있는 문제의식을 나의 시에서 해결을 해 본다는 지향에서 현재 나의 시를 쓰고 있을 따름입니다.

이제 마감으로 한 가지 첨가해야 할 사실은 김윤식 교수가 나의 시에 대하여 지적한 또 한 가지 점 즉,

한국적 관습에 익숙한 평자(독자)들이 그의 시를 거의 비시적
(非詩的)인 것으로 인식하는 것은 극히 당연한 일로 된다. 이에
대해(중략) 그가 극소수의 사람만이 듣는 어떤 목소리(역사 너머
에서 속삭이는 소리)에 발을 맞추고 있는지 모른다.(중략) 그의
목소리를 듣기 위해서는 특별한 청각이 요청되고 있는지 모른
다.

라고 하였는데 그의 말대로 한국적 관습이나 현대시의 유형에 익
숙한 평자들이나 시인들이 나의 시를 비시적으로 인식하는지도
모르고 또 그럴 법하다고 생각되나 그가 괄호를 한 일반 독자들
은 나의 시를 비시적으로 여기지는 결코 않고 또 나의 시를 수용
하는 독자들은 오히려 저러한 유형적인 현대시보다는 월등 대다
수라는 사실입니다.
  이것은 내가 자홀(自惚)에서거나 과대 망상에서가 아니라 나의
올해 작업만 보아도 시 전문지나 문예지에 실린 작품은 8편에 불
과한데 신문, 일반잡지, 각 단체의 기관지, 직장의 친목지나 상업
선전지, 종교지, 학교교지 등에 실린 작품은 20편도 더 넘는다는
사실로도 반증될 것입니다. 더욱이나 이것들은 거의가 행사시,
축시, 기념시, 생활시 등으로 거의 다 주제가 정해져 있어 강렬한
메시지를 요구하는 것들로서 나의 시는 이런 의미에서 광범한 민
중과 그 생활전선에 연결을 갖고 있다고 자부할 수 있습니다.
  얘기가 객적은 데까지 흘렀지만 나는 현대시의 유형과 그 통념
에서 벗어남으로 말미암아 현대시의 문제점인 시에서 유리된 현
대인의 마음을 붙잡는다든가 그 전달방법에 제 나름의 성과를 거
두고 있다고 생각합니다.
  이러한 나의 시에 대한 지향이나 좌표는 나의 시를 어떤 목적

이나 방법에 종속시켜서가 아니라 시가 본래적으로 지니고 있고 또 오늘의 이 시대가 요구하는 바 강렬한 휴머니티의 연소 이외에 다른 것이 아니며 새로운 시대 정신을 적극적으로 탐구하고 영원 속의 현존을 추구 파악하려는 자세 이외에 별것이 아닙니다.

# '펜 클럽' 동경대회 통신

제1신. 개회식

시방 개회식이라는 걸 마치고 숙소인 시바(芝) 공원 호텔로 돌아와 이 글을 씁니다.

제일 강렬한 인상부터 적자면 마감으로 등단하였던 미국 당대의 인기 작가 존 스타인벡 씨였습니다.

각 대표들의 유식(?)을 경연하는 듯한 장광설에 지칠 대로 지친 장내 공기인데 심술궂게마저 생긴 이 친구 한다는 수작, "미국을 떠날 때 친구에게 대회에 가서 어떻게 하면 좋으냐고 물었더니 '듣고만 있으면 된다' 그래 왔소. 그러나 막상 가만히 앉아 있지만도 못하게 하는군. 그러나 나는 앞으로도 듣기만 하겠습니다. 마음의 귀로 듣는다는 것은 이해한다는 것이니까요."

이상이 그의 연설 전부, 3분도 못 걸리고 뚜벅뚜벅 제자리로 돌아가니 장내는 우레 같은 박수였습니다.

병든 학처럼 꼬치꼬치 마른 일본 대회장 가와바다(川端康成)씨가 개식사를 하였는데 단아하고 교묘하기는 한데 자기의 자랑과 외교 사령으로 가득 차 우화등선(羽化登仙)은 아직 멀어 보였습니다. 그는 방금 일본을 휩싸고 있는 태풍을 비유로 하여 "세계의 가장 어진 벗들을 가장 나쁜 계절에 맞이하여 자기는 병이 나도록 걱정이 되나 한편 이것은 오히려 일본의 풍토와 현실을 이해하는 데 도움이 될 것이다"라고 전제하고 나서는, "연례적으로 있는 이러한 자연 풍토의 격정 속에서 일본의 고유정서는 우아하고도 강인하게 이루어졌으며 태풍처럼 밀려오는 서구 기계문명의 혼란과 패전이라는 최악의 환경도 태풍 일과후처럼 머지않아 우리의 명지(明智)는 극복하고야 말 것이다"라고 맺는 것이었습니다.

한 가지 우리 대표단이 경청 음미할 것은 일본 고유문화 형성에 인도, 중국과 더불어 한국의 영향이 심대하였다라고 강조하면서 아시아 참가국을 들먹이는데 "한국의 19명을 비롯한" 하고 우리 대표단을 앞세우는 것이었습니다.

그러나 금방 뒤집어 말하기를 '펜 클럽'에도 정치라는 태풍이 불어오려고 하는데 우리는 이를 막지 않으면 안 된다고 은근히 덧붙였는데 이것은 어제 집행부에서 헝가리 망명 센터와 국부(國府) 센터 문제로 우리와 일전을 가한 후라 우리에게 향한 방망이질로 들렸습니다.

이곳에서마저도 소련의 비위를 안 건드리려는 일본과 반공일념의 한국은 벌써부터 사사건건 부딪치고 있습니다.

그들은 정치성을 배제하라는 간판이고 우리는 정치악(政治惡)이 '펜'의 자유를 유린(蹂躪)하고 있으니 어찌 방관할 수 있느냐, 이것이 역시 휴머니티의 문제라고 고함을 치고 대결했습니다.

어쨌든 여기는 문학자들의 모임이라 정치 또는 정치가에게 흥미나 매력을 안 갖는 것은 사실입니다.

글쎄 일본 외상 후지야마(藤山愛一郞) 씨의 축사가 있었으나 누구 하나 귀기울이는 표정은 아니었으며 일본 작가석마저도 "대강 해두었으면" 하는 야유가 튀어나왔습니다.

이때 단상에서 저 영국의 유명한 시인 스티븐 스펜더 씨는 머리를 긁었다, 깍지를 꼈다, 허리를 구부렸다, 그의 거구를 권태에 주체를 못하고 있었고 우리 대표 정인섭(鄭寅燮) 씨는 빈상(貧相)이나 눈만은 또롱또롱 태극기 아래 단좌하고 있었습니다.

사람이란 경치(?)도 좋고 볼 일입니다.

스펜더란 친구 하도 늘씬하고 쪽 빠져 잘나고 보니 다른 대표들은 무색할 지경으로 일본인들의 인기를 떠들썩하게 독점하고 있어 영국 동반자들에게마저 미움을 사고 있다는 이야기입니다.

이야기가 너무 장황한 것 같아 오늘은 여기서 줄이기로 하며 마감으로 국제 펜 클럽 회장 앙드레 샹송 씨 열변의 감명 깊었던 마지막 구절을 번록(飜錄)하여 우리 지성인들에게 이 대회의 방향과 분위기를 보냅니다.

"나는 얼마 전 대전 중 사지(死地)의 임무를 맡은 20세 일본 청년이 그의 가족에게 보낸 서간문을 읽은 일이 있는데 거기에는 오직 한 마디로 '나는 명일이라는 글자를 적는다. 그리고 이것을 바라본다' 이렇게 적혀 있었다. 전 세계에서 모여온 작가들인 우리는 20대 청년들에게 고민과 절망에서 몸을 떨지 않으면서 명일이라는 두 자를 쓰도록 해 주지 않으려나. 청년들이 옆을 지나가는 죽음의 그림자에 떨지 않고서 명일이라는 두 자를 생명의 빛에 싸여서 쓰도록 하지 않겠는가."

제2신. 우리 대표 연설

우리 정인섭 대표의 연설은 대회 3일째 일본의 세리자와 씨 사회 아래 행해졌습니다.

정 대표는 그의 유창(流暢)한 영어와 독톡한 억양으로 근대의 서양문명이 그 과학적 방법론을 동양에 전달함으로써 한국에도 근대적 문학형식이 개화케 되었음을 밝히고 나서는 우리 신문학 창조에 가해진 일본제국정부의 행패를 통렬히 비난하기 시작했습니다.

그는 일제의 문화적 침략을 국어 말살에까지 언급한 후 결론 짓기를 "우리 신문학사의 각양각색의 문예 운동은 항상 동일한 목적이었는데 이것은 즉 일제에서 벗어나려는 저항정신이었다"고 부언하고 이제 또다시 공산주의 침략에 대결하고 있으니 한국의 현대문학은 "반제(反帝) 반공(反共)의 저항문학이라고 말하기를 주저치 않는다"고 선언했던 것입니다.

동서의 각 연설자들이 상대방을 발견하고, 이해하고, 찬미하는 마당이요, 더욱이나 주최국이 일본이라 홍콩(香港) 대표까지도 중국의 현대문학은 일본에서 받아들인 바 크다고 비위를 맞추는 판인데, 솔직히 고백하면 우리 일행이 앉아 듣기에도 문학자로서는 면구스러우리만큼 폭탄연설이었습니다.

물론 우리는 이 대표 연설의 초(草)를 가지고 국내에서부터 여러 가지 논란을 거듭하면서 충분히 검토한 후였으며 이에 문학자로서의 취향(?)을 희생키로 각오한 바 있었던 것입니다.

그 연유를 밝히자면 한 마디로 이번 '펜 클럽' 동경대회의 일본측의 주목적이란 일본이 아시아 정신문화의 집대성이요, 또 왕좌임을 과시하기 위함이라는 것을 우리는 너무나 간파(看破)하고 있기 때문에 적어도 우리 한국의 고유문화는 일본이나 중국 것이 아니요, 그 발전이 여하히 저해되었느냐를 과거 일본의 죄상이라도 들어서 우리를 밝히며 일본의 시도하는 바 불순성을 매질하지 않을 수 없었습니다.

그날 오찬 탁상을 우연히도 나와 일본 펜 센터의 사무국장 마쯔오까(松岡洋子) 여사와 마주앉게 되었는데 어지간히 뼛속까지 아팠는지 "한국 대표는 그렇게까지 강하게(쯔요꾸) 말하지 않으면 안 될까요?"라고 토로하였습니다.

나는 한글 사건의 전모를 설명하고 정 대표도 언어학자로서 입옥(入獄)하여 그의 개성은 역시 이러한 역사적 환경에 굳어질 수밖에 없었다고 점잖게 피해 버렸습니다.

정 대표에게서 전문(傳聞)해 들으면, 연설 직후 펜 클럽 본부 회장 샹송 씨가 찾아와 불란서도 독일 때문에 같은 환경에 놓여 있어 동병상련(同病相憐)의 이해를 보낸다고 말하였다고 하지만 그 후 가톨릭 문학자만의 회합 석상에서 월남(越南) 대표도 이번 대회를 통하여 가장 현실적 신념이 강한 나라는 한국이었다고 술회하였습니다.

하여간 우리 정 대표의 연설은 일본 신문의 형용대로 격한 어조였으며 어느 의미로 보나 물의를 자아냈고 찬,반 양론이 분분했었습니다.

말하자면 전쟁하는 나라의 문학자로서 그 의기를 떨친 것이며, 우리는 중국과도 일본과도 문화형성의 과정이나 현실이 다르다는 것만이라도 이번 기회에 밝힌 것은 높이 평가되어야 하며 세계 문화창조 대열에 기여할 수 있는 심오하고도 고상한 연설은 앞으로도 얼마든지 기회가 있으니 그때로 미루기로 하자는 것이 대표단 말석의 소회입니다.

끝으로 한 가지 첨언(添言)할 것은 당일 사회자가 일본측이었음이 우리에게는 행이요, 그들에게는 불행이었던 점으로 만일 타국이 사회를 맡았더라면 주최측인 일본의 체면을 보아서도 정 대표 발언에 경고 또는 권유(勸誘)가 있었으리라는 중론이었습니다.

## 제3신. 마르크와 스펜더

이번 대회에서 동서 양진의 대결로서 화제를 꽃피게 한 것은 파키스탄의 주일대사 마르크 씨와 영국 시인 스펜더 씨의 반박 연설이었습니다.

대회 3일째, 우리 정 대표의 뒤를 이은 O. H. 마르크 씨는 실로 정중하고도 능숙한 웅변가였습니다.

그는 화제를 심각하게 돌려 동서 문학의 상호영향이란 이제까지 서양의 정치적 지배로 말미암아 서양 일방의 불균형 속에 놓여 있었음을 지적하면서, 이러한 동양의 후진성이 서양인들에게 새로운 세계로 보여 호기심을 자아내기도 하고 흥미를 상실케 하는 연유가 되기도 한다고 말하고, 현대문학에 있어서의 동서 문학의 교환이란 내용이나 형식의 차이를 상호 보충하는 데 있는 것이 아니라 '인류는 하나'라는 확신 밑에 관용의 정신으로써 '새로운 신앙'을 창조함에 있다고 설교를 했던 것입니다.

그는 다갈색(茶褐色)의 육중한 몸집을 의자에 기댄 채 한 손을 가슴에 대면서 "서양인들이 이제 동양인에게 줄 수 있는 것이 무엇이냐"고 반문하고 자기는 일본에 2년 반이나 체류하면서 느낀 것은 일본 사람도 미국인이나 마찬가지로 똑같은 감정과 희망, 사고(思考), 유약(柔弱), 오뇌(懊惱), 곤핍(困乏) 등 인간혼의 진동을 가지고 있더라고 주장하였습니다.

이러한 그의 인간심혼(人間心魂)의 공통성을 강조하는 구도자적(求道者的) 연설은 장내의 심금을 온화롭게 하여 박수 갈채를 받았던 것입니다.

그러나 그 익일(翌日), 옵서버 석에 항상 아무렇게나 버티고 앉아 들락날락하던 스펜더 씨, 번역문제로 자유토론이 행해지고 있는 중간을 가로막으며 발언을 얻어가지고는 마르크 씨 연설에 정면 공격을 퍼붓기 시작했던 것입니다.

"의장! 나는 이 이야기를 마르크 대표 개인에게 하고 싶었던 것입니다. 왜냐하면 어제 그가 한 연설은 이제까지의 화제 중에 가장 흥미있는 것이기 때문입니다."

이렇게 첫 화살을 당긴 스펜더 씨는 "걸핏하면 이 자리에서들 사해동포(四海同胞)니, 인류는 하나니, 세계는 일치니 하고 떠들어대지만 나는 작가의 한 사람으로서 인간 동류(同類)의 우애라는 것에 얼굴이 붉어지는 형편이다. 그런 것은 말하자면 수프(국물)에 지나지 않는다.

그러나 우리는 국물에 살지는 않는다. 내가 보는 바 세계의 일치라는 생각은 예술에 관한 한 여러 가지 정치이념과 덜 된 예술과의 혼합된 국물에 지나지 않는다.

작가들인 우리 의무는 명확한 선이 필요한 것으로 모든 것을 아무렇게나 일반화해서는 못쓴다. 우리 작가는 각자가 특수한 지리적 역사적인 것을 가지고 상호연관을 지을 수 있을까 없을까를 생각해야 한다.

우리는 우리 감성(感性)을 가지고 공통한 인간성을 가지고 있다는 것보다 우리들이 서로 다른 것을 가지고 있음을 의식해야 할 것이며 이를 감사하여야 할 것이다.

내가 여기 앉아 계신 한국의 벗들이나 그밖에 다른 나라 사람들과 비슷하다는 것이 무슨 의미를 가졌으리라는 생각은 가치가 없는 것이다"라고 말함으로써 문학이란 개성적인 것임을 묘파(描破)함에 있으며 '인류란 하나' 라는 추상적(抽象的)인 관념론은 무가치한 것이라고 통박(痛駁)하였습니다.

또한 그는 마르크 씨의 신앙창조론(信仰創造論)에 둘째 화살을 보내기를 "종교는 오히려 문학 정신을 질식케 하는 것이다. 그래서 인간이 신으로부터 해방된 때에야만 비로소 문학에 휴머니즘의 꽃을 피울 수 있다. 실례로 그리스 문화나 르네상스를 보라."

이 스펜더 시인의 불령(不逞)하리 만큼 쏟아놓는 작가로서의 토로가 또 역시 개성이 강렬한 작가들의 '인류, 인류'로 숨죽었던 가슴 한 구석을 박수로 폭발시켰습니다.

그러나 이러한 '보편성'과 '개성'에 대한 철학적 분석이 행해지지 못하고 양론이 모두 다 그야말로 심정 토로(吐露)를 벗어나지 못했음이 유감이었습니다.

여하간 문학과 종교, 개성과 보편의 문제가 새롭고 강렬하게 인상지어진 것만이 이번 회의의 큰 수확의 하나라 하겠습니다.

### 제4신. 결의된 번역 문제

이번 대회의 성과로서 번역 문제에 대한 5개 항목의 결의를 보았습니다.

1. 동방 및 후진 지역의 번역사업 촉진.
2. 번역자의 육성.
3. 번역물의 선택.
4. 번역자의 대우 개선.
5. 출판사의 알선(斡旋) 및 상금제도 등으로서, 각국 대표의 백출한 의견을 이상으로 종합결산하여 역시 그 추진을 각국 '펜 센터'의 재량에 일임하기로 하였던 것입니다.

그러나 현금의 상황으로 보아 서양문학의 동양 수입보다 동양문학의 서양 수출이 논의의 대상이 되었으며 그 기술적 난점(難點)이 여러 각도로 검토되었는데 각국 의견 제출자들은 스스로

딜레마에 빠지기도 하였습니다.

예를 들면 폴란드의 안토니 스로니므스키 대표는 시의 번역에 있어 절망론을 제시하면서, "만일 일본의 어떤 시를 영국의 '펜센터'에 보내서 영역(英譯)한 후 그 시를 폴란드나 포르투갈이나 이집트로 보내와서 또다시 각국어로 번역되고 나면 그 시는 일본 원시(原詩)와는 얼토당토 않은 아주 다른 시가 될 것이다"라고 말하여 장내의 폭소를 자아냈습니다.

또한 일본 작가 이시가와(石川達三) 씨 같은 사람도 "번역이니, 문학의 서양 수출이니 하고 떠들어대지만 역시 서양에서 동양작품이 몇몇 전문문학인(專門文學人)을 빼놓고는 몇 사람의 독자를 얻을 것이냐"고 사견을 토로했던 것입니다.

사실 이 번역 문제가 논의되는 동안 나 역시 여러 가지 회의에 빠졌던 사람의 하나입니다.

도시(都是) 우리 형편으로서 볼 때는 서방 문학자들이 우리말을 습득하여 우리 시나 창작을 번역해 줄 리는 만무이고, 그렇다면 우리 스스로가 영불독소중(英佛獨蘇中) 등 5개 국어를 문장화하리만큼 능숙해져야 하겠는데 이러한 언어적 부담을 시인이나 작가가 지니다가는 평생 시 한편 소설 한 줄 못 쓸 게 아니냐는 생각이었습니다.

그러니까 영국의 스펜더 씨가 이번 자기가 주재(主宰)하는 엔카운터 사(社)의 명의로 일본돈 십만 엔의 번역 상금을 내던짐으로써 호기(豪氣)를 부렸지만 뒤집어 생각할 때 이는 그들의 작품이 동양의 시장을 얻을 테니까 그 저작권료(著作權料)만 해도 밑지지 않는 장사가 될 계산 위에서였다는 야비한 생각이 들었습니다.

또한 한 마디로 동양문학이라지만 그들의 주목처(注目處)란 오직 일본뿐으로서 기타의 동방이나 서양의 약소민족 문학에는 눈을 돌리는 기색마저 없었던 것입니다.

그래서 우리 정 대표는 동양문학 번역사업촉진이라는 제1항 결의에다 후진적인 한국 같은 나라에 특혜(特惠)라는 문구를 넣기로 주장하여 이의 가결은 보았으나, 이 자구생색(字句生色)이 실질적인 어떤 성과를 가져오느냐에 대하여는 역시 의문이 없을 수 없습니다.

명일의 성과야 어떻든지 각국 대표들이 동양에 모여 동양문학에 관심을 짙게 하였다는 데 이번 대회에 의의가 있었을 줄 믿으며 한 가지, 각국 대표들이 '언어의 장벽' 때문에 구구발론(區區發論)하면서도 에스페란토 어(語) 운동같이 세계어로 통일하자는 주장만은 삼가고 있던 것입니다.

역시 문학은 자기 모국어와 절대불가리(絶對不可離)라는 것이요, 외국 수출등은 문학 제2의무이요, 부수적인 것이라는 증좌(證左)일 것입니다.

## 제5신. 외국작가들의 인상

젊은 나라의 젊은 시인으로서 세계의 당대 문장들이 그야말로 군웅할거(群雄割據)하는 자리에 나아가 어찌 조신(操身)할 것인가 하는 겁기(劫氣)마저 품었던 것이 나의 솔직한 고백입니다.

그러나 첫날 회의와 초연(招宴)에 참석하고 나서부터는 '문학자들의 기질이나 심정은 동서노약(東西老若)을 막론하고 그저 대동소이하다'는 자기 위안을 받고, 나도 생긴 대로 멋대로 놀아날 수 있었습니다.

존 스타인벡이 불참계(不參屆) 대신 회의에 보내온 그의 사어록(私語錄) 중 "인간에게 공통된 것, 그것은 자기 이외에는 모두 다

바보라고 생각하고 있는 점이다"하였습니다만 이러한 자기도취 작용이 나에게도 유효적절히 발동하였던 모양입니다.

물론 우리말 하나도 담론(談論)을 제대로 조직(組織) 못하는 나인지라 불통(不通)인 외국작가들과 개인 접촉이라야 수인사 정도로서 그들과 흉금을 터놓은 교담교환(交談交驩)이 불가능하였으나 인상에 남은 몇 작가의 표정과 행동과 어록 등을 점묘(點描)해 보기로 합니다.

● 앙드레 샹송 (프랑스 소설가·평론가)

국제 펜 클럽 본부 회장인 씨는 관록있는 호호야(好好爺)로서 회의 도중에도 두세 차례나 펜 회원인 작고 문학자의 추도묵념, 또는 참가 대표의 탄일축하(誕日祝賀) 등을 선도하였습니다.

그는 개회사에서도 전쟁중 사지(死地)로 임하는 일본 병정의 수기 "나는 명일이라는 글자를 적는다. 그리고 이것을 바라본다"를 인용하면서 그 의미에 대한 작가의 사명을 간곡히 환기시키는 것이었습니다.

경도(京都)행 열차에서 나는 샹송 노부부와 복도 건너편 자리였는데 그들은 민요를 곱게 합창하고 있었습니다.

● 와쯔야만 (인도 편집자)

소련 수상(首相) 불가닌 같은 수염을 기른 친군데 파티에 나와 나를 찾아와 인생 문제를 끄집어내곤 했습니다. 마침 스펜더 씨가 개성을 강조하는 연설을 한 날, 나는 그에게 "나의 불행과 스펜더 씨의 불행이 아무 연계가 없이 무관하다고 생각한다면 그를 한국에 초청하여 UN군 묘지를 보여 주고 싶다"고 말했더니 와쯔야만 씨 딴전을 쳐서 하는 말이 "남과 나눌(分配) 수 있는 불행이나 행복이 참된 불행이나 행복이 될 수 있을까요?" 하고 반문 반격해 왔습니다.

● 존 스타인벡 (미국 소설가)

제1신에서 알린 대로 이 작가는 개회사 때 나와 "나는 들으러 왔다"는 3분간 초스피드 연설을 하고는 감기가 걸렸다고 종시 코끝도 안 보이고 촌어록(寸語錄)이라는 것을 회의에 보내어 대독시킴으로써 장내의 폭소와 반감을 샀습니다. 좀 건방지다 할 몇 구절을 추려 보면 "회의와 투견(鬪犬)의 차이란 투견에는 룰(規則)이 있다는 것이다" "무엇이나 말을 내면 혼란을 일으킨다. 침묵하고 있으면 오해도 없다" "정부라는 것 따위는 인간 실패의 결정적 증거이다" "위엄이란 기묘한 것이다. 가지려 들면 없어진다" "인간은 드디어 돈과 다이너마이트의 모자를 쓴 아이가 되어 버렸다"

이렇게 그는 배짱이라면 철(鐵)과 같은 배짱을 부리고 호텔에 드러누워 있었습니다.

우리도 어느 때엔 조영암(趙靈巖) 시인이나 한번 보내어 선호령(禪號令)으로 맞세울까요. 가가(呵呵).

● 스티픈 스펜더 (영국 시인·평론가)

이번 대회에서 인기를 독점하다시피 한 시인입니다. 옥스퍼드 출신의 영국 신사로서는 예절과 먼 사람이었습니다. 타이 한번 바로 매고 나온 일이 없고, 최종일에는 의장직을 맡았는데 사회봉을 두드리는 것도(고의인지?) 잊어버렸습니다. 회의 때만은 항상 말석에 가 앉고 연방 들락날락하여 일본 다다미에 앉으면 그대로 절반 드러눕고 말았습니다. 전기(前記)한 스타인벡 씨나 이 친구의 무법 예절이 예술가의 애교로 보이고 허용되는 것은 역시 그들의 배경이 미영(美英) 강대국이고 또 작품이 이를 부지(扶持)해 주는 까닭일 것입니다.

만일 한국 시인 구상(具常)의 행동거지가 그랬더라면 축출 아니면 소환을 불면(不免)했을 것이니 말입니다. 하여간 칠척장구로 군계일학(群鷄一鶴)의 풍도가 보였습니다.

● 엠마누엘 로부레스 (프랑스 소설가)

불란서 가톨릭 작가로서 《이브는 여기 살아 있다》는 소설이 일본역이 되어 한 권 받았습니다. 그는 역시 오늘의 인간 중심의 휴머니즘은 악의 탐미에까지 타락한 것이라고 말했으며 인류의 회복(恢復)은 영성(靈性)의 우위를 발견하는 데 있다고 강조하였습니다.

부부동반 나가사키(長崎)와 히로시마(廣島)엘 간다고 한국 여행을 못함을 애석하게 여겼습니다.

이 외에도 헝가리 망명작가 지라히 씨 또는 가톨릭 각국 작가들과 별개의 모임이 있었으나 그야말로 백가쟁명(百家爭鳴)이라 줄이기로 합니다.

### 제6신. 일본·교포·기타

본고(本稿)의 마감으로 여담 몇 가지를 추려 볼까 합니다.

이번 '펜' 대회의 주최국인 일본의 환대(歡待)는 극진한 것이었으며 또한 조직적이었습니다. 이래서 샹송 회장 같은 분은 작별인사에서 "동양의 미덕, 서양의 기술이라는 것이 이제까지의 통념(通念)이었으나 오히려 서양은 일본으로부터 기술면도 학습해야 되게끔 되었다. 이번 일본인의 조직화된 사무 처리 능력은 경이(驚異) 그것이었다"고 말했으며 열국 대표들의 신문 기고를 훑어보아도 이구동성(異口同聲)으로 "일본이 동서 생활의 조화를 이룬 유일국"이라고 침이 마르도록 칭찬하고 있습니다.

물론 이러한 면찬(面讚)은 객(客)으로서의 에티켓이 포함되어 있으므로 액면 그대로 곧이들을 것까지는 없다 하겠으나 일본이 의도한 바 동양문화의 집대성지(集大成地)요, 서양문화의 집산지(集散地)라는 인식을 보여 준 것만은 사실로서 일본 펜 센터 간부 자신들이 성과만족(成果滿足)의 뜻을 표하고 있습니다.

실상 일본이라면 적개심(敵愾心)이 앞서는 나 자신도 패전의 흔적도 없이 용립(聳立)한 동경의 모습이나 공도(工都) 오사카(大阪)의 약진상이나 차창에 비치인 정리된 농촌 풍경을 바라보면서 이 일본을 지구 종말까지 인국(隣國)으로 삼고 경쟁하여야 할 조국의 빈상(貧相)을 연상하고는 나오는 한숨을 죽이곤 하였습니다.

일본 지성(知性)들과 접하여 볼 때 그 인간성의 내면이 메마른 것 같고 인류에 향한 보편적 이상이나, 신념이나, 체험이 우리들에게 비하면 빈약한 것 같고, 거리의 풍경 역시 아메리카나이즈하여 우리 구미를 상(傷)케 하였으나 오직 그들이 가지는 바 생활기술 앞에는 머리가 수그러졌습니다.

이러한 생활기술은 즉 정사자(政事者)들의 행정 능력과 연결되는 것으로서 사농공상(士農工商)의 어디를 종사해도 '목구멍이 포도청'에 매달려야만 하는 우리 주먹구구 정치와 좋은 대조가 아닐 수 없었습니다.

일례를 들자면 일본의 사회보장제도는 그 거주권을 가진 우리 교포들에게마저 혜여(惠與)되는 것으로서 실업자(失業者)는 성인 1인 월당 7천 엔(한화 1만 1천9백 환) 가량의 생계비가 국가에서 지출되며 중학교까지의 의무교육과 질병(疾病)의 무료시료(無料施療) 등을 일본 시민과 동등하게 누리는 것입니다.

이것을 36년간에 일제 착취에다 비긴다면 말이 안 되지만 소위 재일 조선인(좌익)들은 이 제도를 이중삼중으로 악용하여 정치자금 또는 교육비 등으로 충당한다고 합니다.

교포 이야기가 나왔으니 말이지 우리 거류민단측이라 하여도 그들이 반공 민주노선을 택하고는 있으나 우리 정부나 정치노선에 대하여는 인식이 박약할 뿐만 아니라 회의(懷疑)와 실망을 공공연히 표시하고 있었습니다.

더욱이나 어느 좌석에서 멸공통일에 대하여 내가 강조하였을 때 지면(知面) 있는 민단간부(民團幹部)는 일본에 와서 그런 소리를 하다가는 몰매 맞기 안성맞다는 충고였고 이어서 그는 말하기를 "좌우간 세계 대세로 보아 전쟁은 바랄 수 없으니 정치적으로 통일은 해놓고 만약 공산당이 득세 집권하면 그 다음 우리끼리 투쟁하여 이를 전복 쟁취하면 되지 않겠느냐"는 위험사상을 토로했던 것입니다.

이러한 교포들의 관념론은 역시 일본에 생활하면서 전쟁방지라는 일본적 평화와 그 사고 속에 아주 동화된 데 기인하였으리라고 생각됩니다.

우리 일행 중에서 김광섭(金珖燮), 설창수(薛昌洙) 씨 같은 분들이 그 강연회에서 재일교포 문화공작을 제창하고 그 구체론으로 문총 동경지부 설치안(文總東京支部設置案)을 내놓았지만, 지극히 적어도 일간신문 하나는 정부가 보조를 주어 민간 운영케 하고 한국의 이념과 민주노선을 계몽 인도케 하여야 되리라고 절실히 느꼈습니다.

불과 십여 일간의 여행에서 돌아오니 만나는 이마다 모두 수고했다는 수인사를 받습니다. 실상 나 같은 사람은 19명 중 항상 19번째로 맨숭 따라다니다가 낙오나 되지 않고 무사히 돌아온 것뿐입니다마는 이번 우리 정 단장의 강경 연설도 이렇게 일행이 많다는 데서 용력(勇力)이 솟지 않았나 생각됩니다.

앞으로는 우리 대표도 인원 및 발언과 활동에 조직적 배합이 필요하며 또한 사전준비가 요청됩니다.

   이번 대거(大擧) 여권(旅券)을 허락함에 대하여는 당국에 감사 이외에 중언(重言)이 실례이나 역시 이 여권 교부에 전원 근 2개월을 몰두하게 되니 '펜' 대표로서의 활동준비가 결여되었던 것입니다.

   이런 의미에서 한층 더 국가적 성원을 요청해 둡니다.

   *1957년 동경 펜 대회에서, 〈연합신문〉 연재

## 월남전선(越南戰線) 기행

　우리 공군이 조종하는 태극기 표지를 단 수송기로 사이공에 내려 우리 군인들의 영접을 받으며 또다시 우리 조종사들의 수송기와 헬리콥터로 6천8백 평방킬로미터의 광활한 한국군 전술 책임지역에 산재하는 각 전투기지를 방문하면서 정글의 산악을 깎고 이룩해 놓은 첩첩의 병사(兵舍)와 구축해 놓은 진지들을 목격할 때 월남전쟁이나 국군 파월을 긍정하건, 부정하건, 한국인으로서는 우리 젊은이들의 장한 에너지에 우선 감탄하지 않을 사람이 없으리라.
　그것은 일견해서 우리 젊은이들의 능력과 피땀의 성과를 가장 즉물적으로 강렬하게 대변시키는 것이었으며 또한 역사의 그늘이 가신 또 하나 딴 얼굴의 한국인과의 상면이기도 하였다.
　국군 용사들은 장병을 막론하고 그 어떤 자부와 자신에 차 있었다. 그들에게 있어 파월 2년 간에 이루어 놓은 경이적 전과나 성과도 그렇지만 그 성과가 갖다 준 자주적 창조적 의미가 그들을 더욱 자랑으로 빛나게 하는 것 같았다.
　가령 우리 국군이 파월 초부터 자주성과 독창성을 발휘하지 않고 과거 한국에 왔던 여타 참전국 군대들처럼 군사작전면이나 대민지원면에서 미군만을 추종했던들 오늘의 한국군의 영예는 없었을 것이요, 발군(拔群)의 성과도 없었을 것이다.
　따라서 만일 앞으로도 한국군은 계속적인 독창성과 자주성을 유지하고 발휘하지 않으면 오늘의 파월군의 면목은 차질을 가져올 것이다.

그래서 어떤 주월 지휘관은 "파월군의 문제의식이나 그 성과는 실제 파월하고 나서야 깨닫고 얻은 것이 더 많다"고 술회한다.

실상 이제는 한국군 전술의 기본이 된 중대기지 전술개념이라는 것도 처음엔 미군이나 월남 정부군 지휘관들의 냉소(冷笑)와 만류의 대상이었고 저 유명한 '꾸몽 고개' 8호 작전도 한국군이 아니면 창안해내지 못할 심리전의 성과였다. 우리 한국군은 전투에 있어서도 미군이나 정부군보다 월등하였지만 특히 심리전면에 있어 탁월하고도 독특한 능력을 발휘하고 있었다.

사령관의 지휘방침으로 "한국군 전 장병은 심리전 요원이다"라든지 "백 명의 베트콩을 사살하기보다 한 명의 양민을 보호하라"고 내걸고 있는 것만을 보아도 우리 한국군이 어디다 무엇에 주력하고 있는가는 짐작이 갈 것이다.

이러한 우리 국군의 기본방침이 실제 전투에 있어서도 미군이나 월남군과 대조적인 행동을 취하게 하는 것이다.

첫째 한국군은 베트콩이 지배하는 마을을 진공할 때도 적이 총격을 해오지 않는 이상 발포하지 않고 농가의 파괴나 방화 같은 것을 일절 하지 않는다. 또한 일반 부락에 베트콩이 침입해도 무차별 포격을 가하지 않고 전차나 중무기의 이동에도 논이나 밭을 마구 짓밟아 놓지 않는다.

이러한 한국군 전술을 베트콩이 역이용해 온 것이 지난 11월 6일 대대장 송서규(宋瑞奎) 중령마저 희생시킨 백마부대의 '닌호아 전투'였다. 즉 베트콩들은 우리 작전기지 내 부락에 들어와 먼저 부락민들을 피난 못하게 억류해 놓고 도전해 왔기 때문에 번연히 적이 집결된 것을 바라보고 포를 놓아두고서도 쏘지를 못했던 것이다. 우리 일행(김팔봉〔金八峰〕, 정비석〔鄭飛石〕두 분과 나)이 현장에 갔을 때 월남 군수나 현지 행정리들이 우리의 그러한 소극적 작전의 시정까지를 요망해 왔다지만 당사자였던 민중들에게 심어진 한국군에게 향한 신뢰는 그 희생을 갚고도 남음이 있으리라 여겨졌다.

한편 대민사업에 있어서 우리 한국군의 월남 민중에게 향한 세심한 배려란 그야말로 지성을 다하는 것으로서 미군보다는 물론이요, 국내전을 수행하는 월남군도 우리와 비길 바가 못 된다.

여기에다 어느 부대 민사심리전의 지침을 소개하면'①어린이를 사랑하라, ②부녀자에게 정중하라, ③노인에게 공손하라, ④시가지에서 차량을 천천히 몰라, ⑤영내의 고용인에게서부터 친절하라 등으로 이것은 군의 심리전이라기보다 마치 우리 서울의 명랑한 시민운동의 지침이 될 만하다.

이러한 한국군의 자세는 상급지휘관들의 탁월한 방침에도 있지만 결국은 우리 병사들의 철저한 자각에서만이 수행될 수 있는 것으로 한국군은 그 스스로가 경험을 통하여 공산주의와의 싸움의 의미를 알고 있으며 또 식민지의 압박생활과 가난의 설움을 뼈저리게 맛보아 왔기 때문에 막말로 월남인의 아픔과 가려움도 스스로 알아지기 때문이라 하겠다.

월남전쟁을 가장 부정적으로 보는 일본 기자도 토로했듯이 "그렇듯 사이공을 비롯한 도시에서 평판이 나쁜 한국군은 전장에 있어서는 월남에 온 전 연합군이나 정부군을 통틀어 의심할 바 없이 가장 우수하고 가장 헌신적으로 월남 민중에게 봉사하고 있다 (〈아사히신문(朝日新聞)〉 10월 26일 특집판)"라는 평은 사물을 비판적으로 보는 것을 본령으로 삼고 있는 문학도인 나에게 있어서도 우리라는 애정의 가감없이 선뜻 동감되는 현실이었다.

실상 월남에 있어 유독 회의없는 신념과 공산주의와의 싸움의 의미나 공산주의 게릴라 수법을 알고 전쟁을 하고 있는 것은 한국군이라 하겠다. 즉 주전을 담당하고 있는 미군은 자유수호라는 이념만이 이해되고 있을 뿐이요, 직접 당사자인 월남군은 그 이념마저도 우리에게 대면 희박하다. 이런 본질적 차이가 전투에 있어서나, 재건사업에 있어서 현격한 성과를 거둔다. 그래서 한국군의 평은 전선지구에 나갈수록 좋다.

일선에서는 싸움 잘하고 규율이 강하고 그 보호 밑에 들면 안전하고 또 거기다가 민중에게 친절하니 그럴 수밖에 없다. 아마 이렇게 주둔 지역 민간인에게 신경을 쓰는 군대는 없을 것이다. 이것은 앞서 말한 대로 한국군들이 공산주의를 알고 거기에 이기는 길이 어떤 것인 줄을 알고 있음을 증명하는 것이다.

여기서 저 맹호사단의 8호 작전인 '꾸몽 고개' 일화를 소개해 보자.

꾸몽 고개는 베트콩 지역과 정부관할 지역의 경계선처럼 되었던 곳으로서 재작년 11월, 우리 맹호부대가 이곳을 맡자 '판문점'이라고 부르고 여기다 양지역 주민들의 물물교역 시장을 설치하였던 것이다. 그래서 차차 양쪽 지방민들이 모여들자 우리 부대에서는 거기 모여 온 장꾼들에게 밥도 해먹이고 진료소를 차려 환자를 치료도 해 주었다. 처음엔 베트콩 쪽 주민들은 밥도 잘 받아 먹지 않았지만 나중에는 팔던 물건도 안심하고 놓아두고 가는 정도에까지 이르렀다. 이렇듯 민심을 휘어잡게 되기까지 14개월이 되었을 때 우리 맹호부대는 행동을 개시하여 베트콩 지구인 푸엔성 7백 평방킬로미터 지역 약 2만 명의 주민을 수복하였던 것이다. 이때 그곳 주민들이 취한 행동 중에는 다음과 같은 삽화가 있다.

즉 작전중인 어느 포복소대 전방에 어떤 늙은이 하나가 손을 가로젓고 외치며 나섰다. 소대장은 혹시나 베트콩이 노인을 시켜 우리를 속이려 드는 게 아닌가 의심하면서 수색대원을 내보냈더니 노인이 가리키는 곳에는 베트콩들이 파놓은 여러 개의 함정이 있었다.

그래서 그 노인에게 이렇게 한국군을 돕게 된 사유를 물으니 "나의 아내와 딸이 꾸몽 고개에서 한국군에게 1년 동안이나 밥과 약의 신세를 졌기에 이제 그 은혜 보답을 하는 것"이라는 통정이었다 한다. 옛날 병법에 적을 알고 자기를 알면 백전백승이라더니 오늘까지 한국군은 그야말로 패배를 모르는 전투를 하고 있다.

그래서 〈타임〉지의 표현대로 '티칭·티쳐'가 된 한국군을 월남군이나 연합군이 시기하는 경향마저 없지 않다.

이를 반증하는 자료로서 전사자비율을 보면 1년 1백 명 단위에 전사자 0.6명으로 결국 우리 주월군은 1년에 2백 명에 한 명이 전사한 셈으로 이것을 적 사살과 대비할 때는 한국군은 전사자 1명에 베트콩 10명이고, 미군은 1대 6명이고, 월남군은 1대 2명 반꼴이라는 통계를 나타내고 있다.

이런 전사비율을 설명하던 어떤 부대 참모는 버스 한 대가 전복하면 20명, 30명씩 몰살하는 국내 교통사고 사망비율과 대비하여 결코 위험한 숫자가 아니라고 쾌쾌히 단언하고 있었다.

그러나 해병지휘관 K장군이 술회한 대로 "아무리 우수한 전투라도 하고 나면 50%는 후회로 남는다"는 말과 같이 우리 국군의 작전 전술을 이미 충분히 인식한 적의 새로운 작전에 대비하여 부단한 연구발전과 비약이 필요하다. 또한 여기서 우리가 특기할 것은 월남전에서 우리 국군이 체득하는 실전 경험은 곧 우리 국내에서 대치하고 있는 공산군과의 전력면에서 비길 수 없이 막대한 플러스를 가져온다는 사실을 우리는 인식해야 할 것이다.
　우리 일행이 처음 사이공에 도착한 날은 마침 지난달 14일이어서 아직도 그 소문이 가시지 않은 한·호(韓·濠) 축구 결승전이 벌어지던 날이었다. 우리는 채명신(蔡命新) 사령관과 그의 공관에서 저녁식사를 하고 함께 구경을 나섰던 것이다. 운동장에 들어서 자리를 잡았을 때는 아직 초반전으로 우리가 한 골을 이기고 있을 때였다.
　그래서 처음엔 관중들이 호주를 응원하고 나섰을 때 나는 경기의 백중을 기대하는 군중들이 약세를 응원하는 의당한 심리로 여기고 있었다. 그런데 차츰 보니 그런 게 아니었다. 전세가 역전되고 한국 팀이 몰려도 사이공 관중들의 성원은 호주에 일방적으로서 어쩌면 한 명의 예외도 없이 한국 팀에 적대적이라는 인상이었다.
　그 후 이 사건에 대하여 현지와 국내의 분석평가가 구구하였고 이미 그 대책마저도 추진되고 있지만 내가 파악한 결론부터 말한다면 월남인의 대(對)한국인 인식과 그 혐오감이란 이런 현상문제보다도 더 본질적인 문제를 내포하고 있다고 느껴졌다.
　왜냐하면 첫째 월남인들의 동맹참전국가에 대한 인식이란 우리가 저 6·25동란 때 UN군을 향한 인식과 심정과는 너무나 거리가 먼 것이라는 점이 먼저 이해되어야 한다. 이미 국내지에도 소개된 〈사이공 타임〉지 11월 20일자 사설을 여기 다시 소개하면 "미국은 물자의 손실보다 인명의 손실을 더 두려워했다. 그래서 그들은 월남 땅에 한국, 필리핀, 호주, 뉴질랜드, 태국 등 국가로부터 많은 병력을 증강시켰다. 그뿐이라면 우리는 더 말할 것이 없을 것이다. 그러나 우리가 말하려 하는 것은 미국의 협조를 얻어 다수의 한국인과 필리핀이 사업의 목적으로 이 땅에 침투해 왔다는 사실이다. 이들 민간인의 대부분은 엉터리 기술자들이다. (이하 생략)"

이것이 그래도 반공에 철저한 가톨릭계 신문의 표현이다.

언어의 뉘앙스 차이는 있을망정 이 구절을 전후한 문장의 뜻을 풀이하면 '공산주의자와 싸운다고 월남에 가로타고 나선 미국이 인명 피해를 덜려고 한국을 비롯한 연합군을 불러들였는데 이것까지는 탓하지 않으나 그들은 엉터리 기술자들을 보내 돈 벌기에 바쁘다'는 것이다. 그리고 이러한 비판을 가한 모든 신문의 논조 끝에는 약속이나 하듯이 "그들은 비록 한국인이라도 미국인과 같고 또 그런 행세를 하려 든다"고 꼬집는다.

물론 이상의 논리에서도 명백하듯이 월남 민중의 악평이란 우리 한국군대에 향했기보다는 도시를 중심하는 민간기술자들에게 초점이 되어 있는 게 사실이다. 첫째 그들은 생활 경쟁의 상대로서 잠재적인 피해의식이 있어, 한국인이 눈에 그렇지 않아도 거슬리는 데다 주책없는 한국인들이 일류 술집을 쓸고 다니고, 차삯 때문에 시비를 벌이고, 또 가끔 주먹 행사도 하니 열등의식도 범벅이 되어 이렇듯 감정이 노골화한다 하겠다.

그러나 이것보다 앞서 그들에게는 그렇게 많은 돈과 인명의 피해를 입으며 대리 전쟁을 치르다시피 하는 미국에 향해서도 감사의 념보다는 역사의 악순환에서 오는 운명의 짐으로서 여기는 것이며, 정치적 명분이야 어떻든 거기에 붙어서 온 한국군이 그들에게 근본적으로 달가울 리가 없는 것은 오히려 당연한 일인지도 모른다.

또 이와는 딴 얘기지만 우리가 상상 안 될 예로는 월맹 호지명(胡志明)에게 대한 일반 민중의 감정은 우리가 북한괴뢰 수상 김일성(金日成)에 대한 역적시(逆賊視)하는 증오의 감정과는 거리가 먼 것으로 남쪽 일반 민중에게 있어도 그는 프랑스 군을 물리친 일종의 영웅이었다.

나는 현지 책임 지위에 있는 지휘관이나 관리들로부터 여러 번 "사이공의 여론부터를 베트콩이 좌우한다"는 이야기를 들었는데 이 말은 현재 월남 정부나 연합군이 확보하고 있다는 민주주의적 정치기반이 얼마나 미약한 것인가를 단적으로 반증해 주는 이야기일 것이다. 거기다가 월남군이나 월남 정부는 썩을 대로 썩었다고 입을 모아 한숨 섞어 말한다. 아직도 경찰이 사이공의 인구도 완전히 파악치 못할 것이라는 혼란 속에서 더욱이나 20년 전쟁에 시달린 그 민족들에게 명확한 민주주의 신념과 그 질서와 자각을 발견하려 든다는 것 자체가 어리석은 일인지 모른다.

6·25동란 때 우방의 기자들이 와보고 "그렇듯 더럽고 썩은 나라는 소련이나 공산당에게 주어버리는 것이 적을 더 곤란케 할 것이다"라는 혹평을 들은 과거가 있지 않은가.

월남의 그 수없는 정글과 들과 강과 늪을 보고, 초토화한 거리와 피폐한 농촌과 시달릴 대로 시달린 민중들을 보고 또 산재한 항공기지와 병참기지와 포대와 참호를 보고, 나는 한마디로 멀었다는 느낌을 안고 돌아섰다. 이 '멀었다'는 느낌 속에는 우리 파병의 목표인 월남의 민주주의적 평화 건설도 포함되지만 더 많이 근원적인 인류 역사에 대한 탄식이 섞여 있다.

\*1967년 11월 월남을 시찰하고 와서, 〈한국일보〉 연재

# 하와이 점묘록(點描錄)
## - 동서문화(東西文化)가 만난 섬

### 실락(失樂) 이전

지난 70년 3월에 갔다가 올 73년 8월에 돌아왔으니 만 3년 반을 지상의 낙원이라고 불리는 하와이에서 지낸 셈이다.

흔히 하와이라고 하지만 실은 태평양상의 여덟 개의 섬을 총칭하는 것으로, 그 중 하와이 섬은 남쪽에 있는 제일 큰 섬이지만 전 도서(全島嶼)의 중심이 아니요, 호놀룰루가 있는 오아후 섬이 하와이의 정치·경제·문화의 집중지로서 인구의 약 8할이 여기 살고 있다. 그러나 천연적 자연의 풍치는 앞서 말한 하와이 섬이나 또 하나의 큰 섬인 마우이가 아름답고 제일 꼬마 섬인 카호오라웨에는 사람이 살지 않는다.

이 하와이 군도에 대하여 먼저 특기할 것은 뱀이 살지 않는다는 사실이다. 그야말로 창세기의 실락 이전의 상태, 즉 인간이 뱀의 꼬임을 받아 원죄(原罪)를 짓기 이전의 낙원을 연상시키는 것이다.

그런데 이렇듯 풍토적으로 뱀이 살지 않고 또 뱀의 이입(移入)을 주법(州法)으로 막아 왔지만 인간의 호기심이란 묘한 것이어서 때마다 뱀의 불법소지 잠입소동이 일어나곤 하였다. 하와이에서 자기가 뱀을 번식시킨 시조가 되려는 객기꾼이 연달아 나타났던 것이다. 그래서 결국 주의회(州議會)는 4년 동안이나 뱀의 합법적 수입법안(輸入法案)을 상의한 끝에 70년 말에 엄격한 조건부로 이를 통과시켰다. 즉 한 가지 종류의 뱀을 두 마리까지 들여 올 수 있는데 반드시 수(雄)놈만이어야 하며 또 독이 없는 뱀으로 못을 박았다. 이리하여 71년 1월 하와이 동물원에는 애리조나 주에서 들여온 뱀 한 마리가 선을 보이게 되었고 지금도 그 뱀은 하와이 주민들에게 인기 높은 구경거리가 되고 있다.

누구나 알다시피 하와이 제일의 자랑은 덥지도 춥지도 않은 그 상춘(常春)의 기후라 하겠다. 사계의 확연한 계절감이 없다고 이를 탓하는 사람도 있을 것이나 정월 초하루에도 해수욕을 할 수 있는가 하면 또 해양성(海洋性) 기후로서 삼복 중에도 찌는 듯한 더위를 모르고 지낸다.

연중 비가 자주 오지만 밤비나 소나기로서 365일 태양을 못 보는 날이 없을 정도의 밝은 날씨요, 그래서 염미(艷美)로운 상록 속에 각양각색의 꽃들이 우리를 황홀케 한다. 그러나 이보다도 그 속에 각색각양의 인종들이 삶의 아비규환이라는 것을 모르고 어울려 살고 있는 것이 더욱 아름답고 더욱 감명 깊다.

하와이 주의 총인구는 76만 명 가량으로 이것을 비공식 인종별 통계에서 보면 대략 백인 25만 명, 일본계 23만 명, 하와이 토인계 12만 명, 필리핀계 7만 5천 명, 중국계 4만 명, 한국계 8천 명, 흑인 7천 명, 기타 2만 명 등이다.

왜 이 통계가 비공식이냐 하면 하와이 주에서는 1961년부터 인종별 통계발표는 하지 않기로 결정을 보았기 때문이다. 이러한 결정은 인종적인 수효의 세력과 우열을 될 수 있는 한 배제하려는 정치적 배려에 의한 것이겠지만 실제에 있어서도 혼종혼혼(混種混婚)이 자연적으로 이루어져 인종적 의식을 거의 느끼지 않을 정도다.

그 한 예로서 내가 앞서 말한 3대 섬의 하나인 마우이 섬엘 가 본 적이 있는데 거기 한국계 70여 가구 중 순수한 한국인 부부는 불과 세 집밖에 없다고 들었다. 그래서 하와이는 혼혈(混血)이 흉이나 부끄러움이 아니라 하나의 자랑거리로서 자기 소개에 3국의 혼혈이니, 심지어는 7, 8개국의 혼혈이라고 나서는 것이 보통이다.

### 알로하 정신

전설에 의하면 지금으로부터 1천여 년 전 하와이에는 메네푸네라는 난장이 족이 살고 있었다고 하는데 그들은 지금도 깊은 산골에 약간은 남아 있으나 눈에는 띄지 않는다고 한다.

그러므로 지금 하와이언이라고 불리는 토인들은 포르네시아 종족으로서 6세기경 동민족이 태평양상에서 대이동이 있었을 때 그 일부가 하와이에 이주한 것으로 보는 설이 제일 유력하다.

그러나 하와이의 역사는 1778년 영국 항해탐험가 제임즈 쿠크가 이 군도를 발견한 후부터 시작된다 하겠다. 그때까지 각 섬은 추장(酋長) 중심의 군웅할거(群雄割據)시대였는데 1795년 하와이 섬의 고하라 추장의 아들이었던 가메하메하가 통일의 위업을 완성함으로써 왕조를 세웠다. 이 왕조는 8대 108년간으로써 단절되고 가정부(假政府)공화국 등으로 있다가 1898년 6월 미합중국에 합방되었던 것이다. 그 후에도 하와이는 미국의 일현(一縣)으로서 2등급 시민 노릇을 해오다가 전후인 1959년에야 입주운동이 성공하여 미국의 50번째 주가 되어 자치정부를 갖게 되었고 대통령 선거에도 참가하게 된 것이다.

미국의 하와이 합방정책에 있어서는 과거 우리가 일본에서 당한 민족문화의 말살이나 그 차별과는 대조적으로 판이한 것이어서 미국은 하와이언들과의 동화(同和)에 있어서 어디까지나 인도적이요, 정의에 입각한 입법을 통하여 적극적이고 세심하게 하와이 토인과 그 토속문화의 보호정책으로 나왔기 때문에 하와이언들의 심정을 완전히 사로잡음으로써 지금은 미국 속에서도 충성심이 강하고 헌신적인 시민들로 만들었다.

물론 합방 당시를 비롯해 그 후 독립운동이나 반란과 대항이 없었던 것은 아니다. 우리가 즐기는 하와이 노래 〈알로하오에〉의 작곡자이며 왕조 맨 마지막 왕이었던 리리우오가라니 여왕은 재복위(再復位)를 시도하다가 실패, 25년의 노역형을 선고받았던 분이다. 그렇지만 미국은 그 형을 집행하지 않았고 그녀는 여생을 하와이 복지에 헌신하다 1917년 이 세상을 떠났는데 그녀가 별세하기 얼마 전에는 자기 저택(지금 주지사 관저)의 옥상(屋上)에다 자진하여 미국 국기를 게양하고 미국을 향한 충성을 표시하기에 이르렀다고 한다.

이러한 미국의 하와이 토인과 그 토속을 향한 보호책은 자치주(自治州)가 된 후에도 적극적이어서 하와이에는 가메하메하 대왕 기념일이 가장 큰 축제일이요, 또 알로하 주간에는 하와이언의 각종 풍속행사가 벌어지며 심지어 매주 금요일 '알로하 프라이데이'라 해서 법률로 모든 시민이 이날만은 하와이 의상 즉, 남자는 '알로하 셔츠' 여자는 '무무'를 입게 되어 있다. 이래서 하와이 주를 별칭 알로하 주라고도 한다.

'알로하'란 하와이의 축복의 인사말로서 이 어원(語源)은 '사랑'에서 나왔다고 하며 이 말 속에는 타인에게 대한 친절과 겸손과 자비로움이 깃들어 있다 한다. 이러한 하와이 고유한 선의의 정신이 어디서 발생하였는가 하는 것이 이즈음 식자간에 연구 토의되고 있다.

하와이언 출신으로 주정부의 최고직위(국제협력위원회 사무장)에 있는 조지 가나헤레 박사는 우연한 기회에 나와 다정한 벗이 되었는데 그는 이 알로하 정신의 발생에 대해 설명하기를 "한 추장 밑에 대가족으로 경쟁의식이 없이 공동생활을 한 그들이 지녔던 개방성·관대성·수용력·친절, 타인에 대한 선한 관심 등이 따뜻하고 순하고 밝고 맑고 아름다운 자연과 조화를 이루어 이런 특성을 빚어냈을 것"이라고 말하고 있다.

이러한 하와이언들의 본래적인 특성이 그 후 여러 민족들과의 동화 과정에 발휘되었고 또 이러한 개방과 관용과 수용과 친절과 조화가 모든 이주해 온 민족들에게도 공통적으로 계승됨으로써 하와이의 오늘을 이룬 것이 된다.

여기에는 백인으로부터의 기독교적인 인인애(隣人愛)의 영향은 물론 중국 이민이나 일본 이민으로부터의 유교적 덕목(德目)이나 불교적 자비심(慈悲心) 등도 이에 합류하였으리라고 보여지는 것이다.

그래서 오늘날 하와이는 앞에서도 말한 바처럼 각양각색의 인종이 아무 마찰 없이 어울려 살며 '인류가 한 가족'이라는 이상을 시험하고 있는 것이다.

그러나 한편 저러한 '알로하 정신'이 오늘에 와서는 상업주의에 흘러 본연의 정신을 타락시키는 일면도 없지 않아 이에 대한 자기비판과 반성의 소리도 높은 것이 또한 현상이기도 하다.

### 어느 반신불수 부인

내가 하와이에서 목격한 가장 인상적인 장면은 지지난해 8월

중순, 귀국하는 친구의 전송을 하러 비행장에 나갔다가 같은 비행기로 일본 만국박람회에 참석하러 떠나는 하와이 주지사 존 A. 번즈 부처의 정경과 마주친 것이다.

우리 백자(白磁)처럼 희디 흰 반신불수의 노부인의 몸을 담은 휠체어를 밀면서 환송객들과 흔쾌히 환담하는 장구(長軀)의 노신사의 그 은은한 모습은 실로 나의 큰 감명과 감동을 자아냈던 것이다.

이를 보고 돌아온 그 길로 나는 나의 학생이기도 한 〈하와이 애드버타이즈〉 신문의 맥미런 기자에게 부탁하여 그들 부부에 대한 자료를 얻어 내력을 살펴보았다.

올해 64세가 된 존 번즈가 간호원 출신인 베아트리체 양과 결혼한 것은 1931년, 22세 때로 그는 그때에 고학을 하여 겨우 경찰관으로 임명된 직후였다. 이 두 부부는 결혼 후 연년생으로 아들 존 2세와 딸 매리를 낳고 3년째 또다시 임신하였는데 부인이 덜컥 소아마비를 일으켜 반신불수가 되고 태아는 유산되고 만 것이다.

이것이 1934년! 이때부터 그들 부부의 영웅적인 애정과 이에 따르는 불굴의 노력이 시작되는 것이다.

남편 번즈는 아내가 병들자 우선 좋아하던 술을 끊었고 가톨릭 신자인 그는 그때부터 매일 아침 교회에 나가 영성체(領聖體)(그리스도 최후만찬의 기념례)를 하는 독신자(篤信者)가 되었다. 부인은 부인대로 마비되지 않은 상반신만을 가지고도 남의 손 한 번 비는 일 없이 주부로서의 가정 살림은 물론 자녀들의 양육을 도맡아 했다. 그래서 부인이 불구가 된 지 2년 후에도 지극한 부부의 열매요, 그 징표로서 세 번째 아이, 팀이 태어났던 것이다. 그리고 연륜과 더불어 남편인 존 번즈의 사회적 지위가 향상됨에 따라 거기에 상응한 주부의 역할이 확대되어 갔는데 베아트리체 부인은 이를 언제나 전신이 성한 사람 이상으로 빈틈없이 수행해 나갔기 때문에 어느 해에는 신문 투표에서 '하와이 모범 부인'으로까지 당선되었다.

이들 부부의 오늘의 모습도 좀 소개할 양이면 반신불수의 반려(伴侶)를 이끌고 순경에서 주지사까지 된 존 번즈는 저렇듯 불운과 싸우는 완고하리만큼 한 신념이 아주 몸에 밴 인물이다. 그래서 인간적으론 무뚝뚝하고 정치인으로서는 자기선전이 모자란다는 평판이 돌지만 그의 저러한 인간적 성실과 순박한 노력이 하와이 민주당을 창설하다시피 하여 오늘날 자산계급의 정당인 공화당을 누르고 있으며 하와이 자치주 승격이나 동양 이주민의 법적 지위향상과 또 직접 하와이의 복지와 번영을 이뤄온 공적은 누구도 훼손하지 못하고 또 경쟁하지 못하는 바 되어 70년 11월 총선거에서 압도적 3선이 되고 있다.

그는 "안내자가 없는 정치에 있어서 인간은 바꿀 수 없는 도덕적 가치 중에서도 종교의 참된 필요성을 갖게 된다"고 말하여 정치에 있어서 신앙의 충족을 자기에게 요청하고 있으며 "모든 사람은 근면에 있어서 재능이 있어서 업적에 있어서가 아니라 인간의 존엄에 있어서 동등하다는 신념을 나는 가지고 있다"고 말함으로써 하와이의 인종문제에 있어 본질적인 의연한 자세를 보이고 있다.

한편 베아트리체 부인은 때마다, "나의 휠체어가 외경(畏敬)의 대상이 되거나 또는 당황이나 침묵의 대상이 되는 것을 원치 않는다"고 말하여 자기의 불구가 남에게 동정심(同情心)이나 측은함을 일으키지 않기를 호소하고는, "이제까지 나에게 불공평한 이점(利點)이 있었다면 그것은 휠체어다"라고 지적함으로써 불구가 오히려 자기인생을 유리하게 하였다고까지 달관한다.

이러한 그녀의 경지(境地)는 주지사 취임식 축하 만찬회 때의 에피소드로 더욱 잘 나타났는데 어떤 관리 부인이 베아트리체 부인에게 선망의 어조로, "나도 당신이 앉아 있는 자리 휠체어를 가질 용의가 있다"고 말하자 베아트리체 부인은 미소하면서 다정한 어조로, "그러나 당신도 여기 앉게 되면 나 모양으로 엉덩이에 굳은살이 박히겠지요" 하고 답함으로써 그 연회 자리를 더욱 흥겹게 만들었다고 한다.

그녀는 지금도 지사관저인 워싱턴 플레이스에서 부엌 살림이나 세탁 다리미질까지 맡아 하고 모든 공식 리셉션의 메뉴를 자신이 짜서 지휘하고 그 호스테스 노릇을 하고 있다.

또 그녀는 정신이상 환자나 소년 소녀 단체의 역원으로 있으며 관저로 보내 오는 각종 민원(民願)에도 일일이 친절한 회답을 하고 있다고 한다.

"그러나 그 부인 베아트리체의 태도는 어느 여왕 손님을 만날 때나 보이스카우트에게나 언제나 한결같다"고 매스컴들은 논평하고 있다.

나는 진정 하와이에서 용기 있는 인생을 목격했다 하겠다.

### 동서문화(東西文化) 센터

한국에서 하와이 대학의 말이 나면 즉각 동서문화센터가 들먹여진다. 그래서 그 기관과는 아무 관련 없이 하와이 대학의 극동 언어학과의 초빙교수로 가 있던 나 같은 사람도 신문보도에서는 이 센터의 일원으로 오인되기가 일쑤이다.

이렇듯 동서문화센터는 하와이 대학의 자랑일 뿐만 아니라 전

하와이의 명소로서 관광객들도 한 번은 스쳐가는 곳이다.

동서문화센터가 미 국무성 직할기관으로 하와이 대학교에 부설된 것은 1960년으로 그 창립의 목적을 센터의 강령에서 살펴보면 "미국 아시아 · 태평양 지역 각 민족간에 있어 문화적 · 교육적 · 직업적 · 기술적 배경이 서로 다른 젊은이들의 상호교류를 통하여 인간의 제반문제가 지니는 이론과 실제 간의 관계를 규명하고 나아가서는 복합적 문화상황에 있어서의 문제해결 방법의 시도 및 평가의 경험을 쌓게 한다"는 것이 그 골자다.

그래서 현재도 미국을 비롯한 아시아 · 태평양 지역 28개국의 483명(실습과정은 제외)의 유학생이 학비와 숙사(宿舍)의 전담 장학으로 하와이 대학교에 기탁(寄託)되어 교육을 받고 있다. 이 장학 종별에는 학위과정 · 비학위과정 · 실습과정 외에 '시니어 스칼라' 라고 하여 중진 학자들의 연구 교환제도가 마련되어 있다.

이미 창설 10년이 지난 오늘날 그 성과에 대한 훼상(毁賞)이야 구구하지만 한국만 해도 여기를 거쳐 나온 학위과정 장학생만도 168명, 그외 비학위과정이나 실습과정도 1백여 명, 또 연구교수로 가 있던 교수들도 20여 명이나 되니 약 3백 명의 동서문화센터 출신들이 우리 사회 각계에서 모두가 비중 높은 일을 하고 있는 셈이다.

이로 미루어 볼 때 이들과 한 집(기숙사)에서 한 솥밥(식당)을 먹다가 제각기 제 나라로 가서 중견역군(中堅役軍)이 되어 있을 수많은 젊은이들의 유대로서 이루어질 태평양의 내일을 기대할 만하다 하겠다.

그러나 이 '센터'에 대한 비난의 소리도 적지 않아서 대학 내에 학생들의 어떤 규탄이나 시위가 있을 때마다 흔히 화살의 표적이 되는데 "저기 동서문화센터야 말로 미국 식민주의가 모스크바를 흉내내어 만들어 가지고 자기네의 '예스 맨'들을 제조하는 바로 그 곳이다"라고 독설을 퍼붓곤 한다.

그래서 이 기관을 정책적인 기구에서 진정한 학문적 기구로 전환하기 위하여 그 관할권을 미국무성에서 교육부나 사회부로 이양하려는 운동이 하와이 출신 일부 의원들 손으로 전개되고 있기도 하고 대학에서도 현기구 운영방침에 대한 비판이 높다.

글자 그대로 문외한(門外漢)인 내가 보기에도 미국의 전반적인 경향이긴 하지만 현재 너무나 현실적이요 실제적 문제의식이나 그 요원들 양성에만 급급한 느낌이 들었다. 왜냐하면 동서 문화의 교류란 그 목적 자체가 벌써 하나의 이상 설정으로서 현실의 규명과 그 방법론의 습득도 중요하지만 공동이념의 모색과 추구가 이에 앞서 있거나 지극히 적어도 동반(同伴)되어야 하기 때문이다.

여하간 현재는 43명의 한국 학생들과 10여 명 내외의 한국 연수생들이 앞서도 말한 바처럼 각양각색 인종들과 기식을 함께 하며 공부하고 있는데 무엇보다도 자랑스러운 것은 우리나라 장학생들이 평균율로 따져 여러 나라 장학생들 중에서 단연 성적도 최우위(最優位)이고 품행이나 각 민족과의 협동면에 있어서도 적극적이라는 호평을 받고 있다는 사실이다.

동서문화센터를 소개하면서 빼놓지 못할 얘기는 그 본부건물 '제퍼슨 홀'이 우리 이구(李玖) 씨의 설계로 이루어져 있고 그 양식도 경회루(慶會樓)의 일부를 본떴다고 전해지고 있으며 또 여기 최고 간부직의 하나인 기술발전 담당책임자로서 서울대학의 이한빈(李漢彬) 박사가 일하고 있어 장학생들에게 뿐 아니라 앞으로 하와이 대학에서의 한국 붐 조성에 큰 역할을 할 걸로 기대된다.

### 하와이 대의 명물조형(名物造形)

하와이 대학 정문 오른편 옆 잔디밭에는 작년부터 명물 하나가 나타났다.

일반에겐 학교서 건축공사를 하다가 남은 허접쓰레기 나뭇조각들을 한데 모아 세워둔 것으로 그냥 보아넘기기 쉬우나 이것은 어느 무명 진리탐구자(眞理探究者:그는 자기를 한낱 철학자나 과학자나 예술가는 아니라고 주장한다)의 자칭 진(眞)·선(善)·미(美)를 통합 조화시켜 표현한 천지개벽 이후 미증유의 조형물이다.

이 거창한 연구를 하느라고 처가솔까지를 버렸다는 토시라는 사람은 예순은 채 안 된 일본계의 중늙은이, 그는 학교문을 드나들다가 이곳에 발을 멈추는 남녀학생들을 붙잡고 이 괴상한 작품을 열을 올려 해설한다.

"그대들은 거기 의아스러운 표정으로 서 있지 말고 어서 가까이 와 물음을 던지라! 우리는 하느님이 원하시는 대로 우리의 삶을 다함께 밝혀 보자! 모든 평범한 사람들이 그들의 생활 속에서나 공원의 휴식 속에서나 또는 종교 속에서 어떤 공통성을 갖고 있는가를 밝혀내 보자. 이것이 나의 목적이요, 나의 조형(造形)이 보여 주는 기본적인 것이다."

인도의 바라문처럼 깡마르고 까맣게 탄 얼굴에 조그마한 눈만을 반짝이는 그의 말은 꽤 논리적이기만 그 내용은 비약을 거듭하여 초논리적이요, 정신을 차려 들어도 알 듯 모를 듯하다.

"이 조형의 구도는 상대성(相對性)의 통일 감각으로 세 가지 국면을 가지고 있다. 첫째는 십자가의 위대한 힘과 그 영광이요, 둘째는 신앙 속에서의 시심(詩心)과 자명원리(自明原理)의 조화요, 셋째는 불교의 선(禪)과 수학(數學)의 합일을 통한 동서문화의 가교(架橋)를 시범하고 있다."

이렇듯 그의 설명은 심오한 우주원리의 포괄적인 것으로서 이외에도 이 조형 속에는 사리(事理)와 사물(事物)의 실제를 나타내기 위한 원(圓)의 7등분이나 다차원(多次元)의 세계를 상징하기 위한 우주언어라는 주장 등 들을수록 엄청나다.

나는 호기심 절반으로 학교 영선(營繕) 책임자에게 조회를 하니 그는 웃음을 섞으며 "학생들이나 교수들이나 또는 행정간부나 총장 등 누구도 이것을 철거하라는 요구도 명령도 없기 때문에 그저 나도 두어둔다"는 것이다.

이로 미루어 볼 때 학교당국은 그야말로 암암리에 학생들의 의문과 호기심을 자극하는 이 작품과 인물이 교육상 효과가 있다고 보고 그대로 묵인하고 있는 모양이다. 그는 확신을 가지고 예언자처럼 임한다.

"그대들이 나의 작품을 완전히 이해만 한다면 또 나와 함께 완성해 간다면 네 손아귀에 영원을 쥐듯 다차원(多次元)의 세계를 획득할 것이다"라고.

### 버거 대사(大使)의 봉욕(逢辱)

새무얼 버거 대사(大使)라면 한국에서도 낯익은 인물이다. 연전 미국의 주한대사(駐韓大使)로 있다가 월남부대사(越南副大使)로 전임되었던 분이다. 그런데 지난 3월 하와이 대학 클리블런드 총장(總長)이 그를 초빙하여 학내 상주외교관(常住外交官, Diplomat in residence)으로 임명하려 하자 일부 교수, 학생들이 맹렬하게 반대하여 좌절된 사건이 벌어졌다.

버거 대사의 임명을 적극 반대하고 나선 것은 학교 안 좌경(左

傾) 세력인 아시아학자회 멤버들과 교련(敎聯) 소속 교수들이 주동이 되고 이를 추종하는 학생들로서 먼저 이들의 반대 이유와 그 주장은 "버거 대사는 월남전에 있어서 정부정책에 적극 참여하여 평화에 모반(謀反)했으므로 일종의 전범(戰犯)이라고 말할 수 있으며 인도주의적으로도 죄인임이 틀림없다. 이러한 사람을 대학에 초청하는 것은 대학이 월남에서의 미국의 행동에 대한 도덕적 무관심을 나타내는 것으로서 우리 대학의 명예를 위해서도 그 (버거 대사)와의 관련을 절대 수긍할 수 없다"는 것이다.

이러한 반대 성명에 대하여 클리블런드 총장은 초청 의도와 그 타당성에 대해 "대학은 적어도 모든 의견을 들어야 찬반의 기준을 얻을 수 있으며 미국 대학이 미국 정책에 관여한 사람이라고 이를 배척함은 옳지 않다"고 천명하였다.

이러한 논란이 계속되는 가운데 3월 초순 당사자인 버거 대사가 호놀룰루에 직접 나타났다.

더욱 흥미있는 것은 찬반(贊反)의 교수, 학생 대표와 버거 대사가 교육 TV에 나가서 토론회를 가진 것이다.

반대론자(反對論者)들은 집단살인(集團殺人) 운운해가면서 버거 대사에게 혹언(酷言)을 퍼붓고 그가 학원에 상주하는 것을 반대하였다. 이에 대하여 버거 대사 임명 찬성자들은 "악한 사실도 진리탐구에 공헌할 수 있다. 만일 악한 행위를 한 사람이나 그 의견을 모두 불태워야 한다면 버거 임명 반대자들이 가장 좋아하는 레닌이나 모택동(毛澤東)의 책을 먼저 불태워야 할 것이다"라고 신랄하게 응수했다.

이 토론석상에서 자기 경력이나 초빙된 경위만 밝힐 뿐 매우 거북하여 쓰디쓴 얼굴을 하고 있던 버거 대사는 결국 취임을 자진 철회하고 돌아가 버렸다.

알다시피 하와이 대학은 주립대학(州立大學)이요, 동서문화(東西文化)센터 부설로 말미암아 국무성(國務省)의 영향도 꽤 받는 곳이다. 이러한 학원에서 벌어진 이 사건의 시말(始末)은 미국 대학내 풍조뿐 아니라 학원이 누리는 자치와 자유의 모습도 단적(端的)으로 보여 주는 것이라 하겠다.

### 하와이의 문단(文壇)

호놀룰루에는 19세기 말의 유명한 영국 작가 로버트 루이스 스티븐슨이 와서 산 적도 있어 지금도 그가 살던 마노아의 집은 명소(名所)로 되어 있고 또 그의 이름을 딴 중학교도 하나 있거니와 그 외에는 별로 저명한 시인이나 작가가 살았거나 머무른 흔적은 없다.

지난해에 발족한 국제 펜(PEN) 하와이 센터에 나도 가입하여 두어 차례 모임에 가기도 해보았고 또 거기 주최로 내 강연회도 가졌지만 그 멤버들의 대부분은 하와이 대학 교수들로서 이 중에 미국 전체 문단에서도 알려진 사람이라면 회장직을 맡고 있는 루얼 데니 교수로서 그는 시인이요,《고독한 군중》의 공저자(共著者)다.

이 펜 클럽의 사무국장인 수필가 존 양 박사는 그의 가정 관계로(부인이 고 장택상(張澤相)선생의 넷째 따님이다) 우리나라에도 친지가 많다. 그는 하와이 대학에 POP라는 작가초청 프로그램을 창립하여 운영해 왔는데 이 기구 덕택에 한국에서 백철(白鐵), 일본에서 가와바다 야스나리(川端康成), 중국에서 왕람(王藍) 씨 등 저명한 작가들이 하와이에 와서 체류하며 특별강의와 강연회를 가졌었다. 이러한 대학 중심의 하와이 문단은 자연히 창작보다

연구 중심인데 이 속에 그래도 창작운동을 벌이는 한 그룹이 있으니 '호놀룰루의 가장 오래고 영원하고 떠돌아 다니는 시(詩)놀이'라는 시동인(詩同人)의 모임이다. 지금 회원은 12명으로 이를 이끄는 분은 여류시인 필리스 톰슨 여사로서 시집(詩集)을 2권 낸 역시 하와이 대학 영문과 교수다.

이들은 지난 3월부터 정부의 문화지원자금을 얻어 '학원 안의 시인(詩人)들'이라는 시 쓰기 운동을 벌였는데 그들은 국민학교, 중학교, 고등학교엘 직접 파고 들어가 한 사람이 한 주(週) 14시간씩의 시교실(詩敎室)을 가졌다. 얘기는 다르지만 하와이에는 하와이 토인(土人)들의 고유문학이 존재한다.

물론 이들에게 문자가 없었으므로 이것은 구전(口傳)의 설화(說話)들로서 이를 재검토한 연구나 창작이 꽤 있고 또 이곳에서 어울려 사는 각양각색의 민족이 인간가족이라는 이상이나 그들의 삶의 애환(哀歡)을 표현하려는 단편적 노력이 지상(紙上)에 가끔 눈에 띄지만 아직도 이렇다할 거작(巨作)은 나오지 않고 있다.

이렇듯 하와이에 문학을 비롯한 각 자매(姉妹)예술이 그리 활발치 않고 또 우수하고 유능한 예술가들이 모여들지 않는 이유 중에 가장 큰 것은 일반적으로 누구나 부러워하는 상록(常綠)의 풍토가 아닌가 한다. 왜냐하면 일시 여행자들이나 심신(心身)의 안락만을 누리려는 범상인(凡常人)들에겐 하와이의 풍토가 낙원일지 모르지만 생성(生成)과 소멸(消滅)의 구분이 확연치 않은 이 속에서 시인, 작가나 사상가가 살기엔 마치 정신적 진공지대(眞空地帶)나 마찬가지이기 때문이다.

### 일본국(日本國) 하와이 현(縣)

일본인이 저희들끼리 일본국 하와이 현이라고 농담을 할 정도로 하와이는 일본색이 짙다. 이것은 첫째 전체 주민 80만 명 중 일본계가 3분의 1이나 되는 23만 명으로 백인 25만 명에 맞먹으니 어딜 가나 일본인과 부닥치게 되고 일본어를 가지고도 불편이 없을 정도 통하는 현상이라 이런 망발(妄發)이 나옴직도 하다.

더욱 놀라운 것은 일본의 경제적 진출로서 하와이에서 팔리는 텔레비전의 반수 이상, 자동차의 3분의 1, 라디오, 선풍기, 토스터, 카메라, 스테레오 등에 이르러서는 거의가 일본으로부터의 수입품으로 소비자가 누구나가 일본제품(日本製品)을 한두 개씩은 갖고 있는 폭이다. 또 일본계들은 하와이 관광업의 75%를 장악하고 있으며 일본 본국 재벌들이 지난 1년 호텔과 토지(土地)에 투자한 액수만 해도 6천만 달러에 달하고 일본 관광객은 연간 17만 5천 명이나 들끓는다는 것들을 합쳐서 생각할 때 하와이가 일본 속령(屬領)이 아닌가 착각을 일으키는 것도 무리가 아니다.

한편 하와이 사회에 있어 일본계 세력 역시 엄청난 것으로서 각부문의 초·중급 간부들과 요원들은 거의 그들이 차지하고 있다고 해도 과언이 아니요, 부지사(副知事) 조지 아리요시(有吉)를 비롯하여 미연방 상·하의원 4명 중 3명이 일본계요, 주(州) 사법부나 상·하 양원에도 절대적 비중을 차지하고 있다.

특히 하와이 대학의 인종별 학생통계 조사를 살피니 본교(本校)에 백인은 5천406명인데 비하여 일본계는 6천529명에 달해 장래 일본계들의 사회적 우위(優位)의 전망을 방증해 주고 있으며 그들의 꿈인 일본계 하와이 주지사(州知事)의 출현도 멀지 않을 것으로 보여진다.

이러한 사회적 우세 속에서 그들 일본계의 교민(僑民)끼리, 또 모국과의 유대나 협력은 부러울 정도로 이루어지고 있다. 또 그들의 민족적 긍지와 모국의 문물에 향한 자존심과 애정이 대단한 것이어서 그들은 자국어(일본어) 신문을 둘, 방송을 둘, TV 방송 하나, 영화관 다섯, 병원, 은행, 백화점을 갖고 있으며 일본어 학교가 10여 개처, 불교의 각 종파 사원, 신사(神社), 각종 무도장(武道場)이 있고 일본식 음식점이나 각종 상점은 곳곳에 있다.

물론 일본계들은 미국 시민으로서의 자각과 그 범주 안에서의 행동을 하고 있는 것이나 이러한 일본세력의 팽창을 의구와 비판의 눈으로 보는 타계(他系) 시민들도 없지 않아서 일본의 자본이나 일본계들의 세력으로 옛날의 하와이언들의 경우처럼 스스로가 콘트롤할 힘을 잃는 지경이 되지 않을까 수군거리기도 한다. 여하간 나 같은 뜨내기 손이 보기에도 세계의 모범이 되고 있는 각종 민족의 공통적 발전과 조화라는 면에서 일본세력(日本勢力)의 과잉 팽창은 하나의 문제로 보였다.

### 하와이의 한국세(韓國勢)

이러한 일본의 호세(豪勢) 현상에 비하여 하와이의 우리 한국계는 첫째 인구부터가 불과 8천여 명에 불과하다.

비율로 따지면 그 교육 정도나 사회 진출은 백인·일본계·중국계 다음은 가지만 교포(僑胞)간의 단합이나 모국과의 연대(連帶)는 지극히 미온적 상태여서 연로층(年老層) 제 1세들은 아직도 과거 독립운동시대의 망령(亡靈)에 사로잡혀 있어서 동지회다, 국민회다 갈라져 있으며 제 2, 3세 층은 모국의 언어부터 상실한 무관심으로 한국교포사회라는 하나의 협동적 집단을 좋은 의미에서나 나쁜 의미에서나 형성 못하고 있는 것이 현실이다.
 이런 현상 속에서 하와이의 한국인들이 가장 두각을 나타내는 활동무대라면 좀 대차적(對蹉的)이긴 하지만 한쪽은 대학이요, 한쪽은 술집이다. 후자(後者)부터 먼저 소개하면 호놀룰루에는 약 60개의 한국 술집이 있어 홍등가(紅燈街)를 단연 석권하고 있는 것이다.
 이는 동란(動亂) 이후 전쟁부인(戰爭婦人)들의 이민(移民)으로 인한 그들의 진출이 확장되어진 것으로 짐작되는데 여하간 좀 비싸다는 평판이지만 안주나 서비스 좋기로 각 인종 서민들에게 대인기요, 또 그녀들의 모국에 대한 향수나 가족들에 대한 애착심은 어느 나라 이주민(移住民)보다도 강렬하고 월등(越等)하다.
 하와이 대학으로 말머리를 돌리면 여기도 학생수는 동서문화센터 장학생이 약 50명, 개인 사비 유학생이 약 50명, 2,3세들, 즉 한국계가 150명가량으로 도합 250명 전후로서 전체 본교 학생수의 1%밖에 안 된다. 그러나 자랑스러운 것은 태평양 내 각 나라에서 선발되어 온 각양각색의 인종들과 침식을 함께 하며 공부하고 있는 동서문화센터의 우리 장학생들이 앞서도 말했듯 가장 우수하다는 호평을 받고 있고, 또 놀라운 것은 대학 각과에 한국인 교직원수가 30여 명에 달하는 것이다. 이것은 외국대학의 한국인 진출로는 기록적인 것으로서 각기 전공분야에서 제 스스로가 실력을 쌓아 거의 인종차별이 없는 하와이 대학 강단에 이 역시 제 스스로가 활로(活路)를 개척하여 모여든 것이다.
 이러 저러한 하와이 대학 안의 한국인들의 활동이 밑거름이 되어 미국 안의 한국학을 종합하고 또 국제정세 등에 대응시키기 위하여 지난 4월 한국문제연구소(韓國問題硏究所)의 발족을 보았다. 이에 앞서 이미 클리블런드 총장이 한국에 다녀간 바 있고 또

동(同) 소장인 서대숙(徐大肅) 박사와 운영위원들이 남북한 비교연구 등의 절실한 과제들을 내걸고 그 방안이나 자금 등을 숙의 모색하고 있는 모양이지만 아직 구체적 실천 단계에 이르기에는 시일이 요할 것 같다. (1973년)

# 망향부(望鄕賦)

　나이가 들수록 고향이란 더욱 그립고 간절해지는 법인데, 거기다 〈잃은 고향을 그리는 글〉을 그것도 송년호에다 쓰라니 남의 쓰라린 상처를 휘집어 파는 편집자의 고약한 심보(?)라고나 할까? '명절을 쇠러 고향에' '귀향열차 차량 증가' '교포 성묘단 귀국' 등 얼마나 아름다운 정감을 불러일으키는 말들이며 또 흐뭇한 정경인가! 우리와 같은 실향민에게는 그 얼마나 애틋한 향수를 자아내고 설움에 잠기게 하고, 가슴에 공허와 적막의 큰 구멍을 뚫어 놓는 말들이며 정경인가!
　사람이 세상에 태어나서 제 고장 한 자리에 살다가 그 곳에다 뼈를 묻기란 쉽지 않은 일이요, 흔히는 고향을 등지거나 버리고 떠나 멀리 타관에 살면서 고향을 하나의 마음의 귀의처로 삼고 그리면서, 명절이나 제사, 길흉사 때 찾아가 일가 친척, 옛 이웃들과 회포를 풀기도 하고, 또 입신출세하여 부귀나 공명을 이루고 금의환향을 한다거나 또는 이와 반대로 사업에 실패나 건강에 장해를 일으켰을 때 고향에 돌아가 정양을 하면서 재생과 재기의 기회와 그 기운을 회복하건만, 나와 같이 국경 아닌 국경으로 고향을 잃고 고향이라면 북쪽 하늘만 바라보며 무심히 흘러가는 구름만 부러워하는 이 심정은 당하고 있는 사람이 아니면 아마 모를 것입니다. 이런 나에게 이렇게나마 회상 귀향이라도 시키는 편집자에게 처음의 원망을 거두고 오히려 고맙다고나 하랴! 현재

경부선 특급들이 서울 부산을 다섯 시간 반이면 달리니 경원선 즉 서울 원산 간은 해방 전 그 푸푸하던 증기기관차로도 여섯 시간이었으니 디젤로 달린다면 두 시간 반, 기껏해야 세 시간이면 족할 것입니다.

　여기서 철원까지 한 시간, 거기서 내금강으로 들어설 등산객, 관광객들을 쏟아놓고 남북을 새로 이은 레일을 달려 평강 고원지대를 한숨에 올라 방목의 소, 양, 염소 떼들을 바라보다가 삼방협(三防峽) 터널을 빠져 사이다보다도 진한 약수가 바위 틈에서 쿨쿨 쏟아져 나오는 삼방역에다 전지요양의 병자나 탑승객들을 내려놓은 다음, 어랑타령의 신고산을 지나면 바로 무학대사가 이태조의 등극의 꿈을 해몽 예언했다는 석왕사에 도착, 여기서도 순례자나 관광객들을 내려놓고 나면 그 다음은 안변, 여기로 치면 삼랑진보다도 더 들이닥칠 과일장수들의 실갱이 속에서 외금강 행객들을 보내고 나서는 한걸음에 원산에 들어섭니다.

　원산—원산—. 산의 'ㄴ'을 길게 끄는 역 안내의 스피커 소리가 방금도 귀에 들려옵니다. 구름다리 층계를 오르고 내려서 플랫폼 광장엘 나서면 마주뵈는 정다운 남산. 어디로 먼저 갈까. 무엇보다도 먼저 송도원 바다를 찾아야지. 바다로 차를 몰아 옛날엔 일본인 거주지역과 통로이던 관다리 대홍교를 지나 송정리 고개를 단숨에 넘으면 송림을 낀 백사장이 10분이면 나섭니다.

　살아서 생동하는 동해! 마냥 짙푸르고 마냥 싱싱한 그의 몸집은 변함없이 늠실거리고 있습니다. 나는 두 팔을 벌려 크게 심호흡을 합니다. 아아 살 것 같다. 바다는 지난 여름의 그 인파와 뭇 청춘들이 뿌리고 간 낭만의 뒷전 적막을 안고 태질하듯이 몸을 뒤칩니다. 그러나 이 바다에는 허접스런 감상이나 후회가 없습니다. 통쾌하고 서늘한 해방감이 나의 가슴을 후련케 합니다. 밀려오는 파도도 나에게 용기를 북돋아 줍니다.
  저 모래밭, 저 솔숲, 저 탈의장, 테니스장, 베이비 골프장, 식당, 여관, 어느 한 군데 눈에 선한 추억을 안 담은 곳이 없고 아롱진 청소년 시절의 꿈을 안고 알몸으로 뒹굴던 나의 모습이 필름처럼 펼쳐집니다.

>남빛 바다에 뜬
>구름을 타고 헤엄치다
>푸성귀마냥 퍼래져서
>찰싹이는 파도이랑을 넘어
>베폭처럼 펼쳐진 모래밭에 올라가
>지글거리는 태양을 깔고 덮고 뒹굴다가
>해당화 붉은 울타리 넘어
>제물 차일의 솔숲으로 들어서
>그 푸른 그늘 아래
>왕성한 식욕을 채운다.
>나의 실향, 나의 실낙원
>원산 송도원!
>  -졸시〈실향바다〉

  연전에 망향에 못 이겨 끄적여 본 것이지만 무딘 붓으론 그 실경을 나타낼 수가 없습니다. 그 이글거리는 태양이 내려 쬐는 백사장에서의 순수한 생명감과 그 열기! 거기다가 청정한 안식을 주는 솔숲의 그늘과 바람! 특히 그 솔숲의 아름다움은 비할 바가 없습니다. 그래서 지중해 열사의 바다를 실존의 피안으로 표현하는 알베르 카뮈에게 쓴 나의 글발 형식의 시에는,

친구여, 서양 친구여!
그대는 지중해, 열사(熱砂)의 바다를
삶의 피안(彼岸)으로 삼는가?

아닐세, 그 아닐세
이글이글 태양과 푸른 바다와
흰 파도와 불꽃이 튀는 모새밭만으로는
우리가 기리는 해방(解放)은 없느니,

이렇게 한번 상상해 봄세!
가령, 저 태평양 한복판
사방(四方) 아득히 밀려가고 밀려오는
그 창연(悵然)과 허막(虛漠) 앞에서

가령, 저 아라비아사막 뙤약볕 아래
타들어오고 숨막히는 갈증 속에서
이 사람! 어찌 삶을 구가(謳歌)한단 말가?

그것은 진실로 두려운 노릇일세
짐짓 우리 본향(本鄕) 실존의 마을엔
솔숲! 내 실향(失鄕), 원산(元山) 송도원(松濤園)과 같은
솔숲을 두어야만 쓰느니

그리고 가끔 차일(遮日)과 같은
서늘한 그늘 아래 쉬어야만 하느니,
친구여, 서양 친구여!

－졸시 〈실향바다〉

라고 적었던 것입니다. 붉은 두 줄이 간 백미터 수영모를 쓰고 물에 뛰어 들던 보통학교 시절, 몽키 플레이와 모래조각을 만들며 승강이를 치던 중학생의 모습, 일본 유학생으로 인생과 예술과 사회를 논하던 대학 시절, 신문기자로 일제하에서나마 조그만 자유를 누리는 듯 으스대고 다니던 시절의 모습, 그런가 하면 사회적 암울과 신병으로 오뇌에 싸여 홀로 빈 바다를 찾아와 흐느끼던 모습, 어릴 때부터의 벗과 이 바다에서 사귄 여러 남녀 친구들, 저명한 인사들의 모습 등이 총천연색이 되어 획획 지나갑니다. 그리고 35년이 지난 오늘의 내 늙고 풀기 없는 모습이 대비될 때 가슴이 뭉클해지며 눈시울이 뜨거워집니다.

　아니 모처럼 찾아온 고향, 회상과 비애에 젖어 멈춰 있을 때가 아닙니다. 고개를 들자, 오른편 멀리 감돌아든 갈마반도의 명사십리가 흰 베폭이 깔린 듯 아련히 보입니다.

　　　　파란 스커트를 걸친
　　　　명줏빛 젖무덤에다
　　　　흰 타올을 두른
　　　　용광로 가슴이
　　　　황금빛 정열을 퍼부어
　　　　천지가 눈부시다.
　　　　명사십리
　　　　－졸시 〈실향바다〉

　거친 모래들은 모두 채로 쳐서 버린 듯 보드랍고 고운 설탕 같은 모래만이 장장 10여 리나 깔려 있고 그 언저리에는 해당화가 붉게 피는 곳, 이 희귀한 자연풍광을 보지 못한 사람에게는 도저히 형언할 길이 없을 정도입니다. 금강산과 더불어 일찍부터 외국에까지 널리 알려진 이 두 해수욕장은 지금 공산당들의 휴양소인가 뭔가로 쓰여서 일반에겐 폐쇄상태인 모양이나 해방 전만 해도 서울서 여름에 피서나 해수욕을 간다면 으레 먼저 쳐드는 곳이었습니다.

자아 이제는 걸음을 돌려 해안통으로 가봅니다. 아마 지금은 도루묵과 짤대, 가자미 철, 산더미같이 쌓이는 고기, 고기…… 명태, 대구, 정어리, 청어, 멸치…… 철따라 이것은 잡아왔다기보다 고기밭(?)에서 그대로 퍼오는 광경입니다. 나의 어렸을 때는 정어리나 도루묵은 1전에도 몇 두름이며 10전이면 한 함지박 수북이었습니다. 이런 풍성한 어획이기에 한국 최대의 수산물로 만드는 제유제비(製油製肥)공장과 통조림공장이 해방 전에도 근대적 공업시설을 갖추고 있었습니다.

그래서 들어오는 고깃배마다 몰려드는 함지장사 아낙네들의 그 건강하고 생기찬 모습과 그녀들의 싱그러운 말씨들은 또 하나의 특유한 풍정이었습니다. 여기야말로 사람이 사는 것 같다고나 할까! 다른 도시의 거리나 시장에서 일어나는 장사치들의 소란과 아귀다툼이 발악같이 들린다면 이곳 어시장의 소음에는 삶의 환희와 희망과 거기서 오는 여유의 농정이 분명 깃들어 있었습니다.

이제 또 발걸음을 옮겨봅니다. 저러한 바다의 무한한 보고가 있는가 하면 원산은 남으로는 곡창인 안변평야와 북으로는 덕원평야의 채전을 양 옆에 끼고 있습니다. 안변서 나는 쌀과 사과는 예로부터 손꼽힐 뿐 아니라 덕원평야는 일찍이 1920년대부터 가톨릭의 독일계 수도원의 농장이 있어 그 개량재배를 본받아 화교들의 채마와 더불어 현대화되어서 여러 가지 부식물들을 생산했을 뿐 아니라 묘목, 화초재배, 특수작물이 성행했었습니다. 이렇게 원산은 수산물뿐 아니라 농산물에 있어서도 그 집산지가 되어 있었습니다.

여기에다 산업시설만 하더라도 해방 전에 이미 갈마의 석유공장, 문평의 시멘트공장, 금속제련공장 앞서 말한 수산물공장, 조선회사 등이 용립되고 있는 곳이요, 풍광과 교통으로 말하자면 이미 우리가 타고 온 경원선이 함경선으로 뻗치며, 문천(文川)의 운림폭포(박계주의 소설 《순애보》에 나온다), 용담의 약수가 있고 고원에서 엇갈린 평원선에는 심산유곡의 양덕온천이 있으며 동해선 쪽으론 그 옛날부터 문인들이 즐겨 찾던 송전과 총석정을 거쳐 외금강으로 들어서 1만 2천 봉의 만물상, 비로봉을 우러러 오르게 됩니다. 이렇듯 원산은 한국의 절승들을 위성처럼 거느리고 있다고나 할까!

저러한 여러 가지 자연적 풍토와 그 천혜적 여건 때문에 원산은 예로부터 살기 좋고 인심 후한 고장으로 호가 나 있습니다. 그리고 근세에 와서의 개항도시이기 때문에 몇 대나 내려오는 토착세력이라는 것이 없고 전국 각지에서 모여든 사람들이 제 잘나면 돈도 벌고 사회적 지반도 쌓을 수 있어 시쳇말로 하자면 근본적으로 민주적 도시라 하겠습니다.

그래서 원산의 말씨도 사투리가 아주 적은 편이고 오히려 서울의 속어보다는 표준어에 가깝습니다. 또한 산수의 덕이랄까? 남녀의 몸매도 훤칠한 편이요, 성격도 대체로 개방적이고 씀세도 좋아서 퍽 사교적입니다. 지방적으로 함경도를 아주 싫어하는 사람도 원산이라면 한몫 봐주는 것도 저러한 연유입니다.

아, 이제 현실로 돌아옵니다. 그 바다와 같이 노상 푸르고 싱싱

하고 활기에 찬 내 고향은 간 곳 없고 서울도 여의도 빽빽한 시멘트 숲 속, 닭장 같은 아파트 한 구석에 들어앉아 눈에 비치는 것은 막막한 활자(活字)의 바다뿐입니다. 나의 잃어버린 고향바다를 되찾을 날은 언제인지? 이제 나에게 있어 원산은 W. B. 예이츠가 노래한 〈이니스프리 호도(湖島)〉인 것입니다.

　　이제 나는 일어나 가야겠다.
　　이니스프리로 가야겠다.
　　그곳에 가서 진흙과 나뭇가지를 엮어
　　작은 오막살이 한 칸을 지어야겠다.
　　그리고 거기에다 아홉 이랑의 콩밭과
　　꿀벌 한 통을 가지련다.
　　벌소리 요란한 골짜기에 홀로 살련다.

　　그러면 그곳에는 평화가 있겠지.
　　평화는 천천히 방울짓는 것이니.
　　아침 장막으로부터 귀뚜라미 우는 저녁까지.
　　그곳 한밤중도 온통 은은히 빛나고
　　대낮은 보랏빛 광채,
　　저녁은 방울새 날개로 가득 차리.

　　이제 나는 일어나 가야겠다.
　　밤이나 낮이나 항상 호숫물이
　　기슭에 가벼이 찰싹이는 소리 들리리니
　　거리에 섰을 때나
　　회색 행길 위에 섰을 때나

나는 그 소리를 깊이
가슴 한복판에 듣는다.

## 8·15의 추억 몇 가지

### 어느 중국 사내와 일본 아낙네

내가 해방을 맞은 것은 27세 때였다. 나는 1941년 일본서 학업을 마치고 돌아와서 함흥에 있는 〈북선매일신문〉에 기자로 일하고 있었는데 바로 해방 전에 폐결핵을 앓게 되어 고향인 덕원(德源:원산 교외에 있음)에서 휴양을 하다가 8·15를 맞게 된다.

그때의 감격이야 나라고 유다를 게 없지만 그 속에서도 가장 잊혀지지 않는 추억이라면 첫째 어느 중국 사내와 일본 아낙네의 모습이다. 즉 나는 8월 16일 원산에 나가 8·15 전 소위 일제 요시찰 인물들의 집합소이던 대화숙(大和塾) 동지들과 함께 트럭을 타고 태극기를 흔들며 온 시가지를 누볐는데, 그때 남북쪽 들판에서 목도한 것이 그 하나는 거미처럼 여위고 찌든 중국 사내가 제 나라 승전 소식도 못 들은 듯 채마밭에다 인분을 퍼다 거름을 주고 있는 광경이요, 또 하나는 꽃무늬의 화사한 몸뻬(일본 여인의 재래식 작업복)를 걸친 일본 아낙네가 제 나라 패망 소식도 모르는 듯 묘포밭에선 호미로 김을 매고 있는 풍경이었다.

중국인으로 말하면 10년 항쟁에서 승리자가 된 터수요, 일본인으로 말하면 이제 앞날이 캄캄한 패전국민인데 그들은 그 흥분의 도가니와 절망의 수렁 속에서도 자기를 잃지 않고 오늘에다 자신을 충실하게 바치고 있는 것이었다.

나는 이 광경을 목도하고 아직도 해방의 정체가 무엇인지도 모르면서 온통 흥분에 들떠 있는 우리 국민과 자신의 몰골이 부끄럽기도 하고 한편 섬뜩한 느낌이 들었다. 왜냐하면 저렇듯 강인한 자기집착과 냉정한 이성을 지닌 국민과 그 국가들을 영원한 이웃으로 우리는 삼아야 하고 또 삼고 있다는 사실이 불안감을 불러일으켰던 것이다. 그리고 나의 저러한 충격적 추억은 해가 갈수록 확대되어 가는데 이것은 우리 국민성의 조급함이나 감정 편중이 저들의 국민성과 대비되어 나타나고 있고 그 장래가 우려되기 때문이다.

사실상 오늘날 그 이념이야 어쨌든 중공의 통일과 발흥, 일본의 저 부흥을 바라볼 때마다 나는 그때 그 산동성호인(山東省胡人)과 그 일본 여인네의 모습이 복합적으로 떠올라 지워지질 않는다.

### 공산주의자들의 선수(先手)

다 아다시피 일본이 항복하기 일주일 전인가 소련이 개입해서 만주에 이미 진입해 있던 터라 공산주의자들의 북한에서의 활동은 해방 직후 곧바로 재빨리 시작되었다.

내가 16일 원산에 나가 제일 처음 만난 사람은 당시 사립 광명소학교의 교사로 있던 이 모(곧 원산보안사 부서장이 됨)라는 친구였는데 그는 나를 보더니 "구 동무! 잘 만났소. 동무, 이제 곧 노동조합 창립 모임이 있으니 나와 함께 같이 갑시다"라고 말했다.

나는 그가 전부터 막시스트라는 것을 모르지 않았지만 그도 내가 가톨릭이기 때문에 공산주의를 '터부'로 여기고 있는 것을 알고 있으련만 그는 그렇듯 나에게 선수를 치고 나서는 게 아닌가.

그래서 이제까지 서로 선생 호칭을 하고 깍듯이 존대를 하던 사이였는데 '구 동무' 어쩌고 하는 게 귀에 거슬렸으나 내색할 수도 없어 우물쭈물 인사만 하고 나는 앞서 말한 대화숙 동지들이 모인 진성여자학원으로 갔었다.

그런데 그 이튿날 노동조합에서 해방 축하기념 강연을 원산 상업학교 마당에서 갖는데 나를 연사의 한 사람으로 지명해 왔다. 여러 동지들과 의논한 결과 그 주최야 누가 하든 참가하는 게 좋겠다는 의견이어서 몇 사람과 함께 일단 그 강연장에 나갔다.

먼저 전 모(곧 원산시 인민위원장이 됨)라는 저명한 공산주의자가 등단을 하여 강연을 하는데, 소련과 공산당 찬미로 시작하여 "신생 조선은 노동자 농민을 위한 프롤레타리아 정권을 세워야 한다"는 요지였다.

다음에도 송 모(곧 강원북도 인민위원회 교육부장이 됨)라는 자기네 연사를 내세웠는데 그도 똑같이 소련의 10월 혁명만 찬양하길래 나와 나의 일행은 듣다못해 일제히 퇴장을 하고 말았다. 그리고 진성여학원으로 도로 돌아와서 준비를 서둘러 19일날 원산해성소학교 마당에서 독립투사 강기덕, 문무술 선생을 비롯한 민족진영의 인사끼리 축하강연회를 가졌다.

저렇듯 공산주의자들은 8·15 직후부터 언제나 매사에 선수를 쳤고 소련군이 진주하던 20일께도 원산 출신 공산주의자들의 거물 이주하가 서울서 내려와 그 환영행사를 자기네 중심으로 치르고 말았다.

### 소련 진주군의 행패

해방의 사자 소련 진주군의 그 무지와 횡포에 대해서는 당시 월남한 3백만 피난민들의 산 경험을 통해서 널리 알려졌던 바지만 오늘날 새로운 세대들에게는 세계 최대강국의 하나인 소련의 그 군대가 그토록 야만적이라고는 도저히 상상이 안 갈 것이다.

말인즉 일본군 중에서도 이름을 떨치던 만주의 관동군과 일전을 각오하고 그 선봉으로 죄수들로 편성된 부대를 파견했었다지만, 여하간 그 행패나 노략질엔 경악을 넘어서 고소를 금치 못할 지경이었다. 내가 실제 체험한 바로도 그들이 진주한 그 이튿날 원산의 일본인 시가(市街)인 나까마찌도리(仲町通)를 지나가고 있는데 로스케 병정 몇이 총을 들이대며, '야폰스키(일본인) 마담'을 찾아내라는 위협이었다. 그래서 뒤따르라고 손짓하고는 치안위원회가 설치된 미나까이(三中井) 백화점 앞까지 와서는 소리를 지르면서 안으로 뛰어들어가 겨우 곤경을 면했다.

그들은 그야말로 눈이 벌개서 '야폰스키 마담'을 찾아 헤매서 강간·윤간·살해 등 야수와 같은 만행을 했고, 시계나 트랜지스터 라디오와 같은 현대적 생활용품들은 보기만 하면 '다와이(내라)' 해서 시계는 양팔에 두세 개씩 차고 다녔다. 그리고 '헬레바리'라는 아이 베개만큼씩한 빵을 들고 다니며 아무 데서나 먹고 아무 데서나 굴러자며 그 잔인과 포악성을 여지없이 발휘했는데 그들의 이러한 행실을 여실하게 나타낸 일화로는 다음과 같은 것이 있다.

즉, "소련 병정들이 지엠씨를 몰고 국도를 달리다가 어느 부락 앞에서 길을 건너던 어린애를 치어 죽인다. 그러나 그들은 재수없다는 듯 쌍욕을 뱉고는 도로 휘파람과 노래를 부르며 그대로 지나가는데, 이번엔 다른 부락 앞을 지나다가 행길에 잘못 나와 꿀꿀대던 도야지 새끼 무리를 치고는 차를 정지시키고 한 병정이 내려와 그 피투성이가 된 새끼들을 주워서 싣고 떠나더라"는 얘기다.

 정말 유물적 본능에서만 사는 짐승 같은 인간의 표본을 보는 느낌이랄까!

 이렇듯 유물사관과 그 공산주의는 인간성을 동물적 상태로만 몰아간다고 하겠다.

## 나의 집 서묵(書墨)

　나는 별로 서화나 도예품 등에 대한 수집욕이 없고 또 그 주제도 아니기에 자랑할 만한 명품들을 지니고 있지 않다. 더구나 나는 여의도 아파트살이라 오랜 세월 속에서 손에 들어온 서화나 도예품 등도 거의 벽장 구석에 처박아놓고 지낸다. 그런데 서화보(書畵報)를 내고 있는 동강(東江) 님께서 무슨 글이라도 하나 쓰라는 분부시라 궁여지책으로 가난한 내 집 안에 걸려 있는 서묵 몇 점이나 소개할까 한다.
　먼저 말씀드릴 것은 나는 지금 살림집과 서재를 같은 아파트 이웃동에 따로 두고 있는데 얼핏 들으면 호사스러운 것 같지만 두 채 다 합쳐야 50평으로서 오직 장서의 처리와 작업의 몰입을 위해 불가피하게 격리시켰을 뿐이다. 그러면 살림집부터 시작해 보면 아파트 현관문에는 '관수재(觀水齋)'란 팻말이 하나 붙어 있는데 이것은 산문(山門) 출신의 서예가 오정(烏丁) 김진해(金振海) 님의 서각이다.
　이 '관수재'란 당호는 나와 결의형제인 진주의 시인 설창수(薛昌洙) 형이 지은 것으로 내가 6·25 대구 피난 시절 낙동강변 왜관읍에다 마련한 시골집의 이름으로 당시 생존하였던 유당(惟堂) 정현복(鄭鉉福) 선생의 휘호로 현판을 만들어 보내 주어 이제껏 그 사랑채 마루 위에 걸어놓고 있다.
　역시 서울로 올라와서도 이렇듯 한강변에 살기 때문에 당호도 그대로여서 내 거처 모두가 관수재가 되고 말았는데 물수(水)는 마음 심(心)과 한뜻의 글자라 나의 서실에는 아주 똑떨어진 아호라 하겠다. 이렇듯 내가 자연히 강을 가까이하고 사랑해서인지 한 3년 전부터 '강'을 주제로 연작시 60편을 써서 이미 출판까지 보았다.

얘기가 처음부터 옆으로 흘렀지만 이 글이 본디 무슨 골자가 있는 것이 아니니 눌러 보아 주시기 바라며 이제 내 살림집 현관을 들어서면 바른 벽에 '시사죽간득 도심좌외봉(詩思竹間得 道心座外逢)'이란 주련(柱聯)이 걸렸는데 이것은 우죽(友竹) 양진니(楊鎭尼) 님의 초서로 그가 연전 표구까지 해서 보내 준 것이다. 그러나 내가 단문하여 이 글귀의 출전을 모르고 명색 시인이요, 구도자(신앙인)이면서 저 오언대구의 가르침의 뜻만 헤아릴 뿐 그 경지를 시에서도 도에서도 다다르지 못하니 부끄러울 뿐이다.

그리고 거실마루의 한 벽에는 젊은 서예가 도균(陶均) 이길상(李吉相) 님이 나의 연작시 〈그리스도 폴의 강〉 제8·9편을 쓴 한글 서액이 걸렸는데 두 편 모두는 너무 길어 여기다 한 편만 옮기면,

        붉은 산굽이를 감돌아 흘러오는
        강물을 바라보며
        어느 소슬한 산정 옹달샘 속에
        한 방울의 이슬이 지각을 뚫은
        그 순간을 생각는다네.

        푸른 들판을 휘돌아 흘러가는
        강물을 바라보며
        마침내 다다른 망망대해

넘실 파도에 흘러들어
억겁의 시간을 뒤치고 있을
그 모습을 생각는다네.

내 앞을 유연히 흐르는
강물을 바라보며
증화(蒸化)를 거듭한 윤회의 강이
인업(因業)의 허물을 벗은 나와
현존으로 이곳에 다시 만날
그 날을 생각는다네.

  다음 거실 책꽂이 위에는 '잔서완석루(殘書頑石樓)'라는 추사의 글씨를 탁본하여 각자(刻字)한 현판이 놓여 있는데 이것은 막역지우인 우두(雨杜) 김광균(金光均) 사백이 그 언젠가 선사해 준 것으로 그 출전과 해의(解義)마저 불분명하다. 우두 형께는 물론 한문에 조예가 깊은 분에게 물어도 설명을 못 해내는지라 이제는 내 멋대로 콘크리트 아파트를 완석루(頑石樓)라고 해석하며 오직 그 추사의 절묘한 글씨만을 완상한다.
  그 다음 안방에는 '필유천추업 시전오자성(筆有天秋業 詩專五字城)'이라는 예서 편액인데 구주필 선생 아정 석산 방한예(具主筆 先生 雅正 石山 仿漢隷)라고 되어 있고 그 글씨를 써주신 분의 실명도 모른다. 기억을 더듬으면 6·25 대구 피난 시절, 내가 영남일보 주필 겸 편집국장으로 있을 때 이미 고인이 되신 노산 이은상(李殷相) 선생이 동반하고 나를 찾아주셨던 당시 칠순 노옹을 소개하시면서 해방 전에는 위창(葦滄)과 더불어 굴지의 서예가시라던 그분이 써주신 것만은 틀림없다. 그 후 서가명감 등을 찾아

보았으나 석산이란 아호는 발견하지 못하고 있고 또 나는 시전오자성(詩專五字城)에 해당할 한시는 쓸 줄 모르지만 필유천추업의 지향만은 갖는다는 뜻에서, 보다 그 글씨 자체가 아주 탈속해 보여서 걸어놓고 있다.

다음은 내 서재로 가면 여기도 역시 현관문에는 오정의 '관수재'라는 서각이 붙어 있고, 거실에 들어서면 왼쪽 벽면 전체가 책꽂이인데 그 한복판 기둥에 율관(栗觀) 변창헌(邊昌憲) 님의 서각 주련인 '금강정안휘건곤(金剛正眼輝乾坤)'이라는 찬게(讚偈)가 걸려 있는데 이것은 그의 서울전 때 하나 산 것이고 그 맞은편 벽 책꽂이 위에는 진주의 은초(隱樵) 정명수(鄭命壽) 옹의 '관수세심(觀水洗心)'이란 편액이 걸려 있다.

이 은초 선생은 바로 진주 촉석루의 대현판을 쓰신 분으로, 나에게 주신 당호의 부(賦)로서는 최상의 것이라 하겠다. 이 글귀는 그 뒤 여초 김응현 님에게도 하나 받아다 살림집에도 걸렸었는데 나의 대자(代子)인 김윤형(金胤衡) 박사가 압구정동에 있는 바로 강변아파트에 살게 되어 그 집에 물려주었다.

또 창변 쪽에는 두보시(杜甫詩) 일수를 예서로 쓴 중국 대륙의 조소선(祖紹先)이라는 현역 서가가 쓴 족자가 걸려 있는데,

<blockquote>
양개황려명취류(兩個黃鸝鳴翠柳)<br>
일행백로상청천(一行白鷺上靑天)<br>
창함서령천추설(窓含西嶺千秋雪)<br>
문박동오만리선(門泊東吳萬里船)
</blockquote>

이라는 서경(敍景)의 일품시(逸品詩)다. 이것은 내가 지난해 하와이 대학 동서문화연구소에 예우작가로 갔다가 그곳에 있는 인구

문제의 세계적 권위인 조이제(趙利濟) 박사에게서 받은 것이다.

이외에도 추사의 탁본인 '대호쾌활(大好快活)'이란 편액이 있고, 창암(蒼巖) 이삼만(李三晚)의 초서 이곡병(二曲屛) 등을 지니고 있으나 지면 관계로 그 시와 인수 경위 등은 소개하지 못한다. 이렇듯 나의 집 서묵들은 모두가 인간의 훈향과 우애가 깃든 것이라 나는 그 묵향과 더불은 교훈과 격려 속에서 살며 일하고 있다.

## 낙동강변 나의 시골집

제목만 보면 영감쟁이가 무슨 별장을 가졌나 하고 의아해할 사람들이 있겠지만 나에게는 대구의 인접 고을인 칠곡군 왜관읍 낙동강변에 한 20여 년을 살던 시골집이 있고, 실은 나의 본적지(월남민)도 바로 그곳이다.

그 사연은 장황하다면 장황하지만 줄여서 쓰면 내가 동란 시절 대구로 피난하여 휴전 때까지는 국방부 기관지 〈승리일보〉를 주재하다가 〈영남일보〉 주필 겸 편집국장으로 잔류하게 되었는데, 나의 고질인 폐결핵이 재발하여 입원 치료를 하는 등 건강이 부실하여 도저히 도시생활이 부적합하게 되었다.

그런데 때마침 앞에서도 밝힌 바 있는 함경도 원산 교외 덕원에 있던 독일계 베네딕도 수도원의 수도자들이 감금되어 있다가 휴전 후 국제적십자사의 노력으로 북한 감옥에서 풀려나 본국으로 돌아갔는데 그 생환자 중 몇몇 분이 곧바로 우리나라로 와서 천주교 대구교구 소속지인 왜관에다 수도원을 설립하게 되었다. 그래서 나와 아내는 친정 같은 수도원 이웃에다 이사하기로 결정하고, 당시 7만 원이라는 금액으로 초가집 한 채가 있는 5백 평의 땅을 매수하게 된 것이다.

그리고 수도원 건축책임자인 명용인 수사님의 지휘 감독으로 아내가 일할 의원 한 채를 짓고, 소위 나의 사랑채를 지었는데, 그것이 바로 고 파성(巴城) 설창수(薛昌洙) 시인께서 '관수재(觀水

齋)'라는 당호를 지어 주고, 진주의 명 서가 은초(隱樵) 정명수(鄭命壽: 진주 촉석루 현판을 쓰신 분임) 선생께서 '관수세심(觀水洗心)'이란 제의(題意)를 써 보내 주셨다. 이리하여 그곳으로 이주하여 신문사나 대학(효성여대와 청구대학) 강의 등을 거기서 출퇴근했으며, 그 후 나는 일본과 하와이 등을 전전할 때도 아내는 1974년까지 그곳에 머물렀으므로 20여 년을 그곳에 산 것이 된다.

그래서 나의 연작시 〈밭 일기〉 1백 편이나 〈그리스도 폴의 강〉 60여 편 등도, 물론 어릴 적의 함경도 시골에서 산 체험도 있지만, 칠곡의 수도원 농장들과 그때는 바로 집 앞이 나루터인 낙동강변에서의 삶이 바로 시의 소재나 제재가 되었다.

아지랑이가 아물거리는 강에
백금의 빛이 녹아 흐른다.

나룻배가 소년이 탄 소를
싣고 온다.

건너 모래톱에
말뚝만이
홀로 섰다.

낚싯대 끝에
잠자리가 조은다.

멀리 철교(鐵橋) 위에서
화통차(火筒車)가

목쉰 소리를 낸다.

풀섶에 갓오른
청개구리가
물끄러미 바라본다.
- 〈그리스도 폴의 강 · 7〉


산과 마을과 들이
푸르른 비늘로 뒤덮여
눈부신데

광목처럼 희게 깔린 농로(農路) 위에
도시에선 약 광고에서나 보는
그런 건장한 사내들이
벌써 새벽 논물을 대고
돌아온다.

\*

이쁜이가 점심함지를
이고 나서면
삽사리도 뒤따른다.

사내들은 막걸리 한 사발과
밥 한 그릇과

단잠 한숨에
거뜬해져서 논밭에 들면
해오리 한 쌍이
끼익 소리를 내며
하늘로 난다.

    *

저녁 어스름 속에
소를 몰아
지게 지고 돌아온다.

굴뚝 연기와
사립문이 정답다.

태고(太古)로부터
산과 마을과 들이
제자리에 있듯이

나라의 진저리나는
북새통에도
이 원경(原景)에만은
안정이 있다.
 - 〈밭 일기 · 23〉

위와 같은 시들이 바로 낙동강변 삶의 실경과 실사들이다.

그리고 이중섭도 왜관 이주 초기 그의 만년을 우리 집에 와서 함께 살면서 낮에는 도시락을 싸 가지고 산과 들과 강을 돌면서 왜관풍경 3점과 또 이미 널리 알려진 〈K시인의 가족〉 즉 우리 가족과 자신을 함께 그린 그림을 남겼다.

그 외에도 왜관의 나의 서재 관수재를 찾아오고 들러준 문인을 비롯한 국내외 친지들은 한량없이 많다.

한편 나의 과분한 복이랄까 신비하기까지 한 기이한 사실은 2000년, 칠곡군이 바로 그 집터와 집을 나에게서 사들여 소위 '구상문학관'을 세우기로 하여 건축가 김석철 씨의 설계로 군예산 및 국고보조비 등 20여억 원을 마련하여 건축 중에 있다.

내가 그 문학관을 위해서 한 것은 오직 도서 2만 5천여 권과 기타 소장품 기백 점을 보냈을 뿐 서울의 친지 한 사람도 발기인 등으로 내세운 바 없다. (2002년)

# 현존에서부터 영원을

이 가을에 나는 그 문턱에서부터 탈이 났다. 양력 8월 그믐께 아침 저녁과 밤이면 썰렁하곤 했었는데 그런 어느 날 어스름 때 옛친구가 찾아와 함께 동네 횟집엘 가서 한잔 마시고 들어온 김에 더웁길래 창문을 열어놓고 자다가 한밤중 깨어나니 또 지병인 천식이 도져 스무 날 가까이 자리보전을 하고 말았다.

이렇게 되면 병에서 오는 고통도 고통이려니와 학교 강의를 비롯하여 예정되어 있던 원고, 강연, 주례, 회합 등 약속이 모두 무너지게 되어 사람 노릇을 못 하게 되는데, 이것도 어쩌다 한 번이면 몰라도 지난 3년 동안 여섯 차례나 되니 그 꼴이 말이 아니다. 그래서 하루 이틀은 와병 소문을 내기 싫어서 출타부재를 빙자하지만 남과의 약속한 일도 있으니 만부득 실토할 수밖에 없게 된다.

그래서 '지금은 천식이 발작중이라 전화도 받을 형편이 못 된다'고 알리게 되어 주변들을 놀라게 하고 그러다가 기침이 멎어 멀쩡해서 나가면 마치 거짓 늑대를 만난 소년의 꼴이 되는 것이다.

실상 천식이니 해소니 해서 옛부터 집안에 그런 노인들이 한 분쯤 계셔 그저 저녁이나 밤이면 고통을 받다가도 낮에는 가라앉아, 일도 하면서 버티는 게 보통인데 나는 연전에 폐수술을 두 번이나 하여 호흡기능이 1천7백 CC로 보통 사람의 반도 안 되는지라 한번 천식이 발작했다 하면 그야말로 금세 숨이 꼴딱 넘어가는 것처럼 괴롭다. 어지간해야 이번 병상에서 다음과 같이 읊었겠는가!

병상에서 내다보이는
책보만한 가을 하늘이
서럽도록 맑다.

오늘은 천식의 발작도 멎고
열기도 가시고
향유를 바른 시신처럼 편안하다.

나 자신의 갈구도
무엇에 대한 미련도 벗어난
이 시각!

죽음아, 낙엽처럼 소리없이
다가오렴.

일반적으로는 죽음이 공포와 기피의 대상이지만 인간의 육신적 고통이나 정신적 고통이 극한에 달하면 오히려 죽음이 간절해지는 것을 나는 때마다 체험한다. 지금의 천식의 경우가 아니더라도 해방 직후 원산에서 시집 《응향》 사건으로 필화를 입고 탈출하다가 체포되었는데 때마침 겨울이라 불기 하나 없는 가옥사(假獄舍)에서 얼어드는 추위와 피곤과 절망에 휩싸였을 때나, 또는 1965년 일본 동경 교외 기요세 병원에서 제1차 폐수술 후 그것이

탈을 내서 8, 9일이나 고통이 멎지 않았을 때도 바로 그랬었다. 이 어찌 나쁜이겠는가. 이즈막 세상을 떠들썩하게 했던 박희범 교수 부부의 동반자살이나 그 뒤 이를 본따듯이 젊은 미망인이 어느 호텔에서 추락 자살한 사건이나 이 모두가 당사자들에게 있어서 죽음의 안식을 취하려는 행동이 아니겠는가.

 그런데 문제는 그 '죽음의 안식'이 그렇듯 뜻대로 와지느냐가 문제이다. 가령 죽은 뒤에 아무것도 없고 아무것도 남지 않는다면, 즉 우리 영혼의 불멸이나 내세가 없이 육신의 죽음으로 종말을 짓고 만다면 죽음에 대한 불안이고 공포가 있을 것이 없을 것이다. 그래서 앞에서 '죽음아, 다가오렴' 하고 읊은 나는 바로 그 시 다음 절에서는

   앓아 누워야만
   천국행 공부를 한다.

   마치 입시 전날에사
   서두르는
   게으름뱅이 학생 같다.

   교과서야 있고
   참고서도 많지만
   무슨 준비를 어떻게 해야 할지
   갈피를 못 잡고 허둥댄다.

   그래서 재수부터 마음먹는
   수험생처럼

'다시 한 번만 기회를 주신다면' 하지만
번번이 헛다짐이다.
이러다간 영원한
낙제생이 되지 싶다.

아니! 그건 안 된다.

　이렇듯 내 스스로를 따져볼 때 죽음의 공포와 불안의 정체는 내세에 직결되어 있음을 깨달을 수가 있다. 그런데 내세를 믿는다는 나는 왜 죽음이 불안하고 두려워지는 것인가. 이것은 한마디로 말해 행복한 내세에 대한 확신이 없기 때문일 것이다. 만일 누구나 저승에서의 행복이 확보되어 있다면 못 가 본 외국으로 여행을 떠나듯 죽음을 맞이할 수 있지 않겠는가.
　그런데 이 내세에 대한 길흉의 가능성이란 스스로가 선택하고 스스로가 준비하고 스스로가 결정하는 것이기 때문에 인간은 죽음 앞에서 전율하는 것이 아니겠는가. 그래서 20세기의 현철(賢哲)인 가브리엘 마르셀의 말마따나 우리는 '현존에서부터 영원을 살아야' 하는 것이다.

## 시집 《응향》 필화사건

　글머리의 치레가 아니라 나는 실상 예순도 안 된 나이에다 또 삶의 발자취로 보아도 이런 글을 쓸 분수가 아니어서 고사(固辭)했으나 신문사의 의도가 바로 이제까지의 이 난의 회고적 취향을 지양하기 위해서 나에게 씌운다는 설명이라 이렇듯 붓을 들게 된 터여서 나의 생장이나 경력과 같은 개인적인 것은 피하고 나의 반생 보고 겪어 온 사회적인 그때 그 일들만을 적어가 볼까 한다. 그러자면 먼저 내가 해방 직후 고향 원산(元山)에서 겪은 시집 《응향》 필화사건을 꺼내지 않을 수 없다. 해방 이듬해, 그러니까 1946년 초쯤인가 원산의 문학도들은 북한의 실권을 잡은 공산당, 즉 북로당(北勞黨)이 각 직업동맹과 더불어 직능단체 조직에 나서자 그 일환으로 단일조직을 형성하여 원산문학가동맹(元山文學家同盟)의 발족을 보았던 것이다.
　나는 해방 전 〈북선매일신문〉의 기자를 하면서 그 지면이나 동인지에 작품 발표를 하고 있었으므로 문맹(文盟)에 자동적으로 일원이 되긴 했으나 그때 이미 내가 가담해 있던 북한에선 민족 진영의 결집체인 '건국준비위원회'가 해체를 당하고 벌써 공산당과 대립, 결별을 본 후라 저들 조직사업이나 선전행사에는 일절 외면하고 원산여자사범(元山女子師範)에서 교편을 잡고 있었다.
　그런데 그 무렵 '원산문예총(元山文藝總)'의 위원장인 박경수(朴庚守) 씨로부터 신문이나 방송 등 어용에는 동원 안 할 터이니 해방기념시집 발간에 작품만은 제출해 달라는 간곡한 청탁을 받았던 것이다.

내가 여기서도 존칭을 써넣듯 그 박경수라는 인물은 공산주의 자치고서는 특이하게 인격과 학식을 갖춘 이로서 공산당 이론뿐 아니라 우리 역사나 전승문화(傳承文化) 전반에 해박한 조예와 식견을 지녔으며 나와는 친숙한 사이였다.

아무리 공산당 치하지만 해방 후 첫시집이라는 그 의의와 문학 동인들과의 우애도 있고 해서 나는 작품을 다섯 편인가 제출했었는데 이 시편들이 이미 중앙문단에도 알려져 있던 강홍운(康鴻運), 노양근(盧良根) 두 분 작품과 함께 소위 기성 대접을 받아 시집 《응향》의 권두에 실렸고 일반회원 작품은 각 한 편씩 게재되었다.

그 시집의 장정은 바로 이중섭(李仲燮)이 맡았었는데 표지 그림은 역시 그가 즐겨 그리던 군동상(群童像)이었고 종이는 한지를 쓰고 고풍하게 꾸며져서 그 시집의 외장(外裝)만으론 지금 서울 출판계에 내놓아도 호화본에 속할 것이다.

그 시집이 나온 것은 그해 9월쯤으로 기억되고 당시 북한의 정황 속에서는 가장 문화적 생산을 한 셈이어서 동인 중 우리 2세 소련군 장교인 정률(鄭律)이나 공산당 간부인 서창훈(徐昌勳) 같은 사람도 이 시집 출판을 자랑으로 여기고 있는 판인데 그것이 배포된 지 한 달 남짓한 1946년 10월 어느 날 평양서 날벼락이 떨어졌던 것이다.

즉 어느 날 북한의 전체 신문과 방송은 그 1면 톱이나 특별보도로 북조선 문학예술총동맹 중앙상임위원회의 시집 《응향》을 규탄하는 결정서라는 것을 발표하는 동시에 현지 원산을 비롯한 각 지방 동맹에 총체적인 검열사업을 벌일 것을 공고하였다.

참으로 어마어마한 거동이어서 처음엔 시 몇 편이 이렇게 온 세상을 뒤흔든다는 실감이 안 날 지경이었다.

이제 여기다 그 소위 북조선 문학예술총동맹 중앙상임위원회의 결정서 내용을 옮겨 보면

1. 시집 《응향》은 북조선 현실에 대한 회의적·공상적·퇴폐적·도피적·절망적·반동적 경향을 가졌다.
2. 원산문학가동맹은 이단적인 유파를 조직적으로 형성하면서 북조선 예술운동을 좀먹을 뿐 아니라 아직 약체인 인민대중에게 악기류(惡氣流)를 유포시키고 있다.
3. 북조선 문학예술총동맹은 즉시 《응향》의 판매를 금지하며 이 문제의 비판과 시정을 위해 검열원을 전국 각지 지방 동맹에 파견한다.
4. 현지 원산에 파견된 검열원은 그 시집 《응향》이 편집 발행되기까지의 철저한 경위 조사와 작품과 작가들의 사상 검토와 자아비판을 가지게 하고 한편 책임자와 간부의 경질을 하여 궤도에 올려 놓아야 한다.

등이었으며 이와 곁들여 그들의 어용 평론가인 백인준(白仁俊)이란 자의 악담 저주와 같은 논평이 발표되었던 것이다.

그리고 저들의 가장 문제의 대상이요, 공격의 대상은 나의 시편들이었는데 그것은 나의 시 자체가 그들의 눈으로서는 예술지상주의적일 뿐 아니라 이미 나의 출신성분이나 행동거지가 반동적이었기 때문이다.

그 몇 구절의 논란된 시만 소개하면 첫째 〈여명도(黎明圖)〉라는 작품인데 그 제목이 보여 주듯 광복을 맞은 우리의 현실 상황을

묘사한 것으로

> 동이 트는 하늘에
> 까마귀 날아
> 밤과 새벽이 갈릴 무렵이면
> 카스바마냥 수상한 이 거리는
> 기인 그림자 배회하는 무서운
> 골목…….

이렇게 첫 구절을 써나갔던 것이다. 즉 소련군이 덮치고 공산당이 지배하는 북한은 까마귀 나는 불길한 아침이요 수상한 그림자가 배회하는 무서운 골목처럼 암흑지대라고 비유하였으며 또 이 새로운 암흑사태를 구출하기엔 또 하나의 새로운 힘이 나타나야 할 것이라고 그런 예언적 시상(詩想)을 펼친 뒤

> 말굽 소리 말굽 소리
> 창칼 부닥치여 살기(殺氣)를 띠고
> 백성들의 아우성 또한 처연(凄然)한데
> 떠오르는 태양 함께
> 피 토하고 죽어가는 사나이의 미소(微笑)가 고웁다.

라고 끝 맺어 그런 대광복의 날을 위하여 자신은 희생자가 되리라는 염원을 담은 것이었다.
 이러한 나의 현실 저항적 발상과 그 암울한 표현이 결과적으론 저들에게 잘 인식되었다고나 할까, 탄로가 났다고 할까.
 그 백인준이란 자의 논평에 의하면 나의 시 감각 자체가 퇴폐

주의적이요, 악마주의적이요, 부르주아적이요, 반역사적이요, 반인민적이요, 또 무슨 주의적인 아무튼 도합 7개의 수식(修飾)이 나의 죄목(罪目) 위에 얹혀 있었다.

　문제된 시편 중 하나만 더 쳐들어 보면 〈길〉이란 작품으로서 이 시의 주제를 한 마디로 설명하면 시인의 자화상인데 다른 구절은 생략하고 그 중

　　　　　지혜의 열매로 간선(揀選)받은 입설에
　　　　　식기(食器)만을 권함은 예양(禮讓)이 아니고
　　　　　노정(路程)이 변방(邊方)에 이르면
　　　　　안개를 생식(生食)하는 짐승이 된다.

는 구절이 있는데 그들은 지탄하기를 '사람이 밥 없이 안개를 마시고 산다'는 그 자체가 얼마나 비과학적이며 관념적이요, 환상적이고 비현실적이냐고, 질책하고 나섰던 것이다. 유물사관(唯物史觀)을 바탕으로 한 그들의 사고로는 어쩌면 지극히 당연한 논리요, 그 사회에서 뿌리 뽑아야 할 요소를 지닌 작품이라 하겠다.

　그야 여하간 원산 현장에 온 검열원들은 당시 북한 문단의 거물들로서 최명익(崔明翊), 김사량(金史良), 송영(宋影), 그리고 1·4 후퇴 때 월남하여 나와 다정한 친구가 된 김이석(金利錫) 씨(그의 생전에는 내가 이 사실을 발설하지 않았다) 이렇게 4명이었는데 그 중에 송영이란 자가 살기등등해가지고 앞장섰던 것이 기억된다. 그 검열원들이 와서 단죄(斷罪)를 하고 자아비판을 하게 되는 마당에서 나는 도망쳐 나와 그 길로 남하하는데 그것도 경계선에서 체포됐다가 기적적으로 탈출에 성공, 1947년 2월에 서울에 도착했다.

여기서 나의 탈출 경위 같은 것은 배제하기로 하고 이렇게 내가 넘어온 지 한 달 남짓 그 흥분과 여독(餘毒)이 가시지도 않은 판에 《응향》 사건은 나를 뒤쫓아와 남로당 산하 문학가동맹의 기관지 제3호에 대서특필, 전재 보도되었는데 거기에는 소련 공산당 중앙위원회가 1946년 8월 내린 '잡지〈별〉과〈레닌그라드〉에 관한 결정서'와 '레닌그라드 작가대회석상에서 행한 주다노프의 연설'이 나란히 번역되어 있어 시집 《응향》 사건이 소련의 모방 조작판임이 여실하게 드러나 있었다.

저러한 문맹(文盟)의 평양 호응이 있자 남한의 민족 진영 문단에서 이를 항의 논박하고 나섰으니 그때 이쪽의 효장(驍將)격인 김동리 씨의〈문학과 자유를 옹호함〉을 비롯하여 조연현, 곽종원, 임긍재 제씨의 반론(反論)이 전개되었다.

이렇게 되자 나도 가만히 있을 수가 없어 해방 전부터 펜팔로 사귄 최태응 형이 편집하던〈해동공론(海東公論)〉에 '북조선 문학 여담'이라는 제목으로 사건의 경위를 발표하게 되었고 이로써 나는 소위 서울 문단에 입참(入參)을 하게 되는 것이다.

이상에서 훑어본 바 시집 《응향》 필화사건은 북한 사회를 공산당이 지배하는 초기 과정에서 그 문화적인 통제를 가하기 위하여 소련을 모방해서 일으킨 최초의 사건으로서 문화예술에 대한 그들의 이념의 정체와 그 야만적 행패를 노정(露呈)시켜 남한의 문단뿐 아니라 범문화예술계에 경악과 충격을 불러일으키고 논쟁과 파문을 던짐으로써 좌우진영의 분수령을 짓게 하였다고 말할 수 있겠고 또한 나 개인적으로는 문학적 이념이나 그 자세에 있어 엄청난 시련을 일찌감치 치름으로써 문학 본령에 일관하려는 지향을 견고히 하였다고나 하겠다.

# 시인 이호우(李鎬雨)의 구출

이호우(爾豪愚)라는 그의 필명(筆名)을 밝혀도 일반 독자들에겐 낯설지 모르지만 그의 여동생 이영도와 더불어 우리 현대시조의 개척과 진흥에 가람 이병기, 노산 이은상 다음으로 손꼽히는 업적을 남긴 분이다.

그는 지난 70년, 58세로 별세했는데 해방 전 〈문장(文章)〉지에 추천으로 나와 줄곧 대구에 살면서 작품생활을 하였고 만년에는 〈낙강(洛江)〉이라는 시조 동인지를 주재했으며 한때는 〈대구매일신문〉의 편집국장을 지낸 적도 있다. 대구 앞산 공원에는 그의 시비가 세워져 있는데 그 앞면에는

   꽃이 피네 한 잎 한 잎
   한 하늘이 열리고 있네

   마침내 남은 한 잎이
   마지막 떨고 있는 고비

   바람도 햇볕도 숨을 죽이네
   나도 가만 눈을 감네
   -〈개화〉 전문

라는 작품이 새겨져 있다.

허두가 길어졌지만 저 이 시인이 정부수립 직후였으니까 1949년 초엔가 공산당 간부로 애매하게 몰려 총살 직전에 있는 것을 우리 문인들이 구출해낸 흔쾌한 사실이 있다.

즉 그때 현지에서 문총본부(文總本部)로 휘달려 올라온 대구 민족 진영의 투사 김영달 씨의 진정(陳情)에 의하면 이 시인은 대구 헌병대에 붙들려가 순전히 강요된 자백에 의하여 남로당 대구지구재건조직책이 되었고 그래서 군법에 의하여 사형이 확정되어 목숨이 오늘내일 하는데 너무도 무고한 누명이라는 것이다.

그리고 덧붙여 밝힌 진상의 내용인즉 당시 대구의 문인들과 잘 어울리는 R이라는 여성이 있었는데 그녀는 해방직후 '여맹(女盟)'에 가입하였다가 전향한 사람으로 이 시인과는 여럿 중에서도 좀더 가깝게 지냈던 모양이다. 그런데 미묘하게도 R 여인에게는 짝사랑하는 남자가 있었는데 그는 바로 그녀가 좌익에서 전향할 때 조사를 담당한 군수사기관의 문관이었다는 것이다.

그래서 그 수사관은 이 시인을 라이벌로 여기게 되었고 애인의 변심(?)에 눈뒤집힌 그는 그녀를 위장전향으로 다시 손을 대는 동시에 결국 이 시인을 붙들어다가 우격다짐으로 족쳐서 저렇듯 어마어마한 허위자백을 받기에 이르렀다는 것이다. 얼마나 그 조작극이 철저했던지 이 시인은 영창 속에서 마침내 남로당 경북도당 부위원장으로까지 승진(?)하여 신문기자 공개 인터뷰를 하기에 이르렀고 또 가산(家産)이 유족한 그가 한두 곳 사업체에 빌려주고 투자하였던 그때 돈 7, 8백만 원(지금 아마 7, 8천만 원)도 남로당 정치자금이라고 몰수당했다는 이야기였다.

이러한 진정을 받은 문총은 곧 간부회의를 열어 현지에 진상조사단을 파견하기로 하였는데 그 인적 구성으로는 이미 고인이 된

조지훈, 이한직과 조영암과 나, 넷 다 반공의 선봉 시인이었다. 우리는 당시 경무대 공보관으로 계신 이산 김광섭 선생의 주선으로 문총의 '이호우 사건 재조사단진정서'에다 이승만 대통령의 가(可)하다는 '만(晩)' 자 서명을 받아 쥐고 용약(?) 대구로 향하였다.

지금도 눈에 선하지만 우리는 대구역에서 멀지 않은 일본식 건물인 전일 여관에다 숙소를 정하고 먼저 사단 헌병부장 안익조 중령을 찾았다. 왜냐하면 그는 애국가 작곡가 안익태 씨의 계씨(季氏)로서 문화예술에 대한 이해와 더불어 예술인들과 친교도 많이 가지고 있다고 듣고 있었기 때문이다.

예상처럼 그는 지극히 호의와 친근감을 가지고 우리를 맞아 주었으며 오히려 자기 쪽에서 먼저 입장과 고충을 털어놓았는데 "나도 사방에서 이호우의 무고함을 들어 알고 있지만 이미 그 사건은 내가 부임하기 전에 군법에 넘어가 확정된 사건으로 재조사할래도 나의 힘으로 도저히 미치지 못한다"는 얘기였다.

그래서 우리는 그 다음날 3사단을 방문하여 사단장 고 김백일 장군(당시 대령)을 만났다. 우리 일행 중 지훈, 영암은 본시가 능변이라 호소도 해 보고 떼도 써 보고 온갖 구변(口辯)을 다 부렸건만 당대 미남이요 쾌걸남아였던 김 장군은 이 사건에 대해서만은 "신문기자의 자청 공개회견까지 한 이호우는 빨갱이의 거물이 틀림없으며 아무리 문총의 재조사 진정서를 대통령 각하께서 받아들이셨다고 하지만 군율이 엄연한데 민간인들이 군수사기관에서 행한 기결 사건을 재조사한다는 데는 응할 수 없다" 하고 딱 잡아뗴었다.

이 말을 들은 나는 그때나 이때나 좀 꼬장뱉이라 "당신이 군법을 내세우지만 군은 대통령의 통수하에 있으며 이렇듯 우리가 대통령 서명 서류까지 제시하면서 간청하는데 일방적으로 무시한다면 우리는 우리대로의 조사를 진행하여 그 태도도 함께 보고할 수밖에 없다"고 말하며 참모들이 험악한 눈으로 지켜보는 가운데 자리를 박차 일어서고 말았다.

우리나 김 장군이나 아직도 20대, 서로가 혈기방장한 때라 결국 현지교섭은 그것으로 끝났다. 그러나 우리는 이 시인의 문우, 또는 사건 관련자들에게서 일반적 정황과 안익조 중령의 은밀한 협조로 군의 수사내용 정보들을 얻고 결국 이 시인의 면회 한 번 못한 채 상경하고 말았다.

작별할 때 안 중령은 우리에게 "어쩌면 당신들이 떠난 즉각 사형집행의 명령이 떨어질지도 모르는데 나의 직권으로 24시간은 유예할 터이니 올라가는 즉시 경무대에 손을 쓰라"는 당부였다.

우리는 그의 말대로 현지에서 미리 보고서를 작성해 가지고 서울역에 도착하는 즉시 경무대로 바로 달려가 김광섭 선생께 드렸다.

김광섭 선생은 이미 신성모 국방장관에게 사전협의가 있었다면서 곧 전화로 연락, 즉각 조치가 취해졌는데 이 시인은 그날 밤으로 서울 육본 법무감실인가 헌병사령부로 이송되어 왔고 그 다음날엔 벌써 석방이었다.

호랑이 담배 먹던 시절 같은 이야기로 초창기 군수사기관의 미숙도 미숙이려니와 문인들의 기개나 사회적 위신이 어지간히 통하던 시대였다고 회상하면서도 고소(苦笑)를 금치 못한다.

## 무등병(無等兵) 복무

나는 일찍 우리 국군과 관련을 맺게 되었다. 1949년 초 당시 나는 〈연합신문〉의 문화부장으로 일하고 있었는데 육군정보국이 '문총'에다 심리전 요원을 특청해 와서 최태응, 조영암, 나 이렇게 세 월남 작가가 천거되었다. 그런데 두 분은 비상임(非常任)으로 일하게 되고 나는 아주 전속이 되었다.

육군정보국 제3과(즉 HID)에는 그 이름부터 아주 노골적인 모략선전실이라는 게 있었는데 나는 거기서 북괴의 진상을 폭로하는 〈북한특보〉의 편집책임을 지고 있었고 한편 북한으로 비밀히 보내지는 〈봉화(烽火)〉의 제작을 맡고 있었다. 〈봉화〉라는 지하신문은 해외 및 남한의 뉴스와 북한 동포에게 보내는 격문 등을 편집하여 4·6배판으로 사진 축소해서 비밀루트를 통해 북한에 살포되던 것으로 그 편집 조판 인쇄까지 나 단독으로 이뤄졌다.

그때 어느 하루 저녁은 그 최종 편집을 집(아내가 근무하던 삼각지 상명여고 사택)에서 하고 있는데 밖에서 하도 요란해 나가 보았더니 대위 계급장을 단 술 취한 군인들이 민보(民保) 단원(요새 방범대원)과 시비가 붙어서 거기 모인 동민 아무에게나 행패를 부리는 참이었다. 그래서 이를 만류해 보려 나섰던 것이 그만 횡액이었다.

"이 자식, 너는 무엇이냐"고 트집을 잡혀 옮겨 잡은 그들은 나의 신분조사와 가택수사를 한다고 집까지 따라오게 되었는데 그들에게 내 방 책상 위에 널린 북괴의 신문 잡지 선전물 자료가 눈에 띄었던 것이다.

다짜고짜 오열(五列:간첩)을 잡았다고 의기충천(?)해하면서 폭취한 그들은 나의 해명을 들으려고도 않고 아무 노끈으로나 포승을 짓더니 자기들 지프에 태워 용산헌병대 영창에 처넣어 버렸다. 그 이튿날 정보국장 이용문 대령의 위로와 그들의 진사(陳謝)를 받고 나온 것은 물론이었지만 그 후 그 모주 병정 중 한 분은 육군소장까지 승진하였으며 나와는 아주 친한 사이가 되었다.

또 저때 나는 제2과(즉 CIC) 일도 거들었는데 거기 내정대장(內情隊長)으로 있던 이영근 씨와 향우(鄕友) 이주효 대위의 요청으로 북괴방송 청취록을 분석 판단하는 임무를 맡았었다. 그래서 나는 북괴의 무력도발의 조짐을 실지로 접하고 이를 계속 문서로 보고했을 뿐 아니라 6·25 약 1주일 전쯤인가는 "이것은 남한에 대한 선전포고다"라고 분명히 써서 상신한 적도 있다. 이러한 보고가 위에 올라갈수록 묵살된 것은 세상이 다 아는 바지만 그래서 그때 정보국의 북한관계 담당요원들은 불안과 초조, 심지어는 자포적 감정에까지 빠져 있었다.

6월 24일 저녁도 나는 밤늦게까지 일하다가 이범수(함께 일하던 북한문제 전문가) 씨와 이영근, 이주효 씨 등과 함께 명동에 있던 M이라는 술집에서 바로 저런 북괴에 대한 무방비 상태를 놓고 비분강개를 하다가 일제히 그대로 곯아떨어지고 말았다. 이렇게 되어 우리는 부끄럽게도 육군 고위층과는 또 다른 사유에서 6·25를 술집에서 맞았다.

이렇게 6·25를 맞은 나는 군과 함께 26일 밤 한강 인도교가 파괴되기 직전에 서울을 빠져나가 수원농업학교엔가 당도하였다. 거기에는 국방부를 비롯해 각 부대들이 집결하고 있었는데 너나 할 것 없이 하룻밤 사이에 영화에서 보는 패잔병 모습이 되어 있었다.

나는 거기서 국방장관의 포고문 제1호를 작성했는데 그 내용은 '국민은 동요 말고 유언비어를 삼가며 국군의 반격을 기다리라'는 요지로서 내가 격식을 알았을 리 없고 이 초안을 정훈국장(政訓局長)이시던 이선근(당시 대령) 선생이 추고하여 신성모 장관의 명의로 내붙였다고 기억된다.

그리고 대전을 거쳐 대구로 후퇴하여 나는 자연히 문인들과 군과의 매개역이 되었고 그때부터는 정훈국으로 옮겨 일하게 되었다. 거기서 내가 맡은 일은 대적(對敵) 전단(傳單)을 비롯해 우리 장병들에게 보내는 국내외 소식과 전투상황과 그 전과(戰果)를 마치 신문의 호외처럼 만들어 보내는 인쇄물의 편집 제작이었다. 이 인쇄물의 제호를 〈승리(勝利)〉라고 붙였으며 이것이 수복 후 국방부 기관지가 된 〈승리일보〉의 시초였다. 즉 9·28수복 때 나는 정훈국 선발대의 일원으로 1주일이나 앞서인 9월 21일 미군 수송기로 김포에 내렸다. 그래서 우리 일행은 먼저 인천으로 가서 입성(入城) 준비를 하였는데 이때 공산군 치하 90일 동안이나 우리 정부와 자유세계의 뉴스에 굶주린 서울 시민들에게 우선 먼저 안겨줄 선물로 조약슬(당시 영남일보 주필) 씨와 함께 어느 인쇄소를 빌려 밤을 새워가며 만든 것이 〈승리일보〉였고 이것을 일간으로 굳혀 내가 동란중 주재하였던 것이다.

9월 25일 우리 선발대 일행이 서울에 진입하면서 연도에 늘어선 서울 시민들에게 〈승리일보〉를 뿌렸을 때 뉴스맨으로서의 그 감격과 감개는 평생 잊을 수가 없다. 그 이튿날부터 〈승리일보〉는 수돗물보다 더 기다려지는 생명수(生命水) 바로 그것이어서 1·4후퇴까지 서울은 〈승리일보〉 일색이었다고 하여도 과장이 아니다.

다시 내려간 대구에서 〈승리일보〉의 피난보따리를 편 곳이 영남일보사였다. 나는 거기서 고문으로 모시고 있는 고 마해송 선생과 함께 신문 제작을 하는 한편 공군 문인단과 육군 종군작가단의 산파역이 되었다. 이때 정훈국장으로는 앞서도 말했듯이 이선근 선생이 계셨고, 육군 정훈감에는 박영준 대령, 공군 정훈감에는 김기완 소령 등으로 그분들이 직접 문필을 잡아 오거나 또 이해가 깊은 분들이요, 작가들과 함께 일을 하는 정훈장교들 전원이 대학 출신으로 구성되어 있어 이렇다 할 트러블이 없었을 뿐 아니라 그야말로 전우애가 싹터서 오늘날까지도 동기간 같은 우애를 지속해 온다.

여기서 지면(紙面)관계로 이름을 밝히지 못하지만 우리 종군작가들은 수시 일선에 종군하여 국군의 용전(勇戰)하는 모습을 후방에 글로, 강연으로 전하는 한편 그 피난 북새통에서도 '문학의 밤'을 월례행사로 가져 전시생활 속에서 거칠어져 가는 민심의 순화를 꾀했으며 문인극(文人劇)을 세 번이나 가짐으로써 반공 전쟁의 의의와 후방 국민의 자세를 확립시키는 데 응분의 노력을 하였다고 지금도 자부한다.

또한 오늘날 우리 전쟁문학의 자산으로 남아 있는 작품들 중 많은 수효가 그 종군작가들 손에서 이루어졌던 것이다.

내가 무등병으로 종군하면서 보았거나 얻어 들은 군사비화나 군인들의 일화는 꽤 많다. 그 중 여기서는 5·26 제1차 정치파동 때 이승만 대통령이 고 원용덕 장군을 시켜 병력을 불법으로 정쟁(政爭)에 투입시켰을 때 육군본부 참모진의 동태 하나만을 내가 아는 대로 적어볼까 한다.

그때 육군참모총장은 이종찬 소장이었고, 참모로는 양국진, 김

용배, 김종평(종면으로 개명), 고 이용문, 백선진, 고 심언봉, 이호, 손성겸, 정래혁 등 제 장군(개중에는 당시 대령도 있었음)이었다고 기억되는데 부산서 앞서 말한 대로 군인을 동원하여, 등원(登院)하는 국회의원들을 강제로 납치하는 사태가 벌어지자 육군본부에서는 곧 참모회의를 열어 그 불법성에 반대하기로 결의하고 육군참모총장의 명의로 〈육군장병에게 고함〉이라는 훈령을 작성하여 27일 각 부대 지휘관에게 시달하였는데 그 내용인즉

"(전략) 현하(現下)와 같은 정치 변동기에 승(乘)하여 군(軍)의 본질과 군인의 본분을 망각하고 정사(政事)에 관여하여 경거망동하는 자가 있다면 건군(建軍)역사상 불식할 수 없는 일대 오점을 남기게 됨은 물론 누란(累卵)의 위기에 있는 국가의 운명을 일조(一朝)에 멸망의 심연에 빠지게 하여 한을 천추에 남기게 될 것이니 제군은 국가의 운명을 쌍견(雙肩)에 지고 조국 수호의 본연의 사명에 염념명심(念念銘心)하여 일심분란(一心不亂) 헌신하여 주기 바란다. (하략)"

지금 읽어도 실로 의연하고 정당한 명문(名文)으로 이 문안작성자의 이름은 지금 밝히기를 삼간다(실은 아이러니컬하게도 박정희 당시 중령이었음 - 필자 추기).

물론 이것을 외면으로만 보면 군의 정치개입을 반대하는 명분을 앞세운 거사(擧事)요, 행동이었으나 돌이켜 생각하면 군인들이 우리 정치의 불법과 횡포에 대한 최초의 반기(反旗)요, 항거로서 나는 역사적 의의를 지닌 사건이라고 보고 있다.

이러한 육본의 거조(擧措)에 대노한 이 대통령은 이 참모총장을 부산으로 소환했다.

이때 이 장군을 정보국장 김종평 장군과 헌병사령관 심언봉 장군이 수행했는데 그들은 모두 체포될 각오를 하고 떠났었으나 미

8군 사령관 벤플리트 장군의 비호로 겨우 위난(危難)만은 면하고 돌아왔다.

그러나 이 대통령은 원용덕 장군을 육해공군 총사령관으로 임명하는 동시에 신태영 국방장관을 시켜 주동 참모인 이용문, 김종평, 심언봉, 손성겸을 비롯한 다수 참모들의 해임과 전보(轉補)를 발령했다. 그러나 저들은 이 인사(人事)가 국군 인사조직법에 위배되므로 불응을 표명하는 동시에 한 걸음 더 나아가 발췌개헌안(拔萃改憲案) 무효선언을 발표할 것을 논의하기에 이르렀다. 물론 이 무효선언은 실현되지 않고 그 후 참모총장 경질로 진정되고 말았지만 만일 그것이 행해졌던들 우리의 정치사는 어떻게 바뀌었을지 모르는 일이었다.

나는 앞서도 말한 대로 국방부 기관지를 맡고 있었고 이종찬 장군을 비롯해 여러 참모들과 인간적 친교를 가지고 있어 이 장군의 그 심각한 고민상을 목격했으며 특히 이용문, 김종평 장군의 그 의기나 기개의 장함엔 지금도 감복하고 있다.

저 사건의 여화(餘話)로 김종평 장군은 끝내 조작된 '동해반란음모'로 3년형을 살았고 그 후 민주당 시대 판결무효로 누명을 씻었다. 여하간 저 사건은 후일 역사가들 손에 의해 자세히 밝혀지고 재평가될 사건이라 하겠다. 어떻거나 나는 저러한 동란중 무등병 복무가 인정되어 1955년에는 민간인으로서 금성화랑 무공훈장을 수여받았다.

## 《민주고발(民主告發)》 시절

1952년 전세가 교착상태에 놓이고 일반 언론기관이 피난지에서 나마 제 기능을 발휘하자 민간지(民間紙)를 육성해야 한다는 공론 때문에 〈승리일보〉가 폐간 해체되자 나는 사옥(社屋)을 빌려 함께 쓰고 있어 어느 새 한 가족처럼 되고 만 영남일보사의 요청으로 그 신문의 주필 겸 편집국장이 되었다. 현재 사원에게도 곧이 안 들릴지 모르지만 동란 중 〈영남일보〉는 대한민국 판도 내에서 발행부수도 가장 많고 그 권위도 평가되는 그런 시기였다.

그런데 바야흐로 이때가 제1차 정치파동기로 그렇듯 국민의 추앙을 받던 이승만 대통령이 자신의 중임(重任)을 위해서 무소불위(無所不爲)의 전단(專斷)에 나아가고 있었다.

그래서 내가 그 신문의 논설과 편집을 맡으면서 두 가지 방침을 세웠는데 한마디로 하면 친군(親軍) 반독재(反獨裁)였다. 첫째는 반공전쟁은 수행해야 하고 승리해야 하니 군사문제나 그 보도는 적극 협력하기로 하고 나야말로 자유를 찾아 월남하여 그 자유를 위해 군용작가(軍用作家)(?) 노릇을 하고 있는 터이니 민주정치 수호를 하기 위하여서는 내 힘껏은 직필(直筆)을 들어 보기로 한 것이다. 어떤 때 신문사 자체가 적극적 비판을 가하는 것을 꺼릴 때에는 '고현잡화(考現雜話)'라는 내 개인의 서명(署名) 칼럼난을 설치하고 신랄한 비판을 가하곤 하였다.

이래서 신문은 정치적 계엄령이 펼쳐 있던 부산에서는 여러 차례 압수를 당하는 수난을 겪었으며 나의 집에는 밤에 내가 아직 들어가기 전 모 기관원이라 사칭하는 자가 권총을 쏘며 침입하는 사태까지 벌어져 한동안은 여기저기 피신해서 자야 하는 곤경 속에 있었다. 그리고 저런 글들을 모아 《민주고발(民主告發)》이라는 책제(冊題)를 붙여 출판하자 판매금지령이 내려졌었다.

저렇듯 나의 문필로써의 저항은 집권층의 미움을 사 때마다 신변과 처신의 위난(危難)을 불러왔지만 대구 시민들에게는 과분한 신망도 사서 재야 세력에서는 내가 정치적 포부나 경륜을 가진 줄 오해하고 때마다 정당의 가입이나 국회의원 출마를 권유받기도 하고 심지어는 해공 신익희 선생이 대구에 오셨을 때는 마침 민국당(民國黨) 선전부장에서 이탈한 신도성 씨의 후임으로 종용받은 바마저 있었다.

물론 나는 이를 일언지하에 거절했지만 그때 내가 목격한 우리 독립운동 선배들의 두 타입에 대한 에피소드가 하나 있다. 즉 해공께서는 그때 재야 세력의 규합을 위하여 대구에 계신 동암 서상일 선생과 단주 유림 선생을 역방(歷訪)하셨는데 단주 선생 댁은 내가 평소 가깝게 모시는 터라 안내를 하게 되었다.

북성로(北城路) 3층집, 삼동(三冬)인데도 화기(火氣) 하나 없는 마룻방에 대좌한 두 분은 회포의 인사를 나누시더니 해공께서 먼저

"단주! 이렇게 궁상 떨지 말고 나하고 함께 일 좀 해봐!"

하고 권유하니 단주 선생은 즉답(卽答)해

"이승만 첩살이를 당신 혼자나 하지 남은 왜 끌어 넣으려 들어? 정치는 첫째 이념이 있어야 하고 거기에 따른 작풍(作風)이 문제야"

라는 서릿발 같은 응수였다.

내가 해공 선생의 그 크나한 현실적 족적(足跡)을 헤아리지 못하는 바 아니요, 또 단주 선생의 그 아나키즘적 이상을 함께하지는 않지만 그때나 이때나 저 단주 선생의 북극성 같은 절개를 더 우러른다. 이것은 내가 역시 현실보다 이상을 추구하는 시인 기질에서 오는 것이리라.

## 〈대구매일(大邱每日)〉 피습사건

　대구에서 저렇듯 55년까지 지내다가 모든 사람이 환도 수복하는데 나만 혼자 떨어져 남은 느낌이 들어서 서울대학교에 강좌 하나를 얻어 서울로 올라오려는 판인데 내 형(가톨릭 신부로 북한에서 공산당에 납치됨)의 친우인 임화길 신부가 교회의 경영인 〈대구매일신문〉 사장이 되면서 자기가 신문 업무를 파악할 때까지만이라도 옆에 있어 달라는 간청이요, 또 이것이 당시 대구교구본부의 요청이기도 하여서 상임고문을 맡게 되었다. 그러자 얼마 안 가 한국 언론사상 특기할 정치폭도들의 〈대구매일〉 피습사건이 터졌다.
　이때 주인공은 다 알다시피 최석채 주필로서 그분이 쓴 장관 지방순시 환영에 학생동원을 비판한 〈학도를 도구로 이용하지 말라〉라는 사설이 현지 여당측의 비위를 건드려 국민회 경북본부에서는 그 정정(訂正)과 필자의 해임을 요구하면서 이에 불응할 경우에는 실력 행사를 한다는 통고였는데 최 주필의 의기도 의연하였거니와 교구본부(교구장 서정길 대주교)와 임 신부의 소신도 결연하여서 이를 일축했던 것이다.
　그래서 결국 당시 국민회 경북본부 총무부 차장 김민(전과 7범)과 자유당 경북도당 감찰위원장 홍영섭(전과 10범)이 지휘하는 테러단이 9월 14일 대낮에 신문사를 습격하여 인쇄기를 비롯한 신문사 기물들을 모조리 때려 부수기에 이르렀다.

나는 그날 밤으로 이우백(당시 편집국장), 문장인(당시 논설위원) 씨 등과 서울로 올라와 각 언론기관에 호소하는 동시에 국회에 소청(訴請)을 내었다. 그래서 국회의 여당측도 체면 때문에 이를 받아들여 현지조사단을 파견하게 되었는데 자유당측에서는 김상도(위원장), 최창섭, 윤용구 의원과 야당측에서는 손권배(민국당), 문종두(무소속), 이우출(무소속) 의원들이었다고 기억된다.

그런데 그들이 현지 조사를 하고 돌아와 여야 의원이 상반된 보고를 하는 중에(윤용구 의원은 자유당이었지만 테러행위를 규탄하였음) 최창섭 의원이 "사전(事前) 통고를 한 백주(白晝)의 테러는 테러가 아니요, 그들의 애국심은 훈장감이다"라는 발언을 하여 세상의 웃음거리가 되었다.

이때 전국의 주요 신문과 언론인이 눈물겹도록 단결하여 주었고 여당마저도 할 수 없이 이를 징계 처리하는 방향으로 나와 주범들의 구속과 경찰국장의 경질이 있었으나 결국 최 주필은 뒤집어 씌운 국가보안법으로 약 1개월 구속 기소까지 되는 고생을 하였고 신문사는 그 피해와 출혈로 오랜 기간 운영에 허덕였다.

나는 이 사건 때 경향(京鄕)을 오르내리면서 국회증언도 직접하고 또 사태수습의 노력도 하였는데 그것을 끝낸 후 바로 〈동아일보〉에 기고한 〈민주창망(民主蒼茫)〉이라는 칼럼을 뒤져 보면 "민주주의는 여론 정치를 본령으로 삼는다. 그래서 〈런던 타임즈〉의 그 어느 주필은 내가 한번 붓을 들어 그 비위를 밝히면 영국 내각은 3일 안에 도괴(倒壞)를 면치 못하리라고 장담했다. (중략) 그런데 이번 대매사건(大每事件)의 귀결을 판정승이라고들 하고 나 자신도 자위하고 있지만 이것을 치르고 나서 나는 여론 정치의 확립이 그 얼마나 창망한가를 더욱 뼈저리게 느낄 뿐이다"라고 결론지었었다.

# 레이더 사건(事件)

이승만 정권의 전횡(專橫)에 대한 나의 계속적인 저항은 마침내 1959년에 이르러 옥고마저 치르게 된다. 즉 그 해 초봄 소위 국가보안법 파동이 일어나자 야당에서는 그 외곽조직으로 민권수호국민총연맹이라는 범국민조직체를 만들어 이에 대처하게 되는데 문화계 인사로는 그 위원장에 우리 화단(畵壇)의 선구자이신 고 고희동 선생이었고 작가 김팔봉 선생이 부위원장이요, 내가 문화부장직을 맡게 되었다. 그리고 그때 우리 문인들 중에서는 정비석, 고 조지훈, 조흔파, 이한직 씨 등이 이에 서명하고 함께 나섰었다고 기억한다.

그래서 나는 자연히 집단데모에도 앞장서게 되었고 동회의 강연회에는 작고한 전진한, 엄상섭 두 분이랑 함께 제깜냥도 아닌 정치집회 연사로 나서기도 하였다.

이쯤 되자 그 정치의 앞잡이 기관에서는 나를 몹시 노리게 되었는데 나에게 그때나 이때나 윤리적 허물이야 하도 많지만 법률적 죄과야 아무리 들춰봐도 없으니 결국 조작해낸 것이 소위 '레이더 사건'이었다.

즉 그 무렵 내가 자주 어울리는 분으로는 재일교포 고 우한용 씨와 조영주 씨가 있었는데 그 중 우한용 씨가 당시 동경대학에서 바다의 연체동물을 연구하는 자기 사위 고 최상 박사의 실험용으로 미제 진공관 두 개를 남대문시장에서 사서 친구인 노영한

씨 편으로 보낸 일이 있었고 그것을 좀더 사보내라는 기별이 있어 남대문시장의 젊은 상인들에게 선금을 주고 부탁했으나 돈만 떼우고 만 사실이 있었다.

나는 그러한 사실을 사전에 일체 아는 바도 없었고 오직 우한용 씨가 본국에 나와 남대문시장에서 진공관을 사려다 돈을 떼었다는 고충을 듣고 마침 미군 병기창에 근무하는 나의 대자(代子) 이광규에게 저 상인들이 얘기하는 '미군에서의 불하 운운'이 거짓임을 확인해 주었고, 군에 있을 때부터 가까이 사귀는 고 이창복 소령이라는 군수사기관원에게 저들 상인에게서 우한용 씨의 돈을 돌려받아 주라는 부탁을 한 적이 있었다.

그리고 한편 그때 나는 노기남 대주교께서 주선하여 프랑스 파리 가톨릭 대학원에 가기로 되어 여권수속마저 끝내고 있었는데 후에 안 일이지만 우한용 씨 친구로서 치안국의 공작금을 받아가며 우리들에게 접근하던 사람이 이 사실을 알자 내가 외국에 나가면 저 국가보안법 파동을 비롯한 〈경향신문〉의 폐간 등 국내 사정을 폭로할 뿐만 아니라 실제 나의 출국이 노 대주교나 장면 박사의 밀명을 띠고 가는 줄 오해해서 아무렇게나 우선 붙들어 놓아야 하기 때문에 손을 댔다는 것이었다.

그래서 내가 취조를 받을 때도 그런 비밀 사명이 없는가 하는 것이 초점이었으며 심지어 당시 왜관 베네딕도 수도원장인 디모테오 주교(독일인)가 프랑스 동계(同系) 수도원에 나를 소개하는 편지를 가지고도 승강이를 벌였었다.

여하간 이리하여 그 해 5월 23일 모레면 파리로 떠나게 비행기 예약까지 마치고 있던 나는 우한용 씨랑 젊은 상인들과 함께 이적병기(利敵兵器)를 북괴에 밀송하려 했다는 어마어마한 죄목으로 구속되었던 것이다.

본시 내용이 없는 죄목이라 그들도 나를 잡아다 놓고서 별로 취조할 것이 없었다. 그래서 내가 제의하여 먼저 자술서를 작성하였는데,
1. 우한용 씨의 진공관 매입이나 일본에의 송부에 대하여는 전혀 아는 바가 없다.
2. 미군에 근무하던 대자 이광규나 군수사관 이창복 소령의 행동은 일체 내 책임하에 있다.

고 쓰고 이 이상도, 이 이하도 없다고 밝혔다.

그래서 거기에 의거하여 조서를 작성하던 이 모라는 좀 나이든 경위는 도중 가만히 일본말로 "뭐 별일 없을 겝니다. 그러나 내년 선거 끝날 때까지는 각오하십시오"라고 위로마저 해 주었다.

실은 나도 그 각오였다. 그런데 요행히도 판사를 잘 만났다. 우리 사건을 주심한 장준택 부장판사는 공정하기로 죄수들 사이에서 호가 난 분으로서 그는 피고측의 충분한 증거와 증인채택을 허용했으며 심지어는 미군 병기창에까지 출장하여 현장심리를 하는 등 최선을 다해 주었다. 그래서 일본에 밀송되어 북괴에 보내졌다는 그 진공관 두 개가 도로 보내져 왔을 뿐 아니라 시판용(市販用) 몇 개까지 덧붙여 왔으며 검찰측 증인인 공작원(우 씨 친구)의 자괴(自愧)에선가 출두하지 못하는 지경이라 그 조작극이 일종의 넌센스임이 자연히 드러나게 되었다.

그러나 결국 검찰측은 우한용 씨에게 무기(無期), 나에게 15년, 그리고 상인들과 내 젊은이들에게 10년을 구형했지만 그 해 11월 7명의 피고 전원에게 무죄 선고가 내려졌다.

나는 그때 구형받은 후 피고의 최후 진술에서 "조국에 모반한 죄목을 쓰고 유기형수(有期刑囚)가 되느니 사형이 아니면 무죄를 달라"고 외친 기억이 난다.

그 6개월 간의 옥중생활 속에서 나는 주로 전후(戰後) 프랑스 실존주의 작가나 문예사상가들의 작품이나 그 이론을 의식적으로 읽었는데 그때 홀연이랄까 감득한 것이 '인간 실존에 내재된 것은 불안이 아니라 수치' 라는 명제였다.

특히 나는 알베르 카뮈의 희곡 〈오해〉를 읽고 그들 등장인물의 실존 속에 빠진 것이 있다면 수치심이라는 확신을 명백히 하였다.

'수치심이야말로 인간 최초의 것이요, 본연의 것이요, 인간 구제의 가능성이요, 모든 규범의 시원(始原)이다' 라는 인식에 도달하였다.

나는 흥분하였다. 나는 세상에 나가기만 하면 거창한(?) 이 사상을 형성해 보리라고 별렀다. 그러나 그렇듯 내 머리에 명료히 구성되었던 인식과 논리는 출옥하자 세상살이 속에서 차차 둔화되고 그 사상의 구상화(具象化)로 희곡 〈수치(羞恥)〉 한 편을 완성하였다.

그런데 이 희곡이 1965년 드라마센터에서 공연하게 되었는데 개막 직전 당국에 의해 공연 보류 조치를 당하게 되어 한동안 신문을 떠들썩하게 했다.

그 이유인즉 연극의 대사 중 공산당 빨치산의 "우리의 영웅이신 김일성 장군께서"라는 따위 존대어가 용공적이라는 것이요, 부정적으로 씌어진 전투경찰대원이 여공비를 취조하는 장면에서 "빨갱이들 속이야 네년의 사타구니 밑 같아서 알 수가 있나" 등의 야비한 언사가 우리 국립경찰을 모독했다는 그런 상식 이하의 얘기였다.

얘기가 났으니 이런 것을 다 얘기라고 하고 있지만 실은 한 지성인이 양심과 양식(良識)을 가지고 한국 사회를 살아오기엔 얼마나 불필요한 곡경(曲境)이 많았던가를 나의 체험을 통해 엿보인 것뿐이다.

인물록

○

# 내가 만난 기인 일사(逸士)

# 공초(空超) 선생의 치세훈(治世訓)

공초(空超) 오상순(吳相淳) 선생 하면 요즘 독자들에겐 그 성함이 낯설겠기에 그 인물부터 소개하면 선생은 우리 신시(新詩:자유시)의 선구자였을 뿐 아니라 현대 한국이 낳은 초인이요, 대덕(大德)이었다. 그는 불교에서 말하는 무애행(無碍行)의 실천자로서 무소유(아무것도 가짐이 없음)는 물론이려니와 무정주(無定住:일정하게 살고 먹는 곳이 없음)와 무위이화(無爲而化:모든 것을 자연 그대로 둠)에 투철한 분이었다.

그리고 오직 그는 당시(50년대) 명동 청동다방에 나아가 자리하고 그를 찾는 제자들과 손들에게 "반갑고 기쁘고 고맙다"는 축복의 인사와 함께 '사인 북'을 내놓았는데 거기 첫 장에는 가령 "담배연기는 사라져 어디로 가는가?"라는 화두가 적혀 있었다. 말하자면 가두선(街頭禪)을 우리들에게 시켰던 것이다.

이미 선생이 가신 지 30여 년, 그러나 선생을 회상하면 저 《삼국유사》나 어느 《고승전》의 설화에 나오는 인물처럼 아득한 느낌이 든다.

저러한 선생 생전의 기행(奇行)이나 일사야 하도 많지만 요즘 우리 세태 속에서 가장 절실하게 되살아오는 것을 하나만 소개하면, 그것은 50년대 초반 피난지 대구에서 일인데 소위 제1차 정치파동이 한창이어서 거리에는 '땃벌떼', '백골단' 등 정치깡패 집단이 횡행하던 때였다. 그래서 온 세상이 떠들썩하던 그 어느 날, 선생은 그때 나의 일터였던 대구 〈영남일보〉 주필실로 홀연 나를 찾아오셔서 불쑥 하시는 말씀이 "구상! 내가 어지러운 이 나라 이 사회를 건질 묘책묘방이 하나 있는데 그것을 사설(社說)로 써 달라구."

이렇게 서두를 떼고 내놓은 기상천외의 제안인즉,

"국민 각자가 날마다 일정한 시간에 한번 자신의 삶과 오늘의 세상살이의 잘못된 모습을 반성하고 회개하는 묵상 시간을 제정해서 그 캠페인을 벌이자는 말이야! 가령 정오 사이렌에 맞춰서 3분간만 모든 국민은 자기 일터에서 일제히 일손을 멈추고 나의 삶의 참 모습은 무엇일까? 나와 우리는 어떻게 해야 보람있는 삶과 세상을 이룰 수 있을까? 이렇게 자기 존재와 당위의 제일의적 문답을 함으로써 자기를 알고 오늘의 삶의 허망을 깨우치고, 나아가서는 새로운 삶을 찾아나서야 우리 세상은 윤리와 그 규범을 회복하고 정상화될 것이란 말이야."

라는 말씀이었다. 그때 나는 이 제안을 듣고도 그저 공초 선생다우신 말씀이라고 받아들였을 뿐 너무나도 비현실적이라고 여겨서 신문에 사설화하지는 못했었다.

그런데 세월이 흐르고 나 스스로의 사회혁정(社會革正)의 열정이나 지식인의 사회 발언 같은 것의 무력과 좌절을 거듭한 오늘에 와서는 선생의 그 치세훈(治世訓)이 어떤 탁월한 경륜보다도 더욱 절실해 오는 것은 어인 일일까.

물론 오늘날도 저 공초 선생의 제안은 현실 담당자들에게 대낮의 잠꼬대로 들리고 시험될 리 만무겠지만, 오직 그 목적 자체만이라도 우리의 인문정책 속에서 이루어진다면 우리의 내일은 밝다 하겠다. 아니 저 20세기의 현철(賢哲)인 하이데거의 말대로 비록 정오 사이렌에 맞춰서는 아니더라도 우리 국민은 '존재 망각의 밤' 속에서 깨어나야만 이 눈먼 싸움에서 벗어날 수가 있다 하겠다.

# 공초 선생 약전(略傳)
― 시를 체현(體現)한 구도시인(求道詩人)

1. 상주(喪主) 없는 상열(喪列)

1963년 6월 3일, 이른 여름 한낮의 화창한 볕을 받으며 국회의 사당(현재 서울시의회)에서 막 영결식을 끝낸 상여의 행렬이 조용한 물결처럼 태평로, 중앙청, 안국동을 거쳐 돈화문으로 행진해 나갔다.

명정(銘旌)을 선두로 하여 상여꾼이 아닌 한 클래스 가량의 제복을 입은 여학생들이 색색의 만기(輓旗)를 들고 앞을 섰으며, 역시 오륙십 명이나 되는 가사(袈裟)를 걸친 승려(僧侶)단이 독경(讀經)을 하면서 그 뒤를 줄이었다. 크기가 백호를 넘는 초상화에는 선인도(仙人圖)를 방불케 하는 한 노인의 모습이 그려져 있었는데, 그 손에는 지팡이 대신 연기가 피어 오르는 궐련이 쥐어져 있었다. 상주가 없는 영구차의 길게 늘어뜨린 밧줄에 문인들이 줄짓고, 그 뒤를 이 땅의 예술가들을 비롯하여 고인을 가까이 또는 멀리서 존경하던 일반 시민들까지도 그칠 줄 모르고 따르고 있었다.

연도에 조용히 늘어선 시민들 틈을 누비던 기자인 듯한 외국인 몇이 겉보기에도 아름답기까지 한 장례의 주인공을 궁금히 여겨 물었다.

"누구의 장례식?"
"시인의 장례식."

"시인? 시인의 장례식?"

어떤 젊은이의 대답에 외국인이 놀라며 되물었다. 흔히 있는 이 땅 정치가의 비극적 말로라도 연상했던 것이 아닐까.

"참, 장례식이 훌륭합니다. 역시 한국은 문화의 나라로군요. 시인의 장례식이 이처럼 화려하니 한국의 시인들은 행복합니다."

좀더 자세한 설명을 듣고 난 그 외국인은 카메라 셔터를 누르기에 여념이 없었다. 역시 한길 어느 한편에서는 신문팔이와 구두닦이 소년이 이런 말을 주고받았다.

"그 왜 꽁초 할아버지 몰라? 신문은 가짓수마다 모조리 사고 담배를 늘 물고 다니던 할아버지 말야."

"으응, 명동다방에 언제나 앉아 계신 할아버지!"

어떻든 상여를 따르는 이나 안 따르는 이나 이런 시민적 큰 장례식 때마다 받아오던 감정의 억눌림이나 서먹서먹함이 없이 인간의 자연스런 귀결을 평정과 친밀 속에서 바라보며 그리움과 아쉬움으로 고인의 명복을 비는 것이었다.

## 2. 기독교로 개화된 청소년기

공초 오상순(空超 吳相淳)은 1894년 8월 9일 서울 시구문(광희문)안(지금의 장충동 2가)에서 목재상을 하는 오태연(吳泰兗)의 육남매 중 둘째아들로 태어났다. 그의 동생인 상춘(相春)의 말에 의하면 당시의 자기들 집안은 목재상뿐 아니라 추수도 한 삼백 석 하는 중산가정으로서, 후일 미곡상으로 전업도 하였다고 하니 그의 부친은 순수한 상인이었던 것 같다.

해주(海州) 오씨의 문반(文班) 후손이라는 가계(家系)야 어떻든 당시의 목재상이라는 가업으로 미루어 그는 봉건적이기보다 비교적 개방적인 가정환경에서 자란 것 같다. 다니던 서당을 그만두고 어의동학교(於義洞學校 : 현재 효제초등학교(孝悌初等學校))에 들어갔고, 거기를 졸업한 후 바로 이웃에 있는 기독교 계통의 경신학교(儆新學校 : 당시 효제동에 있었음)에 입학하였다. 그러니 그는 일찍이 개화와 신학문에 접하기에는 그리 큰 장애가 없었을 것이다.

"작은 오라버님은 아주 얌전한 학생이었죠. 장난을 하거나 노는 것을 어려서부터 몰랐지요. 학교 외엔 예배당이나 기독교 청년회관에 나간다고 하더군요. 집에선 밤낮 책만 보고요."

바로 아래인 생존한 그의 매씨는 소년 공초의 모습을 이렇게 회상한다. 그러나 순조로운 환경에서 단정히 자라던 소년 공초는 16세에 어머니를 여의고 얼마 안 되어 계모를 맞아 가정적 불행을 맛보게 되었다.

19세에 그는 일본으로 유학을 떠났다. 당시의 다른 사람들과는 달리 교토(京都)의 도시샤(同志社) 대학에서 종교철학을 전공했다. 26세에 귀국하기까지 그의 학창생활은 지금 거의 알려져 있지 않다.

오직 공초의 청춘의 요람지였던 교토 생활의 일면을 엿볼 수 있는 것은 그가 귀국한 지 얼마 안 되어 고관의 딸이라는 일본 아가씨가 뒤쫓아와서 결혼을 간청했는데 이를 거절하여 돌려 보내더라는 에피소드가 있으며, 그가 귀국할 때의 짐짝은 양서와 일서 등 책만이 몇 고리짝 되었다 한다.

그가 돌아오자 아버지를 비롯하여 문중에서는 그의 결혼을 서둘렀으나 그는 이때 벌써 '결혼은 않겠다'는 독신주의를 가족에게 공언했고, 자연히 계모가 있는 자기 집에 불편을 느껴 양사골(지금의 종로 5가) 외가 할머니 집에다 거처를 옮기게 되었다.

이러한 공초를 향하여 그의 아버지의 역정이 어떠하였는가 하는 것을 그의 동생인 상춘은 다음과 같이 회고한다.

"형님이 이미 따로 나가 있을 적인데 그 언젠가는 아버지께서 고물상을 불러다가는 형님 방 사면 벽에 가득한 책을 모조리 가져가라고 하시지 않겠어요? 우리들이 말리는 몇 말씀을 드렸으나 '그 자식 공부는 소용 없는 공부'라고 말씀하시며 막무가내였지요."

가정을 버린 일생의 출가생활은 벌써 이때부터 출발되었고, 그의 문단 활동도 이 무렵부터 시작되었다.

### 3. 폐허(廢墟)시대의 문학과 생활

도쿄에서 문학에 뜻을 둔 유학생들이 발간한 〈학지광(學之光)〉이나 〈창조(創造)〉 같은 활동이 없었던 것은 아니다. 그러나 한국 문단의 형성은 역시 이들이 문학이란 보따리를 안고 국내에 돌아와 문학생활을 시작함으로써 비롯한다 하겠다.

때는 1920년, 이 땅에 3·1운동의 거대한 물결이 휩쓸었던 바로 이듬해였다. 학창생활에서 관념적이고 이상적이었던 그들이 조국에 돌아오자 이 거창한 현실에 직접·간접으로 참여하고 또 일제의 총칼 아래 무찔림을 맛보자 그들은 먼저 그들 문학지의 이름부터 황량하게 쓰러진 이 강토의 상징으로 〈폐허(廢墟)〉라고 붙였다. 공초는 변영로(卞榮魯), 남궁벽(南宮璧), 황석우(黃錫禹), 김억(金億), 염상섭(廉尙燮), 김찬영(金瓚永)과 더불어 창간동인이 되었다. 그는 거기다가 그 자신의 명작이요 우리 시사(詩史)에서도 중요한 시편인 〈허무혼(虛無魂)의 선언〉〈아시아의 마지막 밤 풍경〉 등 장시를 발표하여 당시 서정의 파편들이던 우리 신시(新詩)에

웅장한 사상성을 처음으로 불어넣었으며, 대시인으로서의 면목을 과시했다. 〈폐허〉에 실렸던 〈폐허의 제단〉의 첫째 절을 소개한다.

>해는 넘어가다.
>폐허 위에
>무심히도
>해는 넘어가다.
>
>호흡이 거칠고
>혈맥이 뛰노는
>순난(殉難)의 아픔
>같이 받는 흰 옷의 무리들……
>입을 닫고
>눈을 감고
>폐허제단(廢墟祭壇) 밑에 엎드려
>심장 울리는
>세계가 무너져 버릴 듯한
>그 신음을 들으라.
>(하략)

그 교졸(巧拙)이야 어떻든 지금 읽어도 비장함과 힘을 보여 주는 격조(格調)다.

그러나 이러한 조국의 역사적 현실은 공초나 〈폐허〉 동인들의 피 맺힌 절규와 비통한 상념을 일으키기는 하였지만, 그들의 생활태도는 독립지사들의 투쟁적 생활과는 달리 애상적(哀傷的)이고 퇴폐적인 분위기마저 자아내는 낭만에 흘렀다. 더욱 그들이 보고 배우고 체험하여 온 서구의 문명과 근대 사조는 그들 개개인의 가정생활이나 사회생활에서 사사건건이 갈등을 일으켜서 그들은 고국의 제 고장에 살면서도 에트랑제와 같은 방황과 방랑을 맛보았다. 이때의 그들의 생활모습을 시나리오 작가이며 화가였던 고 안석주(安碩柱)는 《문단 회고록》에서 이렇게 전해 주고 있다.

〈폐허〉 동인 중에 김동인(실제는 동인(同人)이 아니었음 – 필자 주), 김찬영 양씨가 부자라 동인들의 매일 밤 요정 출입에는 걱정이 없었다. 김억 씨도 중산 이상은 되나 오상순, 변영로 양씨는 그제나 이제나 빈털터리였다. 특히 오상순 씨는 그때도 역시 식사(式辭), 축사, 찬사로 한몫을 보고 어딜 가나 영서(英書), 철학서 십여 권은 옆에 끼고 다녀서, 기생이 오 씨를 늘 보니 낯은 익고 이름은 얼른 생각이 안 나는 때는 "책 서방님" "책 나리"라고 부른 적도 있었다. (중략) 늘 비분강개한 중에서도 내세(來世)의 희망을 보고자 하는 그들은 이 〈폐허〉라는 절망기의 문학과정을 밟을 때 모든 것을 부정하기 위하여 매일 매야 술집에서 세월을 보내나, 그들은 약속이나 한 듯이 술을 끊고 집에 들어 앉아 책을 읽고 창작을 하고 사색을 하는 때가 있었다.

같은 문장에는 이어서 이렇게 기록되어 있다.

이런 때의 일화가 있다. 이때에 공초 오상순은 광화문 근방 허술한 외딴 집에 살고 있었다. 부인이 있었다는데 아무도 본 일이 없다. 하루는 공초가 기르던 고양이가 죽은 것을 무덤을

만들어 매장한 뒤에 '천지가 통곡하다'는 뜻으로 시를 지었는
데 이 시가 명시란 말이 있다.

이 일화는 좀더 확실히 구전(口傳)되고 있는데, 공초는 기르던
고양이가 죽자 집에 초상이 났다고 부음(訃音)을 보내어 친구들
이 달려가 본즉 뜰에 고양이 무덤을 만들고 곡을 하더라는 이야
기며, 고양이에 대한 애도 시는 없고 〈짝 잃은 거위를 곡하노라〉
라는 명문은 남아 있다.

또한 시기는 정확하지 않으나 빼놓지 못할 수주(樹州) 변영로
(卞榮魯) 자신이 쓴 공초와의 유명한 일화로 다음과 같은 것이 있
어 그들의 기상천외(奇想天外)하고도 호방하였던 행동의 일단과
공초의 면목을 엿보게 한다.

(전략) 산중에서 맞은 소나기의 그 장경(壯景)은 필설로 표현
하기 어려웠다. 우리 네 사람(오상순, 염상섭, 이관구, 변영로)
은 약속이나 한 듯이 만세를 고창하였다. 그 끝에 공초 선지식
(善知識), 참으로 공초식 발언을 하였다. 그야말로 기상천외의
발언이었던 바, 다름이 아니라 우리는 모조리 옷을 찢어 버리자
는 것이었다. 옷이란 워낙 대자연과 인간 사이를 이간(離間)하
는 것이니 몸에 걸칠 필요가 없다는 것이었다. 그럴 듯도 한 말
이었다. 공초는 주저주저하는 나머지 세 사람에게 시범하려 함
인지 먼저 옷을 찢어 버렸다. 남은 사람들도 타고난 자질이 그
다지 비겁하지는 않아서 이에 곧 호응하였다. 몹시 술 취한 네
벌거숭이들은 미친 듯 노래하며 날뛰었다. 서양에
Bacchanalian orgy(바커스 식이란 뜻)란 말이 있으나 아무리
미쳐 날뛰는 주연이라 하여도 이에 비하여서는 멀리 미치지 못

할 것이다. 우리는 어느덧 언덕 아래 소나무 그루에 소 몇 필이 매여 있음을 발견하였다. 이번에는 누구의 발언이거나 제의였는지 기억이 자세치 않으나 우리는 소를 잡아타자는 데 일치하였다. 옛날에 영척(甯戚)이 소를 탔다고 하지만 그까짓 영척이란 놈이 다 무어랴. 그따위 것도 소를 탔는데 우린들 못 탈 바 어디 있느냐는 것이 곧 논리이자 성세(聲勢)였다. 여하간 우리는 몸에 한 올 가리지 않은 상태로 그 소들을 잡아타고 유유히 비탈길을 내리고 똘물(소낙비로 해서 갑자기 생겼음)을 건너고 공자(孔子)뫼신 성균관(成均館)을 지나서 큰 거리까지 진출하였다가 큰 봉변 끝에 장도(壯圖 : 시내까지 오려는)는 수포로 돌아가고 말았다.

— 《명정 40년 무류실태기(酩酊四十年 無類失態記)》에서.

이렇듯 그들은 청춘의 암울(暗鬱)을 술과 기행(奇行)으로 달래는가 하면 안석주의 기록대로 골방에 들어앉아 이 땅 신문학의 금란(金卵)들을 낳았다.

오상순은 한편 이때 보성고보(普成高普)에서 교편을 잡기도 하고 YMCA의 역원으로 활약한 일도 있다. 영어교사로서의 그는 그야말로 실력 있고, 요즘 표현대로 하면 모던하고 진보적이고 진실한 교사여서 학생들의 숭상의 적(的 : 대상이나 표적을 뜻함 – 편집자)이었다고 한다. 만년의 빡빡 깎은 머리와는 대조적으로 길게 드리운 올백에 와이셔츠는 언제나 깨끗하고 바지는 칼날같이 주름이 잡힌 멋쟁이 청년교사였다고, 당시 학생이던 평론가 이헌구(李軒求)는 술회한다. 기독교인으로서의 공초에 대한 교계의 기대는, 그가 연찬한 학문과는 반비례해가는 자유분방한 생활과 문학에의 투신으로 차차 소원해졌을 것이 상상된다. 그러나 그가 기독교를 버린 것은 다름이 아니라, "나는 기독교에 나 스스로 들어갔다가 스스로 나왔고, 불교에도 스스로 들어갔다가 거기서도 뛰〔超〕쳤다"고 스스로 생시에 필자에게 언명한 대로, 자신의 인생관이나 우주관의 변화에 의한 것이지 결코 문학이나 그 자유생활을 향유하기 위한 것은 아니었으리라고 믿는다. 벌써 그 당시 그의 시편을 통하여 철학적 허무관이 표시되어 있고, 그의 위에서 알려진 단편적 행동 속에서도 자연주의적 내지 범신론(汎神論)적 경향이 엿보이므로 이러한 그의 근원적 변화가 기독교적 신앙이나 계율을 이미 무의미하게 하였다고 여겨진다.

일제의 탄압이 심해지기 시작한 1930년 직후의 공초는 중국으로 건너가 북경에 머무르면서 소(蘇), 항주(杭州), 천진(天津), 청도(靑島) 등을 주유(周遊)하고, 주작인(周作人) 등 중국 문인과도 교유하며 중국의 문물을 섭렵(涉獵)하였다고 하는데 이야말로 막막하여 알 길이 없다. 공초 자신의 생전 회포담에 의하면 북경에선가 영국 목사의 딸과 로맨스가 있었다고 하면서, 가끔 그녀와 산책하던 경승(景勝)을 상탄하고는 하였지만 그 애정의 농담(濃淡)과 시말(始末)은 추측할 바 없다.

### 4. 불교(佛敎)에의 회심(回心)과 운수행각(雲水行脚)

중국에서 돌아오자 현재 동국대학(東國大學) 전신인 불교중앙학림의 강단에 선 것이 인연이 되어 공초는 불교에 회심하고 말았다. 아직도 생존한 당시의 동료 김상호(金尙昊) 거사(居士)의 회고에 의하면 그는 역시 영어교사로 부임하여 맨 처음엔 영어로된 불교서적을 읽더니 차차 참선수도에 들어갔다고 한다. 이때 공초는 벌써 구도자(求道者)로서의 높은 경지에 있어 세속적인 욕망이나 사물에서는 초탈(超脫)한 인품이었다고 하며, 마침내는 금강산을 비롯해 전국의 명찰(名刹)을 순례하며 고승(高僧)을 찾고 참선(參禪)에 정진하였다. 그러나 그는 어디까지나 승려가 아닌 속인으로서 행세하며 자기 정진에 나아갔을 뿐 아니라 한편으로는 〈한잔 술〉(1928), 〈항아리〉(1929) 등 일련의 작품을 발표하여 그의 철학적인 허무관이 불교적인 우주관과 합일된 작품들을 남겼다. 또한 그의 운수행각(雲水行脚)에 있어서도 비단 앞서와 같은 명산대찰에만 머무른 게 아니라 영남지방을 두루 표랑(漂浪)하면서 독특한 생활 풍정(風情)을 낳기도 했다. 그 한 예로는 대구에 공초가 기류(寄留)할 때 어떤 퇴기(退妓)와 동서한 일이 있었는데 작고한 시인 이상화(李尙火)의 주선으로 오뎅 장사를 차린 일도 있다. 물론 이 오뎅 집은 몇 달이 못되어 들어마서 망하고 말았지만 이 여인과의 관계는 불연속적이나마 꽤 오래 계속되어 6·25동란시 대구 피난 때도 그는 이 여인 집에 머물렀다. 그러나 필자가 목격한 바로도 공초는 그녀를 부인으로 대하는 게 아니라 호칭까지도 '우리 제자' 또는 '보살'이라고 하였으며, 그녀도 역시 그를 '우리 선생님'이라고 불렀다.

이렇듯 공초는 생애에 여인과의 에피소드 셋이 알려져 있다. 위에서 말한 두 외국(일본, 영국) 여성과 소위 대구 제자와의 관계인데, 그는 여인과의 관계를 어디까지나 '플라토닉 러브'가 아니면 잠시의 불교적인 인연 소관으로 돌리고 시치미를 떼서 자신의 독신과 출가가 순전(純全)함을 자긍도 하고 또 고지(固持)도 하였다. 이래서 아마 그녀들에게 공초는 냉혹한 사나이기도 하였을 것이며, 그의 여인관계를 직접 아는 험구가에게는 위선자라는 비난까지 사기도 하였다.

## 5. 여실(如實)한 면목(面目)의 해방 후(解放 後)

공초는 이러한 수도와 표랑의 행색 속에서 8·15해방을 맞았다. 아니 공초 당사자에게 말을 시킨다면 그는 이미 달도(達道)한 이후의 세계였을 것이다. 그의 진면목은 해방을 계기로 두드러지게 드러났다. 말하자면 해방은 공초와 같은 이 땅의 온 선구적 인물들이 현실적 각 부문을 담당하고 나서는 시기를 의미하기도 하였다. 막말로 표현한다면 영어에 능통한 그가 미 군정 밑에서 한자리 할 것은 떼어놓은 당상(堂上)이었다. 그러나 일반 친지들의 기대와는 달리 공초는 오히려 이제까지 길게 길렀던 머리를 깨끗이 삭발하고 어제까지의 그 무정처(無定處), 무위(無爲)한(?) 생활을 계속하는 것이 아닌가! 그는 당시에 그 물 끓듯하는 사회 단체나 문화적 운동 속에서도 완전히 초연하였으며, 회합이라면 오직 인간의 경조사(慶弔事)에나 가서 즐겨 축복과 위로를 하는 정도였다. 그는 이제는 그날 하루의 숙식(宿食)마저 마음에 두는 것을 끊어 버리고 정 잘 곳이 없으면 역경원(譯經院)이나 선학원(禪學院), 조계사(曹溪寺) 등을 찾아들어가 승려들 틈에 몸을 눕혔다. 이것이 만년(晚年)에 조계사가 숙식처가 된 시초이며, 승려들에게 있어서도 공초는 아무 이질감(異質感)이 없이 곧 익숙해졌다. 그는 이러는 중에서도 다작은 아니지만 시작(詩作)을 하였다. 〈첫날 밤〉(1945), 〈해바라기〉(1953), 〈표류(表流)와 저류(底流)의 교차점(交又點)〉(1954), 〈대추나무〉(1954), 〈영원회전(永遠回轉)의 원리(原理)〉〈일진(一塵)〉〈불나비〉(1958) 등이 그것이다. 그러나 그의 이런 시편은 하나의 게송(偈頌)으로서 쉰에 접어든 그에게는 이미 달도한 자로서의 완연함이 모습에도 나타났으며, 인생 교사로서의 그의 만년이 시작되었다.

## 6. 다방(茶房)의 형이상학교장(形而上學敎場)

공초의 전도(傳道)는 주로 다방이 교장(敎場)이 되었다. 6·25 전에는 '푸라워', '혜성' 등이었고, 동란시에는 대구의 '아리스'와 '향수', 부산에서는 '금강'이었으며, 수복 후에는 명동의 '청동다방'이 정위치였다. 그는 잠들기 전에는 담배를 연방 붙여 물어서 '공초(空超)'의 아호와 더불어 '꽁초'라고 불렸다. 친지와 시학도들과 그를 존경과 호기심으로 찾는 일반 손들을 대하면 더 없이 친근한 악수와 함께 "반갑고 기쁘고 고맙다"는 독특한 인사 말을 하였다. 이는 가시방석 같은 현존(現存)을 꽃자리가 되게 하려는 그의 축복이었다. 그리고 그는 형이상적(形而上的) 인생 문답을 전개해 나갔다. 그러나 어른들의 마음자리는 너무나 그릇된 욕정으로 차 있어 쉽사리 감도(感導)되지 않고 또 출입도 적었다. 그는 그래서 탐욕이 없는 소년 소녀들을 더 즐거워하고 사랑하고 이들과 더불어 지냈는데 공초의 문답이라야 말이 많은 것이 아니었다. 《청동산맥》이라는 서명첩 같은 것을 내어 놓고 매 권마다 그 서두에 선화두(禪話頭)처럼 "자연이란 무엇이냐" "공초는 누구냐", "절정(絶頂)이란 어느 곳이냐" 하고 특이한 시제(詩題)를 내면 거기에다 제자들이나 방문객들이 자기 나름의 해의(解義)를 시문(詩文)으로 기록하는 것이었다. 무일푼, 무일물로 종신한 그는 이러한 《청동문집》을 195권이나 남겨, 제자들에게 보관되어 있다. 여기에 공초 자신의 것과 좀 이색적(異色的)인 '공초찬(讚)' 몇 편을 소개한다.

나란 것이 있을 때는
자연은 남이요

나란 것이 없을 때는
자연이 나다.
-을해년중양절(乙亥年重陽節) 공초


타고 오른 산맥(山脈)은
세 줄기였으나
절정(絶頂)에선 다 같이
진여(眞如)의 달을 보다.
-공초


늙지 않은 공초(空超),
늙을 수 없는 공초(空超),
늙어서는 아니 될 공초(空超),
공초(空超)여! 시간(時間)과 공간(空間)을 뛰넘어
유유(悠悠)히 사라지라.
여기 아름다운 덕(德),
훈향(薰香)이 넘쳐 흐른다.
여기 조촐한 풍향(品香)이
올연히 비친다.
아아! 좋아라. 시인(詩人) 공초(空超)여!
-1958년 6월 7일, 월탄(月灘) 박종화(朴鍾和)


오고 싶지 않은 곳으로 온 공초여
가고 싶은 곳도 없는 공초여
그러길래 공초는 오지도 않았고
가지도 않을 것이다.

　　　　　－〈공초경(空超經)〉, 노산(鷺山) 이은상(李殷相)

　　　　It is better to light a single candle
　　　　Than to complain of the darkness. (Chinese proverb)
　　　　한 촛불이라도 켜는 것이
　　　　어둡다고 불평하기보다 낫다. (중국 속담에서)
　　　　－1960년 11월 4일, 펄 벅(Pearl S. Buck)


　우리는 동서(東西) 어느 현세의 시인이나 철인, 사제(司祭)나 선사(禪師) 중에서도 이렇듯 끊임없고 헤아릴 수 없는 형이상적 인생문답자를 찾지 못한다. 그는 비 오는 날이나 눈 오는 날이나 휴일이나 일요일도 없이 어느 교회도 사원(寺院)도 아니요, 강단(講壇)도 없는 연기 자욱한 다방을 교장으로 삼고 인생 제일의적(第一義的) 물음에 헤아릴 수 없이 많은 젊은이들에게 자문자답케 하였던 것이다.
　이러한 그는 1963년 이른봄부터 노환으로 병들어 처음엔 메디컬 센터에 입원했다가 적십자병원으로 옮겨 약 4개월 만인 6월 3일, 제자들의 간호를 받으며 운명하였다.
　문인들이 나서서 문단장을 지내고, 민족유공자 묘지인 수유리(水踰里) 독립묘소로 모셨다. 생시에도 그의 시인으로서의 선구적 공로와 고결한 생활을 존경하여 문화계와 사회에서는 1954년에 예술원 종신회원으로 추대하고, 1959년에는 예술원상, 1962년에는 서울시 문화상과 대통령 포장 등을 주었으나 엄밀한 의미에서는 그와 무관한 것이었다.
　여기서 끝으로 공초의 일생을 되살펴볼 때 그의 시업(詩業)은 초기의 〈아시아의 마지막 밤 풍경〉이나 〈아시아의 여명(黎明)〉

등 손꼽히는 웅편(雄篇)을 제하고는 신시운동의 선구적 평가를 지닐 뿐 오히려 부실(不實)하다 하겠다. 이는 저러한 구도자(求道者)로서의 철저한 행색에 연유하는 것으로서 그의 너무나도 거창하고 치열한 시 정신은 이를 형상화하여 작품화하기보다 자기 생활에 체현시켰던 것이다. 더욱이 여기에는 그의 생(生)과 사상의 완성을 기한 불교적인 세계관의 '허무나 공(空)'의 세계가 근저(根底)로 되었을 것이다.

그러나 이미 "기독교를 거쳐 불교에 입문하였으나 거기서도 뛰〔超〕쳤다"라고 자신이 명백히 말하고 있으니, 그 표현은 종교라는 외재(外在)하는 분별(分別)도 초월하였다는 뜻으로, 감히 범부(凡夫)의 지혜로는 함부로 살필 바 아니라 하겠다.

그러므로 공초 오상순의 위대성이라면 저러한 무교리(無敎理)의 종교가로, 초논리(超論理)의 사상가로, 시작(詩作) 않는 시인 됨에 있었다 할 것이요, 그는 현대 한국이 낳은 기인(奇人)이요, 대덕(大德)이요, 동방(東方)의 현자(賢者)였다.

## 이중섭(李仲燮)과의 만남

이제 현대미술가, 아니 전체 예술가 중에서 민중에게 가장 사랑받고 있는 이중섭(李仲燮)을 이렇게 내가 때마다 쳐들고 나서는 것이 마치 '죽은 사람 팔아 제 자랑' 하는 느낌이어서 이 글에서는 삼가려 했으나 신문사측이 "당신에겐 이중섭은 빼놓을 수 없는 이야기가 아니냐"는 권고이므로 좀 개인적인 추억에 흐르지만 '그와 나의 만남' 에 대해서 적어볼까 한다.

알려진 대로 대향(大鄕:이중섭의 아호)은 평남 평원군에서 태어나 소학교를 평양에서, 중학교는 평북 정주(定州)에 있는 오산(五山)학교를 마치고 1937년 일본 동경으로 건너간다.

그런데 이 무렵 그의 형 중석(仲錫)이 가산(家産)을 원산으로 옮겨다 백두(白頭)라는 백화점을 차리고 이사를 와서 나와 지연(地緣)을 함께하지만 상종할 기회는 없었다.

그러다가 내가 동경으로 건너간 39년 가을엔가 제국(帝國)미술학교에 다니던 나찬근(羅燦根:지금 북한 김일성대학 미술과장인가로 듣고 있다)이라는 친구의 소개로 알게 되는데 그는 원산 광명(光明) 소학교에 와서 교사를 한 바 있어 나와 대향을 따로따로 만났던 모양이다.

그때 나(羅) 군과 나는 나까노(中野)라는 동경 변두리에 하숙을 하고 있어서 어느 일요일 그 다음 동네인 고엔지(高圓寺) 음악다방 '르네상스' 에 놀러 가기로 하고 나는 먼저 거기 성당엘 갔다가 한발 늦게 그 장소엘 갔더니 아틀리에 가운을 걸친 한 화학도(畵學徒)와 나 군이 마주 앉아 있었는데 그가 바로 대향이었다. 나는 그를 대하자 대번에 '루오의 예수의 얼굴'을 닮았구나 하는 첫인상이었다.

마침 점심 때라 우리는 함께 나와 중국 국수집에서 맥주와 요기를 하였는데 이때 내가 그 값을 치렀더니 대향은 몹시 미안해 했다. 그리고 그 길로 우리는 거기서 멀지 않은 깃쇼지(吉祥寺)의 대향 하숙집으로 몰려갔다.

다다미 넉 장인가에 석 장이 곁달려 있었는데 거기에는 데생·크로키·캔버스 등이 산더미처럼 쌓여 있어 그의 정진(精進)의 부피를 한눈에도 알 수 있었다. 우리는 그날 종일토록 깃쇼지 호숫가를 거닐며 여러 이야기를 하고 놀았지만 그림 이야기가 중심이라 나는 그저 듣는 데 그쳤었다. 그런데 그 이듬해 여름방학 고향에 돌아와 하루는 내가 원산 거리엘 나갔다가 저녁 무렵 교외(德源)인 집으로 돌아오려고 송정리(松汀里) 고개를 넘어서니 두세 친구와 작반하여 해수욕을 마치고 오던 대향과 뜻밖에 마주쳤다.

그는 어떤 생각에서인지 그 친구들에게 양해를 구하는 모양이더니 나와 함께 송도원으로 발걸음을 되돌렸다. 그리고 바다에 이르러서는 '마루요시(丸芳) 분점(分店)'이라는 술집으로 나를 안내하였다. 나도 서슴없이 따라 들어가 서슴없이 마시고 있는데 대향이 "지난번 동경서는 형이 점심을 사서 미안했다"는 인사와 함께 내놓는 말이, "형, 구(具) 형은 예수를 닮았어! 루오의 예수의 얼굴을" 하는 게 아닌가. 되받아 내가 그런 인상을 받았다고 하니 그는 "말도 안 된다"고 사양하고 나 역시 "말도 안 된다"고 거절하고 그랬다.

여하간 우리는 그날 밤 그 자리에서 서로를 털어놓았고 그곳에서 밤을 지냈다. 내가 그의 애창곡인 〈소나무〉라는 맑고 아름답고 우렁찬 노래를 들은 것도 그 밤이 처음이었다.

그는 세상이 다 알 듯이 내 말대로 십자가의 예수처럼 자기 그림에 순도(殉道)하였고 나는 이렇듯 남루 인생을 살고 있으니 지인지감(知人知鑑)만은 내가 승하다고나 할까. 가가(呵呵).

대향은 문자 그대로 천진무구하리만큼 착했다. 여기다 내가 체험한 한두 일화(逸話)를 곁들이자면 그가 즐겨 그리던 동자상(童子像)에도 이런 회포가 있다.

해방 이듬해 원산서 그는 조산아(早産兒)였던 맏아들을 돌도 안 돼서 잃고 말았다. 우리는 관을 짜다 어린것을 넣어 놓고는 시미즈(淸水) 골목(원산의 유흥가)으로 달려가 흠뻑 취해가지고 돌아와 나란히 곤드라졌다.

한밤중 깨어 옆을 보니 그는 도화지에다 무엇을 열심히 그리고 있었는데 나는 냉수 한 사발을 들이켜고는 도로 자고 말았다.

그 이튿날 아침, 이제 관에다 못을 치고는 떠메서 나갈 판인데 그는 관뚜껑을 열고는 어린것 가슴에다 간밤 그린 그림을 실로 꿰서 달아 주는 것이었다. 거기 그려진 것은 뛰고 자빠지고 엎어지고 모로 눕고 엎치고 구부리고 젖히고 물구나무선 온갖 장난질 치는 어린이 모상이었다. 대향은 입속말로 "상(常)! 밤에 가만히 생각을 하니 이 어린것이 산소에 가서 묻히면 혼자서 쓸쓸해 할 것 같아서 동무나 해주라고!" 하며 슬픔 속에서도 히죽 웃었다.

또 언제인가 그는 내가 대구에서 병상에 누워 있을 때도 도화지에다 큰 복숭아 속에 한 동자(童子)가 청개구리와 노니는 것을 그려가지고 와서는 불쑥 내밀었다.

이것은 어쩌라는 것이냐고 내가 물었더니 그 순하디 순한 표정과 말로, "그거 왜 있잖아? 무슨 병이든지 먹으면 낫는다는 천도

(天桃) 복숭아 있잖아! 그걸 상이 먹구 얼른 나으라고, 이 말씀이지" 하고 겸연쩍은 듯 또 히죽 웃었다.

그런가 하면 한편 이런 일도 있었다. 그가 병이 다시 도져 청량리뇌병원엘 입원했단 소리를 듣고 내가 대구에서 뛰쳐 올라와 가보니 이것은 정말로 너무 참혹하였다. 그래서 적십자병원엘 교섭하여 옮기려고 거기(청량리병원) 2층 수용실엘 가서 그를 이끌어 내는데 그는 잠깐 기다리라고 하고선 각 방으로 돌아다니며 그 망측한 꼴의 환자들에게 일일이 창살로 악수를 청하며 위로와 작별의 인사를 나누었다. 그리고선 현관 접수(接受) 앞에 나오다가는 나보고 병원에서 준 성서(聖書)와 슬리퍼 값을 물고 가자는 것이었다.

나는 "계산을 다 끝냈다"고 속이고는 그를 지프 뒤에 싣고(이때 자해로 요절한 조각가 차근호(車根鎬)와 함께였다) 서대문까지 오면서 눈물이 쏟아져 나오는 것을 주체할 수 없었던 기억이 난다.

저러한 대향의 청정한 시심(詩心)에서 오는 그의 인간과 예술적 진실의 일치를 너무 그림에 사연이 많다고 비평하는 이도 있고, 요새 와서 어떤 비평가는 심지어 "이중섭의 동심적 예술세계는 창조적 상상력과는 전혀 무관한 유희적인 것이며 회화성을 갖추고 있지 못하다.(《한국문학》 1976년 9월호, 임영방 교수의 〈미학의 분석(分析)〉에서)"는 혹평까지도 내려지고 있다.

내가 문외한인 주제에 여기서 대향의 그림까지를 쳐들고 나서려는 것도 아니요, 또 어떤 예술가에 대한 상찬과 훼저(毁詆)야 지극히 자유스럽고 자유스런 것이었지만 저렇듯 견식인(見識人)의 붓에서 "이중섭의 그림은 희화(戲畵)나 삽화지 회화성(繪畵性)을 상실하고 있다" 즉 "예술이 아니다"에 이르는 범접(犯接)은 내가 친했다고 해서만 이렇듯 몹시 섭섭할까.

# 이중섭의 인품과 예술
- 이중섭 20주기에 즈음하여

중섭은 눌변이었지만 독특한 화법을 지니고 있었다. 가령 정다운 친구들이 서로 사리를 따지는 것을 보면,
"여보시! 다 알지 않슴마?"
(여보시오! 다 알고 있지 않소?)
하고 가로막았다.
그는 실로 직관과 직정(直情)으로 사물을 파악하고 행동하고 있었으므로 우정에 있어서도 이심전심만이 그의 영토였다.
그리고 그는 대체로 자신이나 남이 내면적 고민을 노출하는 것을 꺼려했다. 더러 친구들이 작품이 안 되어서 안타깝다고 토로하면,
"응, 내가 대(가르쳐) 줄게!"
하며 히죽히죽 웃었다. 또 친구들이 그의 작품을 칭찬이라도 할 양이면,
"임자가 대 주고선 뭘 그래?"
하고 가볍게 농으로 흘려버렸다.
특히 중섭은 항상 자기 작품을 가짜라고 말했다. 전람회장에서 어느 특지가(特志家)가 나타나 빨간 딱지를 붙이게 되면 친구들에게는 귓속말로,
"잘해, 잘해, 또 한 사람 업어넴겼어(속였어)!"
하고는 상대방에게 가서는 아주 정중하게,

"이거, 아직 공부가 덜 된 것입니다. 앞으로 진짜 좋은 작품 만들어 선생님이 지금 가지신 것과 꼭 바꿔 드리렵니다."

이렇듯 언제나 교환권(?)을 첨부하였다. 결과적으로 부도(?)가 났지만 이것은 결코 그의 빈말이 아니라 그렇듯 자기의 현재 작품에 대한 불만과 함께 장래 할 대성(大成)에 대해서 자신을 가지고 있었다.

중섭에게 있어 그림은 그의 생존과 생활과 생애의 전부였다. 아니 그의 죽음까지도 그림에 대한 순도(殉道)였다. 그가 생전 취직이란 원산여자사범 미술교사 2주였는데, '무엇을 어떻게 가르쳐야 할지 도저히 궁리가 안 나서' 우물쭈물 끝내버리던 것을 당시의 동직(同職)이었던 내가 목격한 바다.

이러한 그에게 부닥친 해방조국의 현실이란 여러모로 너무나 각박한 것이었다. 공산당 지배하의 북한에서 예술인에게 대한 강압과 특히 일본인을 아내로 삼고 있는 사회적 백안시 속에 온갖 고초를 겪으면서 그래도 1·4후퇴로 월남하기 전까지는 해방 후 몰수는 되었지만, 원산서 굴지의 자산가이던 백씨 중석(仲錫)과 특히 그때까지도 생존하였던 자당의 비호로 최저의 생활을 공급받으며 그림을 그릴 수 있었으나, 맨손으로 부인과 두 어린것을 데리고 피난지 부산에 떨어진 중섭에게 있어 그야말로 그날부터가 문자 그대로 암담하였다.

하기야 자력으로 생계를 개척해 본다고 부두에 나가 날품팔이도 안 해본 것은 아니지만 그것이 지탱될 리 만무였고, 친척이나 친지들의 도움도 없었던 것은 아니지만 누구나가 그날그날 사는 데 허덕이고 있는 판이라 한계가 뻔했다.

그래서 호구나 거처에 아무 마련도 없고 능력도 없이 죽기까지 6년간 그는 어쩌면 용케도 버텼다는 느낌마저 든다. 아니 중섭의 그 타고난 천재적 자질과 심신의 강인성이 아니었다면 그 곡경 속에서 목숨의 부지는 둘째로 하고, 우리가 사랑하고 우러르는 그림을 그려 남긴다는 것은 어림도 없는 노릇이다.

중섭은 참으로 놀랍게도 그 참혹 속에서 그림을 그려서 남겼다. 판잣집 골방에 시루의 콩나물처럼 끼어 살면서도 그렸고, 부두에서 짐을 부리다 쉬는 참에도 그렸고, 다방 한구석에 웅크리고 앉아서도 그렸고, 대폿집 목로판에서도 그렸고 캔버스나 스케치북이 없으니 합판이나 맨종이, 담뱃갑 은지에다 그렸고, 물감과 붓이 없으니 연필이나 못으로 그렸고, 잘 곳과 먹을 곳이 없어도 그렸고, 외로워도 슬퍼도 그렸고, 부산·제주도·통영·진주·대구·서울 등을 표랑전전(漂浪轉轉)하면서도 그저 그리고 또 그렸다.

그래서 유화·수채화·크로키·데생·에스키스 등 약 2백 점, 은지화 약 3백 점이 이 남한 땅에도 남아 현대미술가, 아니 전체 예술가 중에서도 가장 민중에게 사랑받는 이중섭의 세계를 이루고 있으니 이 어찌 놀랍다 아니하랴.

그러나 저러한 현실에 처해 있던 당사자로서의 중섭에게는 그 밑도 끝도 없는 유리걸식(流離乞食) 같은 생활도 참기 어려웠지만 자기 그림의 완성에 대한 불타는 의욕과 초조가 더욱 항상 그를 괴롭혔다. 결국 그래서 택한 것이 만부득이 귀환선으로 일본에 가 있는 처자들 곁으로 가는 길이었다.

"내 그림 좀 그려 올게. 내가 보고 겪은 대로 이 피눈물 나는 우리 고장의 소재를 가지고 말이야! 동경 가서 그려 올게. 큰 캔버스에다 마음껏 물감을 바르고 문질러서 그림다운 그림을 그려 올게. 상! 내가 남덕(그의 부인의 한국 이름)이 보구 싶어서 가려는 줄 오해 마! 내 방 하나 따로 구해 놓으라고 편지했어! 임자 알았

음마?"

이렇게 뇌이고 또 뇌였는데 이미 그의 표백에서도 간취되듯이 그의 일본행의 결심 속에는 남으로서는 상상할 수 없는 심각한 내면의 자기 갈등과 고민이 있었던 것이다. 이것은 바로 그를 죽음에 이르게까지 하는 것이었다.

좀 설명을 덧붙이자면 그는 전화(戰禍)의 조국과 그 속에서 허덕이는 이웃들을 등지고 저 혼자서만 전후 재빨리 부흥과 안정을 얻은 일본으로 막말로 먹을 것과 처자식을 찾아 떠난다는 것은 그의 예민한 양심으로 도저히 못할 짓으로서 자기를 스스로가 용서할 수 없었다. 오직 그림을, 그것도 조국의 현실을 제재(題材)로 삼아 그려가지고 돌아온다는 그 조건하에서 내심의 자기 허락을 했던 것이다.

이것은 결코 그의 마음의 일시적 감상이나 도호(塗糊)나 합리화가 아니었던 것으로 1953년 그는 이미 한 번 해운공사의 선원증을 얻어 동경행에 성공한 일이 있었으며, 그때 그를 아는 이들은 누구나 다행스럽게 생각했었는데, 어처구니없게도 2주 만에 덜렁덜렁 돌아왔던 것이다. 그리고 앞서 그의 말에 동경엔 처자식하고 살러 가는 것이 아니고 그림을 그리러 가는 것이니 방을 따로 얻어 혼자 살겠다고 한 것은 남덕 부인과 여러 차례의 편지 협의 끝에 실제로 방을 하나 얻어 놓았었다는 것을 내가 당시 부인의 글발에서도 보았고 후일 부인으로부터 직접 듣기도 하였던 사실이다.

그런데 중섭의 마지막 일루의 희망이던 일본행이 그만 좌절을 보고 말았다. 그 자치조종은 다른 기회에 밝히기로 하고 그가 당시 대구에 있는 나에게 와서 발병하고 난 시초, 그의 심신의 증상은 이렇게 나타났다.

"나는 세상을 속였어! 그림을 그린답시고 공밥을 얻어먹고 놀고 다니며 훗날 무엇이 될 것처럼 말이야."

"남들은 세상과 자기를 위하여 저렇듯 열심히 봉사하고 바쁘게 돌아가는데 나는 그림만 신주단지처럼 모시고 다니며 이게 무슨 짓이야?"

"내가 동경에 그림 그리고 간다는 건 거짓말이었어! 남덕이와 애들이 보구 싶어서 그랬지."

중섭은 그날부터 일체 음식을 거절하였고 병원에 드러누웠다가도 외부에서 자동차나 사람들의 소리가 크게 들려오면, 그의 말대로 세상이 열심히 활동하는 기척만 들리면 벌떡 일어나서 비를 들고 2층서부터 아래층 변소에 이르기까지 쓸고 걸레로 닦고 어떤 때는 밖에 나가 길에 노는 아이들을 끌고 와서는 세면장에서 얼굴과 손발을 씻어 주며, 이제부터는 자기도 세상에 봉사를 좀 해봐야 되겠다는 것이었다. 그리고 한편 동경행 계획은 처자에게 향한 개인적 욕망이었으니 그때까지 한주일도 거르지 않던 가족과의 교신을 단절할 뿐 아니라 그 후도 연달아 온 부인의 서한을 아무리 전해 주어도 개봉을 않고 나에게 돌려주며 반송해 달라는 것이었다.

이 두 자학증세 중 하나인 음식거부의 이유에 대해서는 좀 설명을 덧붙여야 이해가 잘 될 것 같다.

중섭은 평양에서 얼마 떨어지지 않은 평원군의 부농의 막내로 태어나 앞서도 언급했지만 그의 형이 그 자산을 원산으로 옮겨다 사업에 투자하여 더욱 크게 성공했었으므로 해방 전까지는 의식주 그리운 줄 모르고 살았을 뿐 아니라 언제나 물질적으로도 베푸는 처지에 있었으며 해방 후에도 1·4후퇴까지는 남에게 손벌려 보지는 못하고 지냈었다. 그러던 것이 월남한 그날부터 어쨌거나 남의 신세, 남의 덕. 남의 호의에 얹히고 기대서 생활해야 했고 또 실지 그랬으므로 그가 대대하게 우는 소리나 내색은 안 했지만 그의 내면에선 얼마나 크게 '에고'가 상하고 자기 혐오와 열등감에 휩싸여 지냈을 것인가 상상하고도 남음이 있다.

  실상 그는 아무리 곤경 속에서 아무리 친한 벗들의 신세를 지면서도 결코 치근댄다거나 무리하게 강청해 보는 일이란 절대 없었으며 또 친숙한 처지 이외에 어떤 사회인사가 동정을 하여 그의 후원을 제의하고 나서도 거기에 응하지 않았다. 실제 그에게 대한 후원 제안은 진주나 통영에서 있었던 일로서 오히려 그 자신이 이를 거절하느라고 땀을 뺀 사실을 나는 알고 있다. 그렇지만 그는 그의 현실적 불행을 남에게 돌리고, 세상이나 사회를 저주하는 것이 아니라 자기의 무능과 무력과 불성실로 돌리고 자책에 나아간 것이다.

  "나는 세상을 속였어! 그림을 그린답시고 공밥을 얻어먹고 놀고 다니며 훗날 무엇이 될 것처럼 말이야."

  그가 심신의 막다른 피로와 절망 속에서 쓰러졌을 때 나온 이 말의 배경에는 그의 저러한 말 못할 고통이 스며져 있었고 또 그래서 그 결론으로 식음을 전폐하는 결단에 나아간 것이다.

  자학이라면 무서운 자학이요, 도전이라면 무서운 도전이었다. 막말로 하면 그림으론 세상이 먹여 주지 않으니 안 먹겠다는 것이요, 이 현실엔 그림은 소용없으니 안 그린다는 것이요, 이러한 자기 예술에 대한 순도에는 처자도 불가침이라는 것이다. 우리는 이것을 병적이었다고밖에 달리 표현 못하지만, 이를 결행한 그에게 있어서는 정연한 이로(理路)와 완강한 자기 진실이 아닐 수 없었고 또 외길밖에 없는 선택이었다.

  그가 대구에서 서울로 옮겨서나 이 병원 저 병원에서 죽기까지

일 년 동안 기복의 차는 있었지만 그의 병치료란 주로 그를 붙잡아매고 목구멍에 고무줄을 넣어 우유나 주스 등을 먹이는 것이었다면 저간 소식이 짐작이 갈 줄 안다.

중섭은 쾌쾌히 말해 천재로서 순수한 시심과 황소 같은 화력(畵力)을 지녔을 뿐 아니라 용출하는 사랑의 소유자였다. 나는 문외한이라 그의 작품이나 작기(作技)의 진가는 감히 언급을 피하지만 그처럼 그림과 인간이, 예술과 진실이 일치한 예술가를 내 시대에선 모른다.

그는 그와 접한 모든 인간에게 무구하고 훈훈한 애정을 분배해 주었을 뿐 아니라 그 맑고도 뜨거운 애정을 금수나 어개(魚介)나 초목에 이르기까지 쏟아서 그들 존재들의 생동하고 어울리는 모습을 그의 불령하리만큼 힘찬 화력으로 재현시켜 놓았던 것이다.

역시 대구 시절 하루는 중섭이 빙글빙글 웃으며 예의 양담뱃갑 은지에다 파조(爬彫)한 그림 한 장을 내보이며,

"음화를 보여 줄게."

하였다. 참으로 음화라면 거창한 음화였다. 그 화면에 전개되고 있는 것은 위에서 말한 산천초목과 금수어개와 인간까지가, 아니 모든 생물이 혼음교접(混淫交接)하고 있는 광경이었다. 이는 구태여 범신론적 만유(萬有)나 창조주의 절대 사랑과 같은 인식의 세계가 아니라 그 자신이 만물을 사랑의 교향악으로 보는 사상의 실체였다.

또 언젠가 내가 병상에 누워 있을 땐 그는 아이들 도화지에다 큰 복숭아 속에 한 동자(童子)가 청개구리와 노니는 것을 그린 그림을 내놓은 적이 있다. 내가 이것은 어쩌라는 것이냐고 물었더니 그 순하디 순한 표정과 말로,

"그 왜 무슨 병이든지 먹으면 낫는다는 천도복숭아 있잖아! 그

걸 상이 먹구 얼른 나으라고, 요 말씀이지."

하였다. 그 덕택인지 나는 그 후 세 번이나 고질로 쓰러졌다가도 일어나서 이렇게 남루인생을 살고 있다.

중섭의 시심은 저렇듯 청징(淸澄)하였다. 그야말로 시와 진실이 일치하였다. 그래서 그의 그림은 너무 사연이 많고 문학적 요소가 짙다는 비평도 있으나 그의 미에 대한 시적 이데아 자체가 예로 든 것처럼 너무나 순결하고, 진실하고, 신비스럽기까지 하기 때문에 범접하여 시비될 것이 아니라고 나는 생각한다.

더욱이나 그의 만년의 작품, 특히 은지화의 모티브는 거의가 가족에 대한 애절한 그리움에 꽉 차 있어 그의 정황을 아는 사람으론 예술적 감상보다도 눈물이 앞설 지경이다.

그의 일화야 수도 없이 많지만 한 가지만 덧붙이면 앞서도 말했듯 그는 선원을 가장하여 한 2주일 처자를 만나러 일본엘 갔다 온 일이 있는데 내가 그 후 만나 일본의 해방 전부터 울창했던 산림을 예찬 겸 물었더니 그는 즉답하기를

"상! 아니야, 일본의 산은 너무 숲이 빽빽해서 답답하고 나무들은 너무 하늘 높이 솟아서 인정미가 안 가! 우리 산들이 좋아! 더러 벌거벗은 게 꾸부정한 나무들이 목욕탕에서 만나는 사람들처럼 친근감이 들어."

하는 것이 아닌가. 그의 무심한 말에 당장은 일종 예술가의 정취로 여겼으나 씹을수록 그다운 국토애가 가슴에 온다. 실상 그의 그림처럼 보편적인 예술에다 한국적인 풍토성을 짙게 갖춘 작품을 나는 모른다.

중섭의 인품을 결론지어 본다면 '천진' 바로 그것이었다. 그러나 이 낱말을 형용사로 받아들여 유치하고 바보스러운 것을 떠올려서는 그에게 합당치 않고 또 어질고 착하기만 한 일반적 의미

에 선량성을 떠올려서도 그의 사람됨과는 거리가 멀다.

왜냐하면 위의 이야기에서도 느낄 수 있듯이 그는 누구보다도 사리나 사물의 진수를 파악하고 있었고, 세상 물정이나 인정 기미에도 깊은 통찰력을 지니고 있었으며 누구보다도 강렬한 개성과 강인한 의지의 소유자였기 때문이다.

구태여 비교한다면 우리가 성자라고 부르는 인물들에게서 그의 지혜가 후천적 수양에서 이루어졌다고 생각지 않듯이, 또 그들의 선량을 성격적 온순만으로 보지 않듯이 그의 인품도 그런 범주의 것이었다. 오직 저 성자들과 중섭의 행색이 다른 것은, 진선(眞善)의 수행자들은 경건하고 스토이크한 데 비해 미의 수행자인 그는 쇄락(洒落)하고 유머러스하기까지 하였다고 하겠다.

중섭이 이승을 떠난 지 이달 9월 6일로서 스무 돌이 된다. 그리고 올해는 그가 생존했으면 60갑년을 맞는 해이기도 하다. 그래서라기보다 지난 5월엔 벼르고 별러서 미망인 남덕 여사가 관광편을 이용하여 참묘를 왔다갔다.

25년 만의 유명을 달리한 상봉이라 옆에서 보기마저 가슴이 아팠지만, 한편 부인이 들려준 바로는 두 아들 태성(28)과 태현(24)은 이제 취처(娶妻)해서 자립들을 했고, 자신도 이제까지 아이들 양육 등 쫓기듯 하던 생활에서 풀려나서 지금은 기독교(改新敎) 성물점에서 일하고 있는데, 일 자체도 취미에 맞을 뿐 아니라 오랜만에 심신의 안정을 본 셈이라는 말을 듣고는 시간과 더불어 중섭의 비극적 삶도 조금씩 아물어가는 느낌이어서 산 사람의 간사한 마음이라 한결 위로가 되었다. (1976년)

# 아웃사이더 이기련(李錤鍊)

    포병대령 이기련이 변고로 지난 60년에 이승을 떠난 지 7년 만에 그의 시신을 수색 행려(行旅) 사망자 묘지에서 태릉 사설 묘지로 이장되었다. 이는 그의 전우들과 친지들이 너무나 비참히 세상을 마친 그의 유택(幽宅)을 새로 짓고 비석 하나를 세우게 된 것이다.
    1952년 초겨울이라고 기억된다. 당시 내가 일하던 대구 〈영남일보〉 주필실로 계급장도 없는 허술한 중년 군인이 찾아왔다. 나는 사랑처럼 쓰던 신문사 앞 대추나무집(막걸리집 이름)으로 안내하였다. 두세 잔씩 들이켜고 나니 그 친구는 활기(?)를 띠기 시작했는데 나의 시집 중의 시 몇 편을 활활 따로 외는 게 아닌가! 놀랍기도 하고 한편 기쁘기도 하였다. 그리고 그의 신상 얘기를 들어보니 기이(奇異)하고도 통쾌하였다. 대충 가려 보면
    "의정부 전선인가 어디서 괴뢰군들이 피난민 가운데 섞여서 잠입해 오자, 이것을 안 포병대대 미군 고문관은 무차별 포격을 하라거니 대대장인 그는 안 된다거니 승강이를 하다가 그는 쏘라는 피난민 포격은 안 하고 미군 고문관을 권총으로 쏘았는데 불행 중 다행으로 맞지는 않았으나 군대에서는 쫓겨났다."
는 그런 엄청난 이야기였다.
    나는 함부로 친구들과 말을 트고 지내는 성미가 아닌데 그와는 그날 그 자리에서부터 서로 반말을 하는 사이가 피동적(被動的)

으로 되고 말았다. 또 그 이튿날 나는 배추장사를 한다는 그를 남문(南門)시장으로 찾았다. 아니나 다를까! 이 친구 배추 무더기 앞에서 어제 그 차림새로

"배추요, 배추. 애기 밴 아주머니 허리통만큼씩한 배추요, 배추."

사설에 노랫가락을 붙여가면서 팔고 섰지 않은가! 군인이 판을 치는 세상에 아무리 파면은 당했다지만 육군 대령이요, 경성제대를 나왔다는 수재가, 영어·독일어·중국어 등을 자유 자재로 구사하는 친구가 배추장사를 하고 서 있는 정경이란 감동을 넘어서 차라리 너털웃음이 나왔다. 그날도 우리들은 말대가리집(막걸리집 이름)에선가, 코가 빠지도록 술을 폈다.

특히 그의 영어 수심가(愁心歌)는 허리를 부러지게 하면서도 가슴을 찡 메이게 하였다.

그때부터 그와 나의 격렬한 우애(이렇게 표현할 수밖에 없다)는 시작되었다. 그 후 그는 다시 군에 복귀되어 미국 포병학교 고등 군사반엘 갔다. 그의 귀국 소감을 빌면

"미국의 기계 틈바귀 속에 들어맞춰져 돌아가다가 김포에 내리니 밭에서 인분(人糞) 냄새가 구수하게 풍겨오는데 이제사 살 것 같더라."

는 얘기다. 나는 아직까지 이보다 더 절실한 미국 기행담(紀行談)을 알지 못한다. 그는 돌아와 포병사령부 차감(次監)으로 잠시 있다가 휴전 직전에 수도사단 포병부장으로 전임되어 격전을 치렀다. 그런데 거기서도 또 미 고문관과 말썽을 일으켰다.

나는 당시 육군참모총장이던 백선엽 장군에게 담판을 갔다. 백장군은

"이 대령은 문인계에서 전속을 받으면 알맞을 사람이니 그리

데려가시오" 하며 UN군 사령관 테일러 장군의 서한을 나의 앞에 내보였다. 결국 군법재판에 회부되었다.

이 재판이 또한 만화 같았는데 여기서는 생략하기고 하고 그는 체형 1개월에 형집행정지라는 정치적(?) 판결을 받고 또다시 낭인 (浪人) 생활이 시작되었다.

이 기간 중에 그는 주로 문학예술인들과 접촉하면서 그들과 더불어 자포적이라고 할 만큼 낭만의 세계를 휘저었다. 그래서 웬만한 문학예술인치고 그를 모르는 사람이 없었으며 그의 단도직입(單刀直入)하는 성정(性情)과 무구(無垢)한 인품에 혀를 내두르기도 하고 끌리기도 하였다. 그는 털털하고 순박하기가 그의 고향인 평남 양덕 산골 나무꾼 같으면서도 한 잔 술이 들어가면

"이 '애니멀'(동물) 같은 것들, 무식한 놈들, 모조리 쓸어 없앨 놈들, 까옥까옥 하지 마라."

하고 고래고래 소리치는 것이었다. 그는 생래적(生來的)인 반골(反骨) 정신의 소유자로서 어떤 때는 이로(理路) 정연한 사회사상가이기도 하였고, 어떤 때는 신비에 홀린 듯한 숭신자(崇神者)이기도 하였고, 어떤 때는 우리 예술가들도 감당 못한 유미주의자(唯美主義者)이기도 하였다.

또 그는 군사혁명의 주창자로서 유원식 장군이랑 함께 박정희 장군을 찾고 맹약(盟約)했던 한 사람이었다.

어떻든 그는 그 후 다시 대통령 특사로 복권되어 5군단 교육총감부, 포병학교, 군사발전실 등으로 전전하다가 4·19 직후 퇴역하여 새 삶의 전기(轉機)를 마련하던 중, 1961년 1월 19일 약수동 로터리 부근에서 불의의 변고로 사망하였다. 그의 처참한 죽음을 여기에 붓으로 옮길 수가 없다.

오직 그가 죽은 지 1주일 만에야 저 수색 행려사망자 묘지에 거

적쩨로 흙에 덮인 시신(屍身)을 찾아 그곳에 재매장(再埋葬)하여 두었었다는 것으로 짐작이 갈 줄 안다. 어쩌면 그다운 최후였는지도 모른다. 현대 한국 아웃사이더의 하나였던 이기련의 불행이라는 말로는 표현되지 못할 그의 생애의 마지막 장식이었는지도 모른다.

# 야인(也人) 김익진(金益鎭) 선생과의 영혼놀이

김익진 선생은 자신의 아호를 "나는 만년야인(萬年野人)이라 그 음을 따서 지었다"고 하듯 생애를 보낸 분이라 일반에게는 알려지지 않고 있다. 그러나 저 〈사(死)의 찬미〉의 가수 윤심덕과 현해탄에 몸을 던진 목포 부호의 아들 김우진의 계씨(季氏)라면 더러 짐작하시는 분이 계시리라.

선생은 1906년에 나서 지난 70년 대구에서 선종(善終)하였는데 그분은 일찍이 일본의 와세다 대학을 거쳐 북경대학 수학시(修學時) 거기 도서관 사서(司書)였던 모택동과 만나 중국 공산당에 입당한 일도 있었고 그 후 회심(回心)하여 귀국, 처음에는 불교에 들어가 입산참선(入山參禪)하다가 1936년 마침내 가톨릭에 귀의하였으며 자기가 물려받은 수많은 재산을 소작인들에게 몽땅 나누어 주고 그 일부는 교회에 헌납하고서 그야말로 빈털터리로 살다가 갔다.

나는 선생이 가톨릭 신부로서 북한 공산당에게 납치되어 간 나의 형과 친교가 있어 학생 때 알게 되었다가 피난지 대구에서 다시 만나고부터 그분의 뜨겁고 분에 넘친 지우(知遇)를 받았다.

선생과 나는 만날 적마다 대개 술자리를 벌였다. 억병으로 마시고 떠들고 노래하고 춤추고 때로는 울고 이렇듯 소란을 떨었다. 그러나 일반적 술판과 다른 것은 하느님만이 화제와 주정의 중심이었다. 그래서 선생과 나는 우리들의 술자리를 '영혼의 놀이터'라고 불렀다. 어떤 때 우리는 선생의 선창으로 아시시 프란체스코 성인의 〈태양의 노래〉를 부르며 천주님을 찬미하였다.

   내 주여! 당신은 우리의 형제
   해님에게 찬미를 받으소서
   내 주여! 당신은 우리의 자매
   달이며 별들에게 찬미를 받으소서.
   내 주여! 당신은 우리의 모친인 땅에게서 찬미를 받으소서.
   내 주여! 당신은 우리의 형제인 술에게서, 이 막걸리에게서 찬미를 받으소서.
   내 주여! 당신은 우리의 자매
   이 놋그릇 잔에서 찬미를 받으소서.
   내 주 천주여! 당신은 특별히 우리의 모주꾼 형제에게서 가장 큰 찬미를 받으소서.

   이것은 물론 〈태양의 노래〉를 그 좌석에서 즉흥적으로 모작(模作)하여 우리의 노래로 삼은 것이다. 그런가 하면 어떤 때는 갈멜의 큰 테레사 성녀의 말씀을 흉내내어 하느님을 원망하기도 하였다.

   천주님! 당신의 친구 대접이 겨우 이 꼬라지란 말입니까?
   그래서 당신에겐 그렇듯
   친구가 적단 말이에요.

   하면서 밤이 새도록 '네 꼬라지', '내 꼬라지' 타령만 늘어놓았다.

이것은 테레사 성녀의 일화에 나오는 얘기다. 성녀께서 언젠가는 나귀 수레를 타고 순례를 떠나셨는데 시골길 개천을 건너시다가 나귀의 한 발이 물 속 돌에 미끄러져 껑충 뛰는 바람에 당대 절색(絕色)이요, 거룩한 동정녀(童貞女)는 공중잡이가 되어 도랑에 나동그라졌다. 엉망진창이 되어 일어나면서 입에 담은 말씀이 만고(萬古)의 걸작,

　"천주님, 당신 친구 대접이 겨우 이 꼬라지란 말입니까?"
였던 것이다.

　나는 위에서 편의상 '우리'라는 표현을 썼으나 이것은 마치 내가 돈키호테의 산초 판자모양 선생의 '영혼의 놀이'의 상대가 되었다는 것뿐이지 이상 모든 하느님께 향한 지향과 그 찬미 방안은 오로지 야인(也人) 선생의 창도(唱導)에 의한 것이었다. 저렇듯 선생은 나의 문둥이 같은 영신(靈身)생활을 가장 이해해 주고 즐겁게까지 해 주신 분이었다.

## 깡패시인 박용주(朴龍珠) 형의 추억

내가 박용주(朴龍珠) 형의 그 명성(?)을 들은 것은 30년대 말 일본 도쿄 유학 시절이었다. 당시 간다(神田)의 진보쵸(神保町)라면 대학가요, 서점가였는데 그곳에서 학생어깨인 '메이다이(明治大學)의 다쯔(龍)' 하면 누구나 다 알아모시는 인물이었다.

운동은 만능선수이고 싸움에는 비호인데 아주 의협심이 강한 사나이라는 것이다. 물론 같은 대학생이라도 종교학을 전공하는 나에게는 거리가 먼 존재였지만 오직 그가 조센징(朝鮮人)이라는 점이 관심을 끌었지 싶다.

그러나 내가 정작 그를 만난 것은 해방 후 월남해서 1948년인가로 기억된다. 나는 그때 연합신문사 문화부장으로 있었는데, 퇴근하면 명동엘 나가 공초 오상순 선생을 모시고 술집을 가는 것이 관습으로서, '무궁원'이라는 선술집에선가 중국 상하이에서 귀국한 헨리위(魏)라는 영국식 신사를 한 분 사귀게 되었다.

그는 상하이에서 영국상사에 있었다든가 하여 서구식 교양이 몸에 밴 멋쟁이였을 뿐 아니라, 내가 모시는 공초 선생을 깍듯이 존대해 주어서 자주 함께 어울렸다. 이분이 어느 날 저녁 우리 앞에 데리고 나타난 것이 바로 박용주였다. 그야말로 그 명성에 알맞은 괴이한 얼굴과 허스키 목소리의 호쾌하고 호탕한 사나이였는데, 주먹세계에서 노는 사람이라기엔 너무나 선량하고 예술 전반에 대한 식견이 풍부할 뿐 아니라 소위 문화부 기자인 나보다 예술가들과 광범위하게 사귀고 있었다.
 몇 번 만나는 사이에 우리는 아주 친숙하게 되었고 나는 피동적이었지만 서로가 말까지 트게 되었다.
 그러다가 6·25가 터졌다. 그런데 그의 고향이며 내가 피난한 대구에는 종시 그가 나타나지 않았고, 1·4후퇴 때 남하한 이중섭(李仲燮)을 부산으로 찾아갔다가 그곳에서 만나게 됐다. 자기 말에 의하면 인민군인지 빨치산엘 끌려 갔었다가 탈출해 왔다는데 그것을 마치 자랑하듯 지껄이며 현재는 미군물자 암거래상을 한다면서 주머니에서 달러 뭉치를 꺼내 보이며 돈을 물 쓰듯 썼다. 역시 그의 사교의 판도는 피난 예술가 중심으로서 중섭이나 송혜수(宋惠秀) 등 화가들의 술집 패잡이 노릇을 하고 있었다. 그래서 나도 여러 날 송도, 해운대 등을 끌려다니며 진탕 마시고 놀다가 돌아온 적이 있다.
 그 뒤 그가 대구엘 한번 올라온 적이 있다. 나는 부산에서 그에게 크게 향응을 받기도 한데다 그에게 아주 매료되어 있었으므로 그가 체류하는 약 열흘간 신문사(그때 나는 국방부 기관지 승리일보사 주간이었음)만 파하면 그와 함께 저녁 시간, 아니 밤도 거의 함께 지냈다. 그때 나 역시 두주불사(斗酒不辭)요, 객기도 한창인 때라 그와 더불어 술자리마다 온갖 난취난동(爛醉亂動)을 서로가 질세라 펼쳤는데 그는 이런 나를 하루 이틀 보더니,
 "구상은 길 잘못 들었어. 깡패 중의 깡패야!"
 "박용주도 길 잘못 들었지! 시인이나 될 것을!"
 하였다. 그러다가 그가 부산엘 돌아가게 되어 작별을 하려고 묵고 있던 등선여관(登仙旅館)엘 갔더니 그는 나를 아랫목에 앉히고는 무릎을 꿇어 넙죽 절을 하면서 일본말로,
 "두목님! 항복했습니다."

라고 하였다. 그래서 나도 천연덕스럽게,
　"그러면 이제부터 깡패 두목은 내가 할 것이니 임자는 시인이 되게."
　하였더니 그는 순순히,
　"예, 분부대로 하겠습니다."
　하여서 시인과 깡패를 맞바꾼 사이가 되었고 그 후 평생 그는 나를 만나면 오야붕(두목님) 하고 불렀다.
　말이 씨가 된달까! 휴전 다음해 이번엔 6·25 기념 시민강연을 위촉받아 또 부산엘 가게 되어서 그를 만났는데, 암거래상은 집어치웠는지 옛 호기는 가시고 날건달 생활을 하는 눈치였다. 그런데 찻집에서도 스케치북을 펼쳐놓고 열심히 그림을 그리고 있었다. 그래서 그 사생첩(寫生帖)을 뺏어서 이 장 저 장 들춰보니 꽤 능숙한 솜씨로 음화가 가득 그려져 있었는데, 군데군데 장에는 시편들이 적혀 있었다. 그 시편들도 발상 자체가 기발하고 시니컬해서 비범하다면 비범했다. 그래서 나는,
　"대장부끼리 맺은 약속을 지켜 시를 쓴 것을 보니 가상스럽기 짝이 없네. 앞으로 좀더 열심히 써서 시단에 정식 데뷔를 하세나."
　하고 농반진반의 격려를 했다.
　그리고 이 얘기를 하다 보니 이때 빼놓을 수 없는 추억이 있는데, 내가 강연을 끝마치고 그의 생활 곤경을 생각해서 주최자인 병사구 사령관에게 "강연 사례는 필요없으니 쌀 한 가마니만 준비해 달라"고 하여 그것을 차 뒤에 싣고 그를 다방으로 찾아가,
　"오늘 나는 대구로 가겠는데 임자 집엘 들러서 아주머니께 인사나 하고 떠나면 싶다."
고 했다. 그래서 함께 차를 타고 초량동 산 언덕빼기에 있는 그의

셋방살이 집엘 들러서 차에 실었던 쌀을 내려가지고 부인께 인사드리며 놓고 나왔는데, 이를 멍청히 바라보던 그는 또다시 나를 따라 차에 올라서는 그때는 오야붕이라고 부르지도 않고,
"구상! 늬 휴머니즘의 폭력 쓰지 말아!"
하고 역정을 내다시피 했다. 휴머니즘의 폭력! 이 기상천외의 조어(造語)는 그가 아니면 누구도 내뱉지 못할 말이다.
수복 후 한참 동안 그의 소식은 뜸했다. 전해 듣는 바로는 여전히 스케치북을 끼고 다니며 다방이나 술집에서 음화를 그려서 돌려보이는데 그림 솜씨가 아주 놀랍다는 것이었다. 그러다가 그 언젠가는 어디서 났는지는 모르나 고서화(古書畵)를 한 짐 가지고 올라와서는 명동 한미호텔에 묵으면서 그것을 팔면 벼락부자가 된다고 흥청댔다. 그래서 내가 '시는 안 쓰느냐!'니까 '시도 좀 썼다' 면서 보이라니까 가서 부쳐주마고 했다. 그저 나의 말에 대한 응수로만 여기고 있었는데 얼마 후 부산서 자기가 손수 만든 시작노트 두 개를 보내왔다. 그것을 읽어보니 앞서 대로 시상(詩想)은 기발한데 그 형상화가 미숙하고 조잡했다. 친구끼리 글발로 시작을 지도하고 어쩌고 하는 것도 쑥스러워서 마침 그때 일본여행을 갔다가 사 온 《현대시 창작법》이 있기에 보내 주었다.
그러다가 그게 1983년인가, 고향 대구로 옮긴 그가 세는 나이로 칠십이 되는 해, 서울엘 황망히 다녀가면서 나에게 시작노트를 또 한 권 주고 갔다. 그것을 읽으니 역시 한계랄까 전체적으로 나아진 게 없지만 시편 중에는 그럴성 제재와 표상이 어울려진 것이 있길래 〈현대시학〉 신인 추천에 넣었다. 물론 그의 시의 사물에 대한 독창적 인식을 높이 사서였지만 내심 그에게 약속한 시인의 칭호를 생전에 달아 주어서 그가 죽은 뒤라도 '주먹대장' 이었다는 설화만을 남게 하지 않게 하려는 것이 나의 심정이었다.

실제 그는 한평생 비리의 주먹을 쓴 일이 없고 더구나 주먹을 생활의 연모로나 무전취식이나 취음(取飮)의 무기로 삼은 바가 결코 없다. 그리고 그는 예술가라는 사람들보다 더 예술을 사랑하고 또 예술을 생활하다가 갔다. 이것은 결코 내가 그를 미화해서가 아니라 그를 아는 사람이면 다 잘 아는 사실인 것이다. 그래서 그의 1주기에는 이윤수 사백을 비롯한 소주영·김경환·구활 등 문우들이 그가 묻힌 칠곡 청구공원묘지에다 그의 시비를 세운다니, 그의 '오야붕'인 나의 감회를 이루 어찌 형언하랴!

## 청남(靑南) 선생의 은고(恩顧)

　청남 오제봉(吳濟峯) 선생은 천성이 착하고 수행이 깊어서 그야말로 산 보살 같던 분이라 생전 선생과 옷깃이 스치는 인연만 있어도 맑고도 훈훈한 추억 한두 가지 안 가진 이가 없을 줄 안다. 그래서 나의 부실로 일관한 선생과의 사이였지만 내가 일방적으로 입은 그 은고는 실로 막중해서 그 감하(感荷), 형언할 바가 없다. 이제 여기다 그 추억 몇 가지를 소박히 적으며 되새기는 바다.

1

　선생과의 상봉은 1949년 진주 개천예술제가 처음 시작되던 해인데 당시 각지에서 모여 든 예술가들 중 문인 일행의 숙소가 바로 선생이 주지로 있는 의곡사(義谷寺)로 배정되었던 것이 그 인연이다.
　그 1회 때 얼굴들로는 공초 오상순, 일영(逸影) 홍두표(洪斗杓), 월하(月下) 김달진(金達鎭), 청마(靑馬) 유치환(柳致環)을 비롯해 홍원(洪原), 박노석(朴奴石), 조지훈(趙芝薰), 김수돈(金洙敦), 정진업(鄭鎭業), 김춘수(金春洙), 이정호(李正鎬), 이원섭(李元燮) 등과 동기(東騎) 이경순(李敬純)을 비롯한 조진대(趙眞大), 노영란(盧暎蘭), 손우주(孫又州) 등 진주 문인들이었다고 기억된다.
　그래서 매일 저녁마다 절당에서 술잔치가 벌어졌는데 여기에

다른 숙소에 묵고 있는 음악가 권태호(權泰浩), 김인수(金仁洙), 김천애(金天愛), 윤이상(尹伊桑), 화가 박생광(朴生光), 성풍곡(成豊谷:두 분은 진주), 연극의 이해랑(李海浪), 이광래(李光來) 등 술의 맹장기걸(猛將奇傑)들이 합세를 했으니 그 자리는 축연이라기보다 절로서 보면 수라장이었다.

그런데도 제봉(濟峯) 스님은 예술제 회기 5일간 온갖 시중을 다 들고 온갖 주정을 다 받아주면서 한 번 찡그리는 표정도, 한마디 역정의 말도 내지 않고 시종 싱글싱글이었다.

이런 어느 저녁인가 나는 그만 언어도단이요, 대경실색할 망동을 저지르고 만다. 대회장 파성 '설창수' 의 의형제인 것을 코에 걸고 있었달까? 특히나 주석(酒席)에서는 내가 객기를 가장 잘 부리곤 했는데 그 저녁에는 아주 대취실성(大醉失性) 끝에 그 요사(療舍)에 모신 부처님(불상) 앞으로 다가가 사추리를 까고 오줌을 깔겼으니 무엄을 이에서 어찌 더하랴? 불호령이 떨어지고 불벼락을 맞아 열 번도 쌀 이 지경에서도 나는 물론 분간이 없었으나, 다음날 들은 얘기론 제봉 스님은 역시나 싱글싱글하면서 나의 저지레를 말끔히 치워내더란 얘기다. 물론 그 뒷날도 그 일에 대해선 일언반사도 없을 뿐 아니라 한결같이 싱글싱글이었다.

가령 그 저녁 제봉 스님의 일갈이나 일봉이 있었던들 그것이 나의 스캔들로 남아 아마도 절에는 출입금지를 당했으리라고 여겨진다. 그래서 그 언제가 예술제 후일담에다 나의 이 실태를 자백하고 우리 나라 부처님(?) 중에는 의곡사 부처님이 가장 '마음씨가 좋다'고 술회한 바 있다.

그리고 이에 하나 덧붙일 것은 공초 오상순 선생의 일화랄까, 법력이랄까의 이야긴데 내가 그날 밤 저런 저지레를 하고 곤드레가 되어 쓰러졌다가 아침에 잠을 깨니 벌써 일행들은 모두들 일어나 앉아 잡담들인데, 나는 몽롱 속에서도 간밤 일이 희미하게 나마 떠올라 열쩍어 일어나지를 못하고 있는데 공초 선생께서는 이를 눈치채셨던지 "상이! 상이!" 하고 부르시는 게 아닌가. 그래서 할 수 없이 "네" 하고 눈을 비비며 일어났더니 선생의 하시는 말씀 "너 상이! 간밤에 한마디 했다"라신다. 그 말씀에 방안은 온통 웃음바다가 되어서 나에게 대한 힐책도 조롱도 그만 무산되고 나 역시 무안스러움에서 벗어나 그 채로 또 어울리게 되었던 것이다. 참으로 이 공초 선생의 법어야말로 나에게는 경책(警策)이요, 한 방인 동시에 용서며 위로며 그 자리 모두에게는 자비의 관용을 가르치는 그야말로 '한마디' 였다.

2

두 번째 추억은 청남 선생이 산문을 떠나서 부산에 자리잡은 뒤 이야기로 내가 현재까지도 부산엘 가면 동래에 묵어 고 향파(이주홍) 선생, 청남 선생, 박노석 형 등과 어울리는 게 관행이 되어 있는데 그게 아마 70년 초인가 내려간즉 청남 선생은 어디로 여행을 떠나고 우리끼리의 술자리에는 선생의 조카인 용준(龍俊: 서예가) 씨가 와서 술시중을 들고 있었다. 그러다 모두가 거나해지자 미리 계획한 일인 듯 지필묵을 꺼내 옆자리 상 위에다 펼쳐 놓았다.

알려진 대로 향파 선생은 본디가 명필이요, 노석 형도 자기류의 필력을 지닌 분이라 흔연히 일필휘지(一筆揮之) 하고는 나에게 붓을 넘기면서 "글씨야 아무러면 대수로우냐? 구상이 썼다는 데 의의가 있지!" 하며 조롱과 비아냥을 섞어 부추기길래 맨정신 같으면 결코 이를 고사했겠지만, 취기가 나로 하여금 만용을 북돋워 그저 떠오르는 대로 몇 자 긁적였다. 실은 그 글귀마저 잊어서 이 글을 쓰면서 용준 씨에게 장거리 전화를 걸었더니 '진선미(眞善美)'라고 썼다고 한다.

그런데 그 후 또 어느 해인가 부산엘 내려가니 용준 씨가 금정묵림원(金井墨林院)을 개원했다고 와보라길래 일당이 가보니 글쎄 그 묵림원 공부방 전면 벽에 나의 그 악필이 표구되어 떡 걸려 있지 않은가! 내가 하도 놀랍고 부끄러워서 "무슨 장난을 이렇게 심하게 하느냐"고 힐책을 했더니 큰아버지께서 이 글씨가 무심필(無心筆)이라고 하시면서 "서가들이 이 경지를 배워야 한다고 하시며 걸어놓게 하셨다"는 통정이었다.

무심필! 하기는 취중무망(醉中無妄) 속에서 든 붓이니 무심이라면 무심이라 하겠다. 그러나 청남 선생은 법첩(法帖)에 얼마나 엄격하고 이를 존중하는 분인가를 그를 아는 분이면 다 아는 바다. 지난번 이 《갈숲(33집)》에 수록된 〈가탄부인생(可嘆浮人生)〉이라는 선생의 수필에도,

"내가 다시 환생을 한다고 해도 글씨를 써보고 싶고 법첩이 가르치는 대로 그 한평생을 살아보고 싶다."

고까지 유훈을 남긴 분이다. 그런데 그런 분이 나의 취중무법의 글씨를 저렇듯 상탄(賞嘆)하였으니 아이러니라 할까? 아니면 예술이 지닌 순수성과 기교성의 모순이라 할까? 어쨌거나 그 글씨는 그 다음해인가 금정묵림원 연수생들의 작품발표 전람회에도 특별 전시까지 되었으니 청남 선생의 나의 글씨, 아니 나에게 향한 애정의 색안경을 짐작할 것이다.

묵림원을 방문했을 때 얘기지만 나는 동행한 노석 형에게 "역시 글씨는 아는 사람만이 안다"고 뻐기며 "앞으로 내 이력서에다 금정묵림원 공부방에 글씨가 본보기로 걸려 있음"이라고 적어넣

겠다고 우쭐거리었지만 딴말 같으면 으레 빈정거렸을 그 형도 실제 눈으로 보고 난 뒤라 아무 소리도 못하던 생각이 난다.

3

세 번째 추억은 지난해 10월, 이 나라 자유시의 선구자요 보다 무애도인이었던 공초 오상순 선생의 문학상 제정을 위한 그 기금 마련 희사작품 전람회가 내가 대표로 있는 그 숭모회(崇慕會) 주관으로 개최한 바가 있다. 그 취지문에서도 솔직히 밝힌 바로 이 승에서도 더할 수 없이 초탈한 삶을 살다간 공초 선생에게는 실상 시류의 문학상 같은 것이 오히려 부질없는 일인 줄 알면서도 발의한 것은 그분은 평생 독신으로 사셔서 후사가 없는 분으로 선생의 무위의 훈도를 직간접으로 받은 우리 세대마저 사라지고 나면 저 서울 수유리에 있는 묘소도 폐총이 될 우려가 없지 않기에 아직 살아 있는 제자의 도리랄까, 그 충정이랄까가 이런 편법이라도 택하게 하였던 것이다.

그래서 우리 시서화단(詩書畫壇)의 선생과 인연이 있었던 노장, 중진들에게 희사작품을 청탁하게 되었는데 거기에 청남 선생이 빠질 수가 없었음은 물론이다. 그렇다는 것이 이 역시 지난번 《갈숲》에 수록된 〈나의 교우록〉이란 선생의 글에 공초 선생을 얼마나 추앙해 왔는지가 밝혀져 있음을 보아도 알 것이다. 그래서 내가 청탁서를 9월 초에 보내고 직접 선생에게 전화를 거니 반가워하며,

"공초문학상, 암 만들어야 하고 말고. 글씨 보내고 말고. 구상, 참 공덕 많이 짓는다! 수고 많이 한다구."

하였다. 그리고는 기일 전에 글씨 한 폭은커녕 〈이태백의 도리

원서(桃李園序)〉 10곡병(曲屛)에다 〈백인만화(百忍萬和)〉라는 횡서 한 폭과 이거 뜻밖이요, 황감하게도 '삼업청정 백복구상(三業淸淨 百福具常)'이라는 덕담을 써보내 주었다.

이게 바로 선생이 이승을 떠나시기 바로 달포 전의 유필유묵이 될 줄이야! 나는 물론 이 축복의 덕담을 '구상은 몸과 입과 마음 이 깨끗해서 항상 많은 복을 갖추었다'로 해석하지 않고 '그대는 앞으로 몸과 입과 마음을 깨끗이 해서 많은 복을 받으라'는 유훈 으로 알고 이를 가슴 깊이 새기고자 한다.

그리고 저 전람회는 선생의 유필(희사작품 중에는 낙산사 조오현 (曺五鉉) 스님이 출품한 선생의 10곡병이 더 있었다) 등의 영검 덕택 인지 그야말로 명실 더불어 성공리에 끝나 공초 선생의 30주기, 탄신 100년이 되는 1993년부터 서울신문사 주관으로 시상을 하 게 되었다.

이상의 적은 바 일화들뿐 아니라 청남 선생은 나와 전생에 아 주 깊은 인연이 있었던지 무례하기 짝이 없는 나를 일방적이며 과분한 우애로 베풀고 감싸 주시어서 유명을 달리한 이제사 소홀 했던 가책을 느끼며 돌이키지 못할 그 불민을 자괴하는 바이다.

(1993년)

## 마해송(馬海松) 선생의 인품

우리나라 아동문학의 선구자요 저 〈어린이 헌장〉의 기초자인 마해송 선생의 대쪽같이 곧고 바른 인품은 세상에 널리 알려진 바다. 선생은 '어린이 위하는 마음이 곧 나라 사랑하는 마음'이라는 신조를 지니고 있었으며 "어린이를 욕하지 말고 때리지 말고 부리지 말자"고 입버릇처럼 뇌곤 하였다. 그런 해송 선생 자신이 평생 단 한 번 열다섯 난 맏아드님을 아주 호되게 매질한 사연이 있다.

내가 〈무등병 복무〉에서 언급했지만 나는 그때 선생을 고문으로 모시고 있어 나날을 함께 지내던 중 하루는 신문사에 출근을 하니 선생이 아주 기색이 언짢아 나오셨는데 다짜고짜 우리가 사랑처럼 쓰고 있던 신문사 앞 대추나무집(막걸리집)으로 끄셨다.

나는 아마 선생이 간밤 술이 과하셔 아침 해장을 하시려나 보다 하고 무심히 따라 술 몇 잔을 나누는데 선생은 연방

"죽일 놈, 죽일 놈들!"

연발(連發)이시다. 그래도 그때까지 놀라지 않는 것이 이 "죽일 놈" 소리는 당시 우리의 짝패였던 공군의 노병(老兵) 고 이계환 대령의 입버릇으로서 세상사 눈 찌푸려지는 것을 보면 서로가 이 말을 신호처럼 사용하고 있었기 때문이다. 그래서 나는 어디까지나 가볍게

"뭐 나오시는 길에 고약한 꼴이라도 보셨습니까?"

하고 반문을 했으나 선생은 역시 "죽일 놈" 소리만 되풀이 하시면서 보통과는 달리 노기(怒氣)와 역정을 품고 계셨다. 그러다가 마침내 꺼내 놓으신 사유인즉, (이하는 후일 선생이 쓰신 수필 〈너를 때리고〉를 인용한다)

나는 오늘 아침에 너를 때렸다. 뺨도 때리고, 다리도 때리고, 네가 두 손으로 두 눈과 얼굴을 가리고 좁은 방 이 구석, 저 구석으로 피하는 것을 따라다니며 가릴 바 없이 무지하게 때렸다. 너의 평생 15년에 처음 당하는 일이었다. (중략)

문제는 신문 한 장이다. 어제 오후에 네가 학교에서 돌아오니 우리 방도 비었고 안방 주인집도 비었는데 신문이 왔다. 너는 그것을 주인집 안방 장지틈으로 넣어 두어야 할 것을 잠깐 보고 넣으리라고 생각하고 읽어 보다가 그대로 우리 방 툇마루에 놓은 채 놀러 나갔다. 그리고 오늘이 되었다는 것이 네가 흐느끼며 보고한 사실이었다.

여기서 너는 몇 가지 일을 저질렀다. 남의 신문을 말 없이 본 것이 잘못이다. 신문이라도 그것은 안 된다. 신문이라고 남에게 온 것을 말 없이 먼저 읽는 사람은 남에게 온 편지를 펴 볼 수 있는 사람으로 생각할 수 있다. (생략)

이런 일은 요즘은 세상에는 문제도 안 되는 일이요, 신문 한 장은커녕 책이건 담배건 라이터건 남의 것 내 것의 분간이 없고 내가 잘살기 위해서는 남의 몫으로 나오는 돈이나 물건까지도 홀딱 먹어 버리는 사람, 제 욕심 채우기 위해서는 남의 생명까지도 생각하지 않는 사람이 흔히 있는 세상인만큼 신문 한 장을 가지고 이러니저러니 하는 것이 당치 않은 것 같으나 결코 그렇지 않다. (하략)

는 말씀이었다.

해송 선생은 바로 저런 분이셨다. 선생은 지난 1966년 겨우 회갑을 넘기시고 이승을 뜨셨으며 그 마종기 군은 이제 장년이 되어 우리 시단에 중견시인이 되었으며 한편 의사로서 미국의 병원에서 일하고 있다.

## 한 은수자(隱修者)의 죽음
— 최민순 신부님 영전에서

  부보(訃報)를 받고 달려가 백포를 젖히고 뵈온 당신은 빛이 검어진 탓도 있겠지만 어제까지의 그 청수하고 단아한 모습이 아니라 무서운 격투(格鬪)를 이겨낸 거인의 모습으로 인간적인 비통(悲痛)을 거부하는 느낌이었습니다.
  이것은 평소 당신이 너무나 인자와 겸허로 감싸고 계셨고 또 저는 영육간 일방적으로 위로를 받아 왔기 때문에 실상 당신이 지고 계신 십자가의 그 큰 부피나 무게에 둔했다는 죄책감에서였는지도 모릅니다. 하기야 신부님의 신학적 역정이나 문학적 작업을 비교적 가까이서 접해 온 제가 그 구도적 아픔과 기쁨에 전율하는 당신의 내면을 아주 짐작 못한 바는 아닙니다.

> 접동새처럼 십자가 나무 위에 집을 짓고
> 새도록, 밤새도록 울어옙니다.
> (중략)
> 피울음 울어서 날이 밝으면
> 십자가 나무에
> 꽃이 핍니다.
> — 고인의 시 〈접동새처럼〉에서

  저렇듯 당신은 격렬한 고통을 안으로 안고 영혼의 피울음을 울고 계셨고, 그래서 신비수덕(神秘修德)에다 자기를 집중시켰던 것입니다.

그러나 신부님의 철저한 은수자의 생애 속에서 유형으로 남기신 업적만으로도 결코 불만스러운 것이 아닙니다. 시집 《님》(1955), 《밤》(1963), 수필집 《생명의 곡(曲)》(1954) 등 창작을 비롯해 당대의 명역(名譯)으로 꼽히는 구약성서의 《시편》(1968), 단테 《신곡》(1960), 세르반테스의 《돈키호테》(1960)가 있고, 그 외에도 가톨릭 신앙의 수많은 고전들이 당신의 손으로 이 땅에 소개되었습니다.

일반의 이해를 위하여 불교적 표현을 빌면 당신은 선교쌍수(禪敎雙手)의 경지로서 한국 가톨릭뿐 아니라 전체 종교계 문화계에 희귀하신 존재였고, 이제 저희는 바로 그런 분을 잃은 것입니다.

신부님, 제가 이런 얘기를 늘어놓고 있으면 천상에서도 "구상은 객쩍은 소리를 한다"고 예의 독특한 표정대로 몸을 움츠리시며 손을 절레절레 흔드실 것입니다.

천상 말이 났으니 말이지 당신은 지금 당신의 지도로 영세하시고 먼저 가 계신 마해송, 박진 선생님이랑 만나시어 얼마나 반갑고 즐거우십니까? 이 못난이 저의 말씀도 나누고들 계시겠지요. 그야말로 확신 속의 죽음이기에 누리는 그 신비 속의 그 평안, 어쩌면 부럽기마저 합니다.

> 이제 갈 것은 모조리 가고 남은 것 하나
> 생명의 꽃이 이 손에 피었사오니
> 받아주소서.
> ─고인의 시 〈고목의 기도〉에서

# 무영(無影) 선생의 만년(晚年)

내가 선생을 만나기는 1947년 월남 직후 최태응 형의 소개로 진작이었지만, 6·25동란까지는 별로 개인적인 접촉이 없었다. 그러다가 수복하여 신당동에서 집을 이웃하게 됨으로 해서 선생의 만년(晚年)을 가장 가까이 지낸 한 사람이 되었다. 그때 선생댁을 무상 출입하던 분들로는 국문학 교수 K씨, 해군 K대령, 의사 P씨 등이었는데 우리는 선생을 '반장님'이라고 불렀다.

선생의 모습은 작달막한 키에 검은 편이며, 또 언제나 좀 찡그린 얼굴을 하여 요새 애들 말을 빌리면 '인상을 쓰고 있는 듯한' 느낌이었고, 그 인품을 한마디로 표현하면 직심직정(直心直情)의 소유자로서 이러한 '외골수'가 더러는 공사(公私)간 '편협하다'는 오해까지 샀다. 그러나 그 인정의 자상함과 후함은 그분과 허물을 터봐야 그 맛을 알고, 또 그 입을 오므려 톡 쏘듯 하는 선학(善謔)과 재담(才談)은 일품으로서 주위를 항상 흥그럽게 했다.

선생의 생활철학에 가장 특이한 것은 약속과 시간의 철저한 이행이었다. 개인 약속일 경우 5분 이상 지체하면 돌아서는 것을 자구책(自救策)으로 삼았었는데 나를 보고는 "술쟁이 치고는 비교적 약속을 어기지 않아 더불어 사귈 만하다"는 칭찬이었다.

저러한 인간관계의 제일차적인 조건이 선생의 마음에 들어선지 예외일 만큼 나에게 마음을 열어놓아 서로가 그 인생고(人生苦)나 사회고(社會苦)를 무심히 넘길 수 없는 사이까지 되었다. 그래서 우리는 때마다 장충단 뒤쪽 남산을 함께 산책하며 남에게는 공개 못할 허물도 수월하게 털어놓고 좀체로 입에 담지 못할 남의 험담도 곧잘 신이 나서 했다. 또 나는 툭하면 댁에 가서 딸들이 수북하여 즐거운 밥상에 참가하기가 일쑤였고 선생도 무료하던지, 특히 심기(心氣)가 불편할 때는 나의 허랑한 성품이 오히려 위로가 되는지 곧잘 내 집을 찾았으며, 어떤 밤중엔 내외 싸움을 하고 호기 있게 나서서 겨우 당도한 곳도 우리집이었다.

실상 무영(無影) 선생의 만년은 결코 다행한 편은 아니었다. 어쩌면 옆에서 보아도 인생의 절벽 앞에서 선 느낌이었다. 모든 인간들에게 향한 역정(逆情)과 생계의 차질과 건강의 부조(不調)와 창작상(創作上) 고민으로 차 있었다. 지금 그 구체적 내용은 기억 안 나지만 이때나 저때나 문단(文壇) 분쟁으로 가장 모범적으로 화평하고 순수해야 할 문우(文友)간에 선생의 직심(直心)이 그대로 통하지 않고 배반 당하는 데 대한 노여움으로서 자신의 직정(直情)에 비례하여 그만큼 마음에 상처를 입고 있었다.

또 당시 선생댁은 6남매 여덟 식구의 대가족으로 부인이 생활의 곤경을 헤쳐 보려고 메추린가 무엇인가 새를 기르다가 그것이 실패하여 빚에 몰려 있었고 건강도, 겉으론 단단해 보였으나 고혈압과 신경통으로 고통을 당했으며 창작도 '슬럼프'에 빠져 있어 현실적으로나 정신적으로나 실의(失意)를 가져왔다. 이러한 자기상실을 누구보다도 두려워하여 새로운 일도 모색해 보았고 인생에 있어도 낭만적 정열로라도 다시 불태워 보려 했으나 허사였다.

그 실례로는 선생은 평소 농촌의 진흥개발을 위하여 농민 대상의 신문을 자기 손으로 만들어 보는 것이 소원으로, 그 계획안을 나와 함께 만들어 가지고는 사방 요로(要路)에 절충을 하고 다녀 보았으나 그때가 자유당 독재 말기라 정사자(政事者)들이 그런 것에 귀기울일 경황이 있을 리 만무했고, 또 한편 낭만적 생활 도 피라야 그 한계가 너무나 빤해서 오히려 자신만 매질하고 신음하다가 하루아침 졸지에 이승을 떠났다. 그러나 이것은 한 작가의 내부의 모습으로서 어디까지나 선생은 한 가정의 알뜰하고 살뜰한 가장이요, 학생들에게 존경받는 교수요, 또 성실한 인품과 순수한 문학정신으로 추앙받는 작가였고 선생의 급서(急逝)는 모든 이의 충격과 아쉬움이었음은 물론이다.

내가 여기다 선생의 만년(晩年)의 실의 상태를 자신의 경험처럼 소상히 적은 것은 저러한 작가의 내란(內亂)이 어쩌면 참된 작가들이, 아니 성실한 인간들이 그의 완성기에서 직면하는 공통적인 것으로 여겨져 그것을 조명(照明)해 보고 싶기 때문이다. 고희(古稀)를 넘기고도 자해(自害)로 생애를 끝맺은 헤밍웨이나 가와바다 야스나리(川端康成)를 상기하면 나의 이 말이 좀더 잘 이해되리라. 나도 이승에서 자기를 내외(內外)로 완성한 위현(偉賢)이나 "칠죄(七罪)의 연못을 빠져 나와서도 더럽혀지지 않는 단테" 천사 같은 인간을 부러워하지만 보다 더 성실히 신음하고 고민하다가 가는 인간의 편이요, 또 저승에 향하여서도 그들의 안식과 부활을 더욱 믿고 바란다. 작고하기 며칠 전 내 집에서 대작(對酌)을 하다가 선생은 "프랑수아 모리악은 작품이 살아남는 것이 아니라 인간이 남는다고 하였는데, 나 같은 것은 작품도 하잘것없고 인간도 요 모양 요 꼴이니 어쩌지?" 하고 사뭇 침통한 술회였다.

나는 그때도 내 성품대로 "죽은 후 작품이나 인간 같은 그런 구질구질한 것이 남아선 무얼해요!"라고 실실 얼버무렸다고 기억된다. 그러나 선생이 가신 지 15년이 된 오늘날 선생의 작품들은 우리 문학 자산으로 이렇듯 뚜렷이 남아 있으며, 선생의 그 훈향(薰香)도 나 같은 용렬(庸劣) 인생에까지 이렇듯 깊이 아로새겨져 있으니 이 지상에도 선생의 삶이 영속(永續)하고 있다고 하겠다.
(1975년)

# 김광균(金光均) 형을 산에 묻고
― 전인적(全人的) 삶을 살다간 덕인(德人)

어제 11월 27일 우두(雨杜 : 김광균의 아호) 형을 산에다 묻고 왔다. 그와 나는 실로 거슬림이 없는 막역(莫逆)의 사이였다.

나이로 치면 내가 여섯 살이나 아래인데도 좀 버릇없이 굴어도 고까워하지 않았을 뿐만 아니라, 도리어 만년 그가 가톨릭에 귀의할 때는 나를 대부로 삼은 정도이니 더 말해 무엇하랴.

그런 종교적 얘기가 나왔으니 말이지만 그의 삶의 끝막음은 신비스럽고 다행하다. 즉 그는 신부님을 병상에 모셔다가 소위 고해성사라는 참회를 하고 성체(그리스도의 몸을 상징하는 빵으로 그와 한 몸이 됨)를 모신 다음 그대로 숨졌으니 더 이상 거룩한 죽음이 어디 있으랴? 소박히 말하면 천당즉행인 것이다.

그를 회상할 때 그와 접해 본 사람이면 누구나 다 아는 바지만 한마디로 말해 그는 직심(直心)과 직정(直情)의 소유자로서 가식과 허세라고는 전혀 없는 과묵하고 중후한 인품을 지니고 있었다.

그래서 그가 소위 '현대 한국시의 모더니즘의 선구자'였다는 사실이 의외롭게도 여겨지고, 또한 '한국 무역계의 개척자'의 한 사람이라는 사실도 의아하게 들린다고나 할까.

실상 나부터도 이번 명색 호상(護喪)을 하면서 각계 조객들을 맞으며 특히 실업계의 노장 거물들이 와서 고인의 덕담을 하는 것을 듣고는 상제들에게 "아버지가 경리장부는 볼 줄 아셨나?" 하고 우문(愚問)을 발하기까지 하였다.

저 영국 현대시의 맏형으로 불리는 T. S. 엘리어트가 은행원으로서도 훌륭했었다더니 김광균이야말로 한국의 엘리어트라고나 할까.

이것은 그냥 그의 인품을 일반적으로 얘기한 것뿐이지 내가 그의 내면적 감성의 예민과 섬세와 그 풍성함을 몰라서 하는 말은 결코 아니다.

특히나 그가 얼마나 인정에 자상한가 하면 저렇듯 실업계의 거물로 있으면서도 법정 스님이나 이해인 수녀에게 그 저작을 읽은 감동의 글발을 보내 친교를 맺는가 하면 5년여나 하반신 불수에 있으면서도 내가 병으로 누웠다는 소식이 들어가면 "구상을 찾아봐야 한다"고, "양복을 입히라"고 여러 차례나 가족들을 들볶곤(?) 하였다.

그러다가 내가 찾아가면 한 번도 자신의 병이나 고통은 내색도 않고 나의 신병이나 과로를 걱정해 주었을 뿐 아니라 세상을 떠나기 사흘 전에도 내가 가니 나의 상처(喪妻)를 몹시 애처로워하며 "이제 어떻게 살지?"라고 하길래 "내야 새 장가 들면 그만이니 형이나 어서 일어나 주면 된다"고 하였더니 빙그레 웃던 그 얼굴이 아직도 눈에 선하다.

그의 특성을 한 가지 더 쳐들자면 그처럼 독서를 많이 하는 사람은 우리 문학계는 물론 학계에서도 드물지 싶다.

그는 병석에서도 마지막 일주일 전까지 눈만 뜨면 한시도 책을 놓지 않았는데 그것은 주로 그가 이해하는 일본어로 된 예술 전반에 걸친 서적들로서 그것을 주문해서 제공해 드리는 것이 그 아드님이나 사위의 효성의 하나였다.

그의 문학적 또는 사회적 공적은 차치하더라도 그는 우리 시대에 전인적(全人的) 삶을 살다간 덕인(德人)이라 하겠다.

## 조각가 차근호(車根鎬) 이야기


불교를 신봉하는 친구 하나가 내 집엘 와 보고
"이 집엔 온통 비명에 죽은 사람의 영상이나 그들의 작품들만 이 걸리고 놓여 있는데 이러고도 원귀들이 안 나오나?"
하고 놀렸습니다.
얘기를 듣고 보니 하기는 십자가의 예수상을 비롯해 북한에서 공산당에게 납치되어 간 나의 실형(實兄)인 가브리엘 신부상(이것은 우연히 독일 교회 캘린더에 실려 있는 것이 발견되었음), 그림으론 고흐의 풍경화, 이중섭의 유화, 그리고 바로 이번 공개하는 차근호(車根鎬)의 조각 〈대지(大地)〉 등으로 원혼들과 함께 산다 해도 과언이 아닌 셈입니다.
이 중에도 차근호의 조각은 연전에 그의 딴 작품을 가지고 있던 어느 여류무용가가 그 집에 하도 우환이 겹쳐서 무당에게 가서 물은즉 바로 그 조각이 탈이라고 해서 그것을 없앴더니 재앙이 가시더라고 나보고도 작품을 다른 데로 돌리라는 충고마저 받은 적이 있는 것입니다.
이런 말을 해도 미술계 일부를 제외하고는 차근호라는 조각가 자체나 그의 죽음에 대해서 예비지식이 없어 무슨 소리인지 알아듣지 못할 것입니다. 그래서 그가 남긴 작품 중 큰 것을 먼저 쳐들어 보면 저 논산 훈련소에 있는 무명 용사탑, 광주 상무대에 있는 을지문덕상, 태릉 육군사관학교 연병장에 있는 화랑기마상 등으로 이런 거작들을 남긴 그가 지난 60년 말 불과 서른두 살인가 세 살 나이에 독신인 채 제 스스로가 목숨을 끊었다는 것을 밝히면 이제 좀 이야기의 납득이 갈 것입니다.

내가 입회해서 목도한 바지만 조선일보사 뒤 신태양사 옛 사옥 4층 그의 아틀리에에는 음독한 빈 약봉지 40여 매가 흩어져 있었고 한쪽 책상 위에는 종이쪽지에
"4월 혁명의 대의를 보아서도 나같이 박명한 인간은 이 세상 삶을 사양하는 것이 마땅하다 할 것이다. 그러므로 내가 스스로 죽음을 택하게 된 원인은 인간으로서의 신념과 예술가로서의 의지의 상실을 슬퍼함에 있는 것이니 어디까지나 객관적 조건이 개재치 않은 개체의 문제인 것을 여기에 명백하게 말해 두는 것이다."
라고 적혀 있었습니다.

여기서 그가 죽으면서 굳이 부정해 놓은 '객관적 조건', 즉 그가 부딪혔던 현실상황이란 것을 내가 아는 대로 밝히자면 다음과 같습니다.

4·19혁명이 이루어진 직후 모 신문사에서는 기념탑 건립을 추진하는데 그 모형 제작을 처음엔 차근호에게 위촉했다가 사방에서 '거족적 사업을 임의적으로 한 작가에게 위촉함은 부당하다'는 물의에 부딪혀 이를 취소하고 공모에 나아가면서 그에게도 응모를 종용했습니다. 이때 그는 예술가로서의 자존심이 극도로 상했지만 내면적인 악전고투 끝에 작품을 완성, 출품을 합니다. 그러나 불행하게도 최종심사에서 현재 4·19 기념탑 모형이 당선되고 그의 작품은 낙방의 고배를 마시게 된다는 게 그 경위의 전말입니다.

저러한 현실적 좌절과 실의가 삶 전체에 대한 회의와 부정으로 변했던 것이며 그의 독하리만큼 강한 천성이 마침내 자해에까지 그를 몰고 갔을 것입니다.

그와 한 하숙살이를 한 경험이 있는 최정호 교수의 술회를 빌면

"그는 스스로에게 대해서도 '망치요, 끌이요, 칼'이었던 것이다. 그래서 그는 자신의 목숨에 대해서도 '아직도 버티나, 아직도 버티나' 하면서 목숨을 죄었던 것이다."(〈空間〉 77년 1월호, 〈회상(回想)의 조각가 차근호〉에서)

내가 차근호를 안 것은 그가 1·4후퇴 때 북한 평양에서 넘어온 직후 그 역시 함께 넘어와서 고인이 된 소설가 김이석(金利錫)의 소개로써였습니다.

그는 얼마 안 있어 앞서 소개한 대로 군 영내의 조형물을 연달아 맡게 되었는데 동란중 국방부 기관지인 〈승리일보〉를 주재하여 소위 군사통으로 불리던 내가 속된 표현대로 하자면 유일한 빽이 되었습니다.

예나 지금이나 이런 조형물의 제작에는 마치 청부 경쟁과 같은 말썽이 따라서 북한에서 갓 넘어온 젊은 그가 어떤 일을 맡을라 치면 "그는 김일성대학(미술과) 출신이니 빨갱이가 아니냐?"라는 것이었고 또 "아직 조각의 ABC도 모르는 애송이일 뿐 아니라 그의 조각에는 역사적 자료 고증이 전혀 돼 있지 않다"는 중상이 되풀이되었는데 나는 그러한 비방들을 해명하고 그 천재적 자질을 공증(?)해야 했습니다.

이렁저렁해서 나와 그는 형제와 같은 우애가 생겼는데 그래서 그는 나보다 근 10년이나 아래라 보통때는 "선생님, 선생님" 하다

가도 술만 취하면 "형님, 형님" 하고 불렀습니다. 술자리 이야기가 나왔으니 말이지 그는 취하면 잘 하지는 못했지만 샹송을 불란서 원어로 불렀으며 파리엘 가는 것이 그의 간절한 포부였습니다.

그러한 꿈의 실현이 물심양면으로 성숙했다고 그도 믿고 옆에서도 믿었는데 그만 눈앞에 아른거리다가 깨어지고 마니 그야말로 앞이 캄캄해졌을 것이요 그의 가열(苛烈)한 성정(性情)이 저러한 결말을 낳았다 하겠습니다.

그는 앞서 쳐든 군 영내 작품 외에도 문제의 4·19 기념탑 모형, 역시 미건립의 진주 개천예술탑 모형과 김활란 여사상, 이중섭·함대정 두 화가와 소설가 이무영의 묘비, 그리고 자살 후 그 아틀리에에 남아 있어 유족들이 그를 평소 보살핀 사람들에게 나눠 준 대리석의 여인상(시인 설창수), 석고의 성모상(박고석 화백), 목각의 대지(필자) 등이 있습니다.

홍제동 불아궁이에 차근호의 시신을 처넣고 돌아온 지가 엊그제 같은데 벌써 20년이 다 되고 그때 돌아오다 고약한 심정을 누를 길 없어 당시엔 아직도 일초(一超) 스님이었던 고은과 인사동 목욕탕엘 가서 몸을 잠그었던 기억이 되살아 옵니다.

## 걸레스님 중광(重光)


걸레스님

겉도 안도 너덜너덜

이 걸레로 이 세상 오예(汚穢)를
모조리 훔치겠다니 기가 차다.

먹으로 휘갈겨 놓는 것은
달마(達磨)의 뒤통수,

어렵쇼, 저 유치찬란!

너를 화응(和應)하기엔 실로 되다.

하지만 내 삶의
허덕허덕 마루턱에서

느닷없이 만난
은총의 소나기.

*
'달마'가 여기서는 달마대사의 준말이 아니라 범어(梵語)의 진리, 본래의 뜻으로 썼음.

### 중광의 동자상(童子像)

눈덩이를 굴려서
숯 부스러기를 붙인
애 얼굴,
게다가 배스듬한 코는
가랑잎,

꼬락서니는 저런데
실물보다 영절스러우니
그 아니 조화(造化)런가!

저 동자(童子) 얼굴이 모두에게
왜 이다지 낯익을까?
그야 그럴 수밖에는!

너도 나도 강보(襁褓)에서
엄마의 젖가슴에서
한번은 지녔던 모습,

나도 너도 그 언젠가는
그 언젠가는
되찾아야 할 모습이니까!

중광의 동녀상(童女像)

얼굴의 윤곽도 없고
목도 팔도 없이

박넝쿨이 얹힌
썩은 초가지붕 같은 머리채 아래
낡은 두 기둥처럼 그어진
먹금〔黑線〕의 몸매,

땅에 떨어져 우연히
가지런하게 놓인 지푸라기 같은
두 눈과 눈썹 아래
채 아물지 않은 상채기 모양의
코,

게다가 붉은 점
앵도 입술도
이지러져 있다.

저런 막된 모습의 여인네가
배밀이 어린것의
제 어미를 쳐다보는
그런 표정을 하고

오관(五官)만으론 감지할 수 없는

사랑의 그윽한 미소를 풍기며
아침 햇빛보다도 순도(純度) 높은
빛을 뿜고 있다.

비너스도 무색케 하는
태(態)를 짓고 있다.

해설
# 구상의 문학과 인간
– 실존적 전일성의 추구

**성찬경** / 시인, 예술원 회원

I

　구상(具常) 선생(1919~ : 이하 경우에 따라 존칭은 생략)의 문학과 인간을 생각할 때 필자가 우선 느끼는 것은, 이 두 가지가 구상 선생의 경우만큼 이음매 없는 하나로 융합돼 있는 경우란 없을 것이라는 점이다. 필자는 구상 선생의 인품에 접하면서 동시에 구상의 문학작품을 읽는 일을 거듭할수록 이 점을 실감하게 된다. 뿐만 아니라 보다 적극적인 의미에서 구상의 문학과 인품은 서로 불가분의 표리관계를 이룩하고 있다고 필자는 믿고 있다.
　물론 작품과 작가(인간)를 분리해서 생각해야 한다는 비평적인 주장이 있다는 것도 우리는 알고 있다. 가령 셰익스피어의 경우 그의 작품 뒤에 숨어 있는 인간 셰익스피어의 모습은 완벽에 가까운 수수께끼나 다름이 없지만, 그렇다고 해서 이 일이 셰익스피어 문학의 이해와 평가에 하등 장애가 되는 것은 아니다. T. S. 엘리어트 역시 작가 자신의 모습은 되도록 작품 뒤에 숨기려는 노력을 의식적으로 해 온 작가 중의 한 사람이다. 그러나 구상 선생의 경우는 인간과 문학을 분리해서 생각할 수 없는 보다 적극적인 이유가 있다. 구상의 삶의 본질적 양식(樣式)은 이를테면 '실존적 전일성(實存的 全一性)'이라 할 수 있는 것이어서, 구상의 문학을 삶에서, 삶을 문학에서 떼어낸다는 것은 어떤 '상(像)'의 전체적 통일성을 훼손하는 것이 된다. 이 말을 좀더 부연하자면, 구상 선생의 사상(思想)에는 논리성(論理性)과 윤리성(倫理性)과 심미성(審美性)을 하나로 조화시키려는 의지가 있어, 이것이 '삶[生活]'과 '형식[藝術]'의 경우에도 예외일 수 없다는 말이 된다.

이러한 까닭으로 구상 선생의 문학세계를 이해하는 데에는 인간 구상의 인품을 이해하고 느끼는 일이 긴요하다 할 수 있으며, 역으로 구상의 문학을 깊이 파고들며 음미하는 일은 그것이 곧 인간 구상을 이해하는 길이 되는 것이다.

필자는 구상 선생을 모시고 20여 년간 '공간시낭독회(空間詩朗讀會)'에 참여해 온 관계로 구상 선생의 인품에 접할 기회가 많았으며, 이 점 필자의 분에 넘치는 복이라 생각한다. 필자가 이해하고 느끼는 구상 선생의 문학과 인간에 대해서 되도록 간명하게 말을 이어나갈까 한다.

2

벌써 여러 해 전의 일이다. 필자는 여의도에 있는 구상 선생의 서재를 방문한 적이 있었다. 옥호는 현재의 '관수재(觀水齋)'와 다름 없었으나 방의 크기는 아주 작았다. 서재에 들어서는 순간 선생이 집필하시는 책상 바로 앞에 나 있는 작은 남향창에서 쏟아져 들어오는 햇살의 무리(群)와 그것들이 책상 둘레에 서리게 하는 눈부신 무리(暈)로 해서 필자는 형용하기 어려운 황홀한 놀라움을 느꼈었다. 뭐랄까, 구상 선생의 글에 이른바 언령(言靈)의 기운이 늘 서리는 듯한 이유를 느낄 수 있는 듯했다. 또한 구상 선생의 삶과 예술(시를 주축으로 하는)이 본질적으로 저렇게 양명하고 소담스러우며 그만큼 건강한 상태의 한복판에 있음을, 다시 말해서 구상 선생의 예술이 하늘의 축복 속에 있다는 것을 느낄 수가 있었다.
  그러나 시인 구상의 삶과 예술이 처음부터 저러한 은총의 환경 속에서 아무 파란 없이 자라온 것은 아니다. 오히려 이와는 반대로 구상의 삶과 예술은 숱한 역사적 파란과 실존적 비극을 겪으며 그럴수록에 그런 것을 초극해내는 불굴의 의지로 비극을 관조와 조화(調和)와 평화의 국면으로 이끄는 과정의 연속이었으며, 구상의 이러한 정진은 오늘날까지 이어지고 있는 것으로 보아야 할 것이다. 따라서 조금 전에 필자가 말한 '햇살의 축복'은 오히려 구상의 삶과 예술에 내재하는 본질이 변증법적으로 변용되고 승화된 표상이라고 해도 될 것이다.
  구상의 삶도 예술도 언제부턴가 마침내 높은 봉우리에 다다른 것이라고 필자는 생각한다. 필자가 필자 마음 안에 그려보는 구상 선생의 풍모와 표상은, 이것 역시 짧지 않은 세월을 두고 자라온 총체적인 결론 같은 것이지만, 한편으로는 반쯤 추상화된 늘 한결같이 따뜻하고 인자한 사랑의 모습이며 또 한편으로는 필자의 척도로는 도저히 그 깊이와 넓이를 헤아릴 수 없는 사상성(思想性)이다. 그리고 이러한 인품과 학예적 조예가 그대로 투영되어서 결정(結晶)된 작품세계 전체에서 오는 역시 큰 산맥과도 같은 인상, 이러한 것인데, 구상의 경우 이러한 세 가닥의 인상이 기실 이음매 없는 하나이다. 필자가 이렇게 생각하는 까닭은 구상 선생이야말로 작가의 삶과 작품세계를 온전한 하나로 보는 일종의 '관(觀)'을 지니고 있으며 이 일의 실현을 위해 그만한 노력을 해 옴으로써 이를테면 '전인적(全人的)' 결실을 거두어 온 것으로 여겨지기 때문이다. 우선 결론을 말해버린 셈이지만, 이러한 관점에서 구상의 문학과 삶을 살펴나가는 것이 타당하지 않을까 한다.

구상 선생의 인품에 관해서 말을 하다보니 또 우선 생각나는 일이 있다. 구상 선생이 '공간시낭독회'에서 하시는 인사 말씀, 또는 시에 관한 얘기, 또는 이런 저런 일상적인 말씀을 듣고, 역시 늘 '공간시낭독회'에 나오시는, 우리나라 철학계의 원로라 할 수 있는 철학가 한 분이 "구상 선생의 말씀은 바로 언어미학(言語美學)"이라고 평했던 일이 잊혀지지 않는다. 말할 것도 없이 말은 바로 사람의 척도인데, 구상 선생의 일상적인 말씀(언어생활)도 그 깊이, 정확성, 또는 그 운치와 해학성에 있어서 구상의 모든 글과 구별할 필요가 없는 빼어난 작품의 경지에 있다고 아니할 수가 없으며, 이러 점도 구상의 전인적인 존재의 한 모습이라고 필자는 생각하는 것이다.

3

구상의 극히 특징적이면서도 명확한, 시에 대한 사상 역시 그의 인생관 또는 우주관에서 필연적으로 도출되는 것으로 볼 수 있겠다. 역으로 생각해서 시에 대한 그의 생각이 그대로 그의 인생관을 규정하는 것으로 보아도 무방할 것이다. 이 말은 구상의 인생론도 시론도 이를테면 '전인적 존재론'이라 할 수 있는 그의 사상의 커다란 '원(테두리)'의 일환에 해당하는 '호(弧)'라 할 수 있으며, 따라서 부분적인 호가 또다른 부분적인 호를 이끌어낼 수 있듯이 그의 인생관도 시관도 상호 규정적이면서도 동시에 상호 관통되는 본질적 동일성을 내포하고 있다는 뜻이 된다. 여기에서 시에 대한 그의 생각을 살펴보고 그것이 그의 삶과 어떻게 유기적인 관련을 갖게 되는가 하는 쪽으로 생각해나가기로 하겠다. 이렇게 하기 위해서는 시에 대한 구상 자신의 말을 들어보는 것이 좋으리라 여겨진다.

결론적으로 말한다면 시에 있어서의 언어란 존재에 대한 인식의 높이와 깊이와 그 넓이에 비례하는 것입니다. 이것을 실재 작품에서 따지면 나타난 언어 그 표상은 보이지 않는 인식의 치열성과 그 경험의 부피가 생명을 결정하는 것입니다.
언령(言靈)이란 숙어가 있습니다만 우리는 무속적(巫俗的)인 용어로밖에 쓰고 있지 않습니다. 그러나 일본에서는 현대 언어학 특히 언어의 심미적 고찰 등에서 또는 시어의 연구에서 자주 입에 오르는 말로서 즉 언어에 내재한다고 믿어지는 신령한 힘을 뜻합니다. (중략) 그래서 시의 언어가 생명을 지니고 힘을 지니기 위해서는 그 말을 지탱하는 내면적 진실, 즉 그 말의 개념이 지니는 등가량(等價量)의 추구와 체험이 요구되는 것입니다.
—⟨시문학(詩文學)⟩, 1983년 10월호

여기에서 "그 말의 개념이 지니는 등가량의 추구와 체험이 요구된다"는 말이 갖는 결정적인 의미를 간과해서는 안 된다. 다시 말해서 시인의 삶(추구와 실천적 체험)이 말에 깔려 있지 않는 시는 시로서의 힘과 존재 이유를 지닐 수 없다는 말이 된다. 이러한 그의 생각을 딴 곳에서 더욱 심층적으로 부연한 구상 자신의 말이 역시 매우 긴요하다고 여겨지기에 좀더 인용을 하겠다.

그런데 현대시가 주제 즉 표현 목적인 인간 삶의 방향성이 없이 형상성(形象性) 그 자체만을 목적으로 하여 표현을 위한 표현을 일삼게 될 때 예술이 지니는 흥미와 유희적 속성에만 편중함으로써 결국 독자들의 공감을 불러일으키지 못하게 되는 것입니다.

즉 예술적 표상이 방법이 아니고 목적으로 되었을 때 그 표상 자체는 한 소재로서의 객관성을 잃게 됩니다. 여기에서 객관성이란 작품과 독자와의 심적인 상호연관성을 뜻합니다. 그러므로 그 시의 표상이 어디까지나 개적(個的)이요, 심적 상호연관성을 지니지 않을 때 그 시는 집합(集合)표상이나 사회표상이 되지 못합니다. 말할 것도 없이 개인의식은 개인표상의 연속체요, 사회의식은 집합표상의 연속체로서 개인의식을 사회의식까지 고양시키기 위해서는 개인의식에 대한 의식적 비평이 요구됩니다. 그래서 시작품의 경우 표출대상에 대한 자기비평 없이는 독자와의 심적 상호작용, 즉 공감을 불러일으킬 수가 없습니다. 즉 표상에 대한 의식적 거리와 비평이 없이는 시를 사회적 존재로 만들기는 불가능합니다. (중략)

즉 내가 주장하는 바 시적 현실의 현실과의 연결은 단순 소박한 시와 현실과의 평면적 연결을 의미하는 것이 아니라 작가와 표상과의 거리를 유지하고 지적(비평) 작용을 통하여 시적 현실에다 인간성, 사회성, 영원성을 부여하고 우리의 삶의 실재나 실체와 유리되지 않는 것을 뜻합니다.

그래서 표현주의가 갖는 예술적 표상을 부인하거나 또는 소박한 사회성이나 정치적 경사(傾斜)를 찬동하는 것이 아니라 오직 표현주의의 그 내부 영상의 심층적 표현이나 시각적 회화성이나 다각적 입체감을 어디까지나 개인표상에 머무르게 한다든가 탐미적인 유희성에 끝나게 하지 말고 인간과 사회의 역사와 영원성을 회복하여 그 비평을 시의 중핵(中核)으로 삼고자

하는 것입니다.
— 〈나의 시의 좌표〉 일부

　인용이 좀 길어졌지만, 이 두 글에서 우리는 시에 대한 구상의 핵심적인 사상을 볼 수 있다. 편의상 윗글의 내용을 다시 한 번 요약해 본다면, 첫째 시의 뜻의 근저에는 삶에서 오는 시인 자신의 깊은 체험이 깔려 있어야 한다, 그러나 체험이 곧바로 시의 뜻이 되는 것은 아니다, 그 체험의 내용에 치열한 지적 비평적 작업을 가함으로써 그것을 개인적 차원의 뜻으로부터 보편적 차원의 뜻에 다다르도록 해야 한다, 이런 뜻이 된다.
　이것이 경험 내용의 시화(詩化)이며 이렇게 해야만 경험의 내용이 시의 '뜻'으로 살아나게 되는 것이다. 그러므로 경험과 시의 뜻 사이에는 이를테면 불연속의 연속이라 할 수 있는 과정이 반드시 개입하게 되지만, 그렇더라도 시의 뜻의 밑바닥에는 그것을 구성하는 절대적 요소로서 시인 자신의 절실한 체험이 깔려 있어야 한다는 것이다.
　더 나아가 구상은 시에, 그리고 구상의 생각대로라면 시를 쓰는 이에게 더욱 엄청난 과제를 부과한다. 즉 그렇게 해서 쓰인 시는 그 시의 뜻에서 인간적 차원의 것, 사회적 차원의 것, 역사적 차원의 것, 영원적 차원의 것 등 어느 하나도 버려서는 안 된다는 것이다.
　이것은 매우 어려운 과제이나 불가능한 일은 아니다. 그리고 이렇게 하기 위해서는 시인의 의식은 삶 안에 있는 모든 것, 정치, 경제, 사회, 전쟁, 혁명 등을 겪는 데서 오는 치열한 현실적 체험은 말할 것도 없고, 고뇌, 인정(人情), 비극적 사건, 자연, 심지어는 가련한 잡초 하나를 골똘히 바라보는 일에 이르기까지 무엇 하나 놓쳐서는 안 된다. 그리고 이러한 모든 체험을 시에 담되 그것을 대하는 관점이 현실적 정치적 역사적 차원에만 머물러 있어서는 안 되며 언제나 존재의 차원, 영원의 차원에서 바라봐야 한다는 것이다. 이 일은 시인의 시야가 한 떨기 작은 꽃의 일에서 전쟁의 일에 이르기까지, 그리고 현실적 역사적 차원에서 존재적 영원적 차원에 이르기까지 굉장한 영역으로까지 확대되어야 한다는 것을 뜻한다. 간명하게 말해서 꽃과 사랑과 전쟁과 종교의 모든 일을 시 안에 두루 하나로 조화(調和) 결정(結晶)시켜야 되는 것이다. 시인 구상이 이 넓은 영역을 어떻게 시에 담아 왔는가를 보기 위해서는 그가 8·15해방에서부터 한반도의 역사적 파란을 겪으며 써 온 약 1,000편의 시(장편 연작시 5, 6편을 포함해서)를 두루 살펴야 할 것이다.

  시에 대한 구상의 근본 사상을 다시 한 번 간명하게 요약해 보자면, 주어와 빈사(賓辭) 사이에 '경험의 시화'가 들어와야 한다는 조건이 따르기는 하지만, 결국 '시는 뜻'이라는 말이 된다. 말은 간단하지만 일단 이렇게 선언하는 시인은 엄청난 짐을 스스로 청해서 지게 된다는 사실을 간과해서는 안 된다. 왜냐하면 구상과 같은 시관을 갖는 시인에게는 필연적으로 시의 '뜻'은 경험에서 오는 수밖엔 없으므로 실지의 경험 없이는 한 편의 시도 쓸 수가 없다. 예를 들어 전쟁의, 또 그것에 준하는 체험이 없이는 참된 전쟁시는 현실적으로 쓸 수가 없다. 그런데 시인은 시에서 같은 소리를 되풀이하는 것은 특수한 경우를 제외하고는 불성실한 행위가 되므로, 이러한 시인에게는 새로운 시를 쓸 때마다 항상 새로운 체험을 갖는 일을 전제로 하지 않으면 안 된다. 세상에 이보다 더 큰 짐이 없을 것이다. 그러나 구상이 지금까지 쌓아 온 시 세계를 살펴보고 그의 시 작품을 음미해 보면 시인 구상이 본인이 약속한 바 이러한 시인으로서의 책무를 훌륭히, 그리고 성실하게 실천해 오고 있음을 알 수 있다. 구상이 써 온 편편의 시에는 삶의 체험이 스며 있음으로 해서 시인의 시와 삶이 이어진다. 곧 시와 삶이 서로 '전인적 행위'의 일환이 되며, 여기에서 시인 구상의 행위와 인간 구상의 행위가 서로 조응하는 관계에 놓이는 것이다.

4

6·25 후에 쓴 《초토의 시》(1956)에서 구상은 전쟁의 참상과 둘로 분단된 조국의 각박한 현실을 냉혹하다 싶을 정도로 생생하게 증언하고 있다. 그러나 여기에도 영원의 차원에서 바라보는 따뜻한 시선이 결여되어 있는 것은 아니다. 〈초토의 시·2〉에서도 그러한 점을 볼 수 있다. 산문시로 된 이 시의 줄거리는 한밤중에 달리는 기차 안에서 살빛이 흰 한 창녀가 깜둥이 사생아를 달래지만 이 애는 자꾸 보채기만 한다. 딱한 처지에 놓인 이 '흑백(黑白)의 모자상(母子像)'을 보다 못해 시인은 그 깜둥이 아이에게 캐러멜 몇 개를 먹이자 이 아이는 이 시인이 제 아비라도 되는 양 아예 시인의 품에 안겨서 잠이 들어버린다…… 현실의 비극적 요소와 해학적 요소, 그리고 '모자상'이 풍기는 종교적인 심상 등이 두루 융합된 감명 깊은 시다.

역시 산문시인, 그리고 '도형수(徒刑囚) 쟝의 독백'이란 부제가 붙은 시 〈드레퓌스의 벤치에서〉도 인간의 실존적 조건과 자유의 문제에 관한 매우 심각한 내용을 담고 있다.

빠삐용! 그래서 자네가 찾아서 떠나는 자유도 나에게는 속박으로 보이는 걸세. 이 세상에는 보이거나 보이지 않거나 창살과 쇠사슬이 없는 땅은 없고, 오직 좁으나 넓으나 그 우리 속을 자신의 삶의 영토로 삼고 여러 모양의 밧줄을 자신의 연모로 변질시킬 자유만이 있단 말일세.

빠삐용! 이것을 알고 나는 자네마저 홀로 보내고 이렇듯 외로운 걸세.

부자유를 벗어나서 자유를 찾아나서려는 집념 또한 또다른 부자유가 될 수 있다. 이것을 실감하고 동료 빠삐용만을 떠나보내고 쓸쓸히 독백하는 '쟝'은 주어진 실존적 조건을 묵묵히 수용함으로써 오히려 그것을 초극하는 현대의 '시지프스'이기도 하다.
1960년대에 펴낸 연작시 〈밭 일기〉 100편은 존재의 문제와 생성 변화하는 사물의 오묘함을 노래하고 있다. 대지에 자리잡은 밭은 영원한 정점처럼 움직이지 않는다. 그러나 그 안에서 얼마나 신비한 싹틈과 개화(開花)와 결실의 운동이 계절 따라 전재되는가.
〈밭 일기〉가 이를테면 존재의 '정중동'을 읊은 시편이라면 역시 연작시인 〈그리스도 폴의 강〉은 시간과 영원의 관계를 읊은 '동중정'의 시라 할 수가 있을 것이다. 강은 흘러흘러 쉼이 없다. 그러나 그 안에 떠오르는 한 줄기 영원의 모습.

강이 흐른다……

과거와 미래의 그림자도 없이
무상(無常) 속에 단일(單一)한 자아를 안고

철석(鐵石)보다도 굳은 사랑을 안고
영원 속의 순간을 호흡하면서


  1981년에 다시 연작시로 펴낸 〈까마귀〉에서 한 마리의 까마귀는 당시 숨막힐 듯한 유신시대에 의해서 당하는 '역사(轢死)를 각오한 듯' '까옥 까옥 까옥 까옥' 하며 흉한 목소리로 마치 세례자 요한처럼 시대적인 예언을 한다. 이렇듯 구상은 한 주제를 길게 추구하는 연작시를 선호하는 편이다.
  구상은 이른바 '뜻의 시인' 곧 무엇인가 존재에 관한 '메시지'를 전하는 시인이므로 시의 내용을 주로 생각하는 나머지 시의 심미성(審美性)과 형식적인 기교에는 별반 관심이 없는 것으로 생각한다면 그것은 지나치게 소박한 생각이다. 1급의 시인치고 시의 형식과 내용이 일치하지 않는 경우란 생각할 수 없다. 사실 구상은 매우 섬세하고 예리한 기교가이기도 하며 시의 심미적 효과에 대해서도 같은 만큼 예민한 감각을 지니고 있다. 다만 그러한 기교(솜씨)가 내용(뜻)과 온전한 하나로 융합이 돼있기 때문에 기교가 따로 눈에 띄지 않을 따름이다. 구상은 이를테면 무기교의 기교의 경지에 가 닿은지 이미 오래다. 더 나아가 구상은 필요한 경우에는 시의 형식에서 대담한 실험도 서슴지 않는다.

            三[ → BRIDGE OF NO RETURN

旭 旭 旭 旭 口　　口 旭 旭 旭 旭 旭 旭 旭 旭 旭 旭 旭 旭 旭
媽 媽 媽 媽 媽　　媽 媽 媽 媽 媽 媽 媽 媽 媽 媽 媽 媽 媽 媽
　　　　　　曼
　　　　斬　蠻　旗
　　　　　　卓
砲 砲 砲 砲 銃　　銃 砲 砲 砲 砲 砲 砲 砲 砲 砲 砲 砲 砲 砲
門 門 門 門 口　　口 門 門 門 門 門 門 門 門 門 門 門 門 門

6·25 휴전 후 당시 남북이 첨예하게 대치하고 있는 상황을 그리고 있는 이 시는 말로는 다 할 수 없는 삼엄한 분위기를 도형의 힘을 빌어서 표현한 대담한 형태적 실험이라 할 수 있다.

구상이 쓰는 대개의 시에는 해학적인 요소가 알게 모르게 스며 있어, 그것이 시의 깊이와 여운에 이바지하고 있다는 사실도 간과해서는 안 될 것이다. 우리의 전통적인 해학이란 인생의 유한성에서 올 수밖에 없는 한(恨)을 달관의 경지에까지 승화시키는 데서 우러나오는 높은 수준의 정서라 할 수 있기 때문이다.

'뜻의 시'가 진실성과 깊이를 얻을 때 그것은 필연적으로 예언의 구실을 하게 된다. 이때의 예언은 이를테면 점쟁이가 어떤 사건을 미리 맞히는 일 따위와는 구별된다. 참된 '뜻의 시'는 존재의 핵심에 가 닿으려 하며 사물의 순리(順理)를 추구하기 때문에 그러한 시는 장소와 시대를 초월해서 사물의 본질을 비추게 되며 그것이 곧 예언의 구실을 하게 되는 것이다.

> 시방 세계는 짙은 어둠에 덮여 있다.
> 그 칠흑 속 지구의 이곳 저곳에서는
> 구급을 호소하는 비상경보가 들려 온다.
>
> 온 세상이 문명의 이기(利器)로 차 있고
> 자유에 취한 사상들이 서로 다투어
> 매미와 개구리들처럼 요란을 떨지만
> 세계는 마치 나침반이 고장난 배처럼
> 중심과 방향도 잃고 흔들리고 있다.
> —〈인류의 맹점(盲點)에서〉

이 시는 1998년 5월에 나온 《관수재 시초(觀水齋 詩抄):인류의 盲點에서》(관수재는 구상 서재의 당호)에 수록된 시이지만, 2001년 9월 11일에 미국 뉴욕의 '무역 센터' 쌍둥이 빌딩이 순식간에 폭파 붕괴된 대참사를 생각할 때 그 상황을 미리 내다보고 있는 것 같아 섬뜩한 느낌이 들 정도다. 존재의 시가 갖는 이러한 예언성은 영국 시인 윌리엄 블레이크가 "모든 정직한 사람은 다 예언자다"라 한 말과도 맥이 통한다.

들끓는, 그러면서도 냉혹한 역사적 현실과 존재와 영원에 관한 종교적 묵상의 사이를 두루 메우고 있는 구상의 시세계를 짧은 지면에서 두루 살필 수는 없다. 여기에서 갈수록 빛을 뿜는 노년의 지혜를 담은 시 〈노경(老境)〉을 인용할까 한다.

> 죽음을 넘어 피안(彼岸)에다 피울
> 찬란하고도 불멸(不滅)하는 꿈을 껴안고
> 백금같이 빛나는 노년을 살자.

구상의 시는 읽는 이에게 존재와 삶에 대한 지혜와, 위안과 평화를 주는 그러한 시다.

5

말할 것도 없이 구상의 문학적 본령은 시다. 그러나 구상은 시 이외에도 희곡, 시나리오, 문학평론, 시사평론, 인생론, 서간문 등 방대한 양(量)의 창작 활동을 해 왔다. 이러한 활동 하나하나가 기실 '실존적 전일성'을 추구하는 구상 사상의 나타남의 일환이며, 그것들은 서로 유기적으로 조응하며 구상의 전일적 존재와 삶을 꾸미고 있는 것이다.

무엇이 구상의 삶과 문학을 오늘날 우리가 볼 수 있는 바와 같이 이렇듯 깊고 큰 포용력을 갖는 것이 되게 하였을까. 우리는 한 영혼의 비밀을 다 풀 수는 없다. 다만 구상의 삶에서 외적으로 드러난 조건들은 우리에게 이 일을 생각할 수 있는 단서를 준다.

구상은 남과 북의 정치현실을 모두 겪어 왔음으로해서 이 둘을 하나로 통일하는 '비전'을 가진 사람 중의 한 분이다. 구상은 1946년에 이른바 시집 《응향》으로 말미암은 필화사건으로 북한을 탈출하였다. 구상은 독실한 가톨릭 집안에서 자랐으나 일본대학의 유학 시절에는 불교를 전공하여 범종교적인 시야를 넓혔다. 구상은 한학과 국학에 깊은 소양이 있으며, 비록 전공한 것은 아니나 서양문학의 이해를 위해서도 노력을 게을리 하지 않았다. 그리고 무엇보다도 구상은 고도로 세련된 예술적 감성의 소유자이기도 하다. 그러나 구상은 아마 우리가 모르는 각고의 노력으로 '뮤즈'의 총애를 받기도 하였을 것이다.

시인이며 교수인 이운용은 구상의 삶을 평하여, "구상은 우리 역사와 존재 문제를 숙고하고 통찰한 대표적인 시인으로 손꼽힌다. 그는 시인으로 남기를 바라고, 인간으로서의 양심을 지켰으며, 가톨릭 신자로서 선과 사랑을 실천으로 옮기고 교수로서 깨끗하게 살고 있는 시인이다." 이렇게 평하고 있는데 필자도 전적으로 동감이다. 구상은 의(義)를 지키는 윤리적 삶과 이웃사랑을 실천하는 종교적 삶과 명작을 결실시키는 예술적 삶을 이음매 없는 하나로 키워 온 전일적 존재이며 이제 그 높이와 크기는 아득히 달리는 높은 산맥과도 같다.

시인 구상의 인품에서 오는 그 훈훈하고도 은은한 향기를 무슨

말로 다 나타낼 수 있을까. 구상은 이를테면 수도(修道)하는 시인이다. 그리고 필자는 수도자 구상의 바로 가까이에 떠오르는 것이 '성인의 모습(聖人像)'이 아닐까 하고 생각하는 것이다. 하나 안에 여러 모습, 여러 모습 안에 하나의 모습을 지니고 있는 구상은 분명 우리나라의 큰 시인이며, 이러한 큰 시인과 함께 있다는 것이 우리의 큰 축복이 아닐 수 없다.

## 저작 연보

1946 북한 원산에서 시집 《응향》에 작품이 수록되어 필화를 입음.
1951 시집 《구상》 펴냄.
1953 사회평론집 《민주고발》 펴냄.
1956 시집 《초토의 시》 펴냄.
1960 수상집 《침언부어(沈言浮語)》 펴냄.
1975 《구상 문학선》 펴냄.
1976 수상집 《영원 속의 오늘》 펴냄.
1977 수필집 《우주인과 하모니카》 펴냄.
1978 신앙 에세이 《그리스도 폴의 강(江)》 펴냄.
1979 묵상집 《나자렛 예수》 펴냄.
1980 시집 《말씀의 실상》 펴냄.
1981 시집 《까마귀》, 시문집 《그분이 홀로서 가듯》 펴냄.
1982 수상집 《실존적 확신을 위하여》 펴냄.
1984 자전 시집 《모과 옹두리에도 사연이》, 시선집 《드레퓌스 벤취에서》 펴냄.
1985 수상집 《한 촛불이라도 켜는 것이》, 서간집 《딸 자명에게 보낸 글발》, 《구상 연작시집》 펴냄.
1986 《구상 시전집》, 수상집 《삶의 보람과 기쁨》, 파리에서 불역(佛譯) 시집 《타버린 땅》 펴냄
1987 시집 《개똥밭》 펴냄.
1988 수상집 《시와 삶의 노트》, 시집 《다시 한 번 기회를 주신다면》, 시론집 《현대시창작 입문》, 이야기 시집 《저런 죽일 놈》 펴냄.
1989 런던에서 영역(英譯) 시집 《타버린 땅》, 시화집 《유치찬란》 펴냄.
1990 한영대역(韓英對譯) 시집 《신령한 새싹》, 영역(英譯) 시화집 《유치찬란》 펴냄.
1991 런던에서 영역(英譯) 연작시집 《강과 밭》, 시선집 《조화(造化) 속에서》 펴냄.
1993 자전 시문집 《예술가의 삶》 펴냄
1994 독일 아흔에서 독역(獨譯) 시집 《드레퓌스의 벤치에서》, 희곡 시나리오집 《황진이(黃眞伊)》 펴냄.
1995 수필집 《우리 삶, 마음의 눈이 떠야》 펴냄.
1996 연작시선집 《오늘 속의 영원, 영원 속의 오늘》 펴냄.
1997 파리 라 디페랑스 출판사로부터 세계 명시선의 하나로 선정되어, 한불대역(韓佛對譯) 시집 《오늘·영원》을, 스톡홀름에서 스웨덴어 역(譯) 시집 《영원한 삶》을 펴냄. 영국 옥스퍼드 대학 출판부에서

출간한 《신성한 영감 - 예수의 삶을 그린 세계의 시》에 신앙시 4편이 수록됨.
1998 도쿄에서 일역(日譯) 《한국 3인 시집 - 구상 · 김남조 · 김광림》 펴냄. 시집 《인류의 맹점에서》 펴냄.
2000 한국문학영역총서 《초토의 시》 펴냄. 이탈리아 시에나 대학교 비교문학연구소에서 《구상시선》 펴냄.
2001 신앙시집 《두이레 강아지만큼이라도 마음의 눈을 뜨게 하소서》 펴냄.
2002 시집 《홀로와 더불어》 펴냄. 이탈리아 시에나 대학교 비교문학연구소에서 《초토의 시》 펴냄.

## 일반 경력

### 학력

1938  덕원 성 베네딕도 수도원 부설 신학교 중등과 수료
1941  일본대학 전문부 종교과 졸업

### 경력

**언론계**
1942-1945  북선매일신문사 기자
1948-1950  연합신문사 문화부장
1950-1953  국방부 기관지 승리일보사 주간
1953-1957  영남일보사 주필 겸 편집국장
1961-1965  경향신문사 논설위원 겸 동경지국장

**교육계**
1952-1956  효성여자대학교 문리과대학 부교수
1956-1958  서울대학교 문리과대학 강사
1960-1961  서강대학교 문리과대학 강사
1970-1974  하와이대학교 극동어문학과 조교수
1982-1983  동 대학교 부교수
1985-1986  동 대학교 부설 동서문화연구소 예우작가
1973-1975  가톨릭대학 신학부 대학원 강사
1976-1998  중앙대학교 예술대학 및 대학원 대우교수
           (전임교수가 되지 않은 것은 2차의 폐수술로 정규 강의를 못 하고
           1주 4시간만 하였기 때문임.)

**공직**
1986  제2차 아시아시인회의 서울대회장
1991  세계시인대회 명예대회장
1993  제5차 아시아시인회의 서울대회장
그 외
한국 최초 민권수호연맹 문화부장, 국방부 정책자문위원, 독립기념관 이사, 문예진흥원 이사 등 역임

**현재**
대한민국 예술원 회원
국제펜클럽 한국본부 고문
한국문인협회 고문
성천아카데미 명예원장

**상훈**
1955  금성화랑 무공훈장
1957  서울시 문화상
1970  국민훈장 동백장
1980  대한민국 문학상 본상
1993  대한민국 예술원상